30 Jahre Europapokal

LUDGER SCHULZE

30 Jahre Europapokal

COPRESS VERLAG MÜNCHEN

Copyrigth © 1985 by Copress Verlag
Druckhaus München GmbH
Schellingstraße 39–43, 8000 München 40

UMSCHLAGENTWURF UND LAYOUT
Franz Hornauer

PRODUKTION
Druck+Werbung Hornauer GmbH

FOTOS
Werek, Mehrens, Metelmann,
Horstmüller, Schirner, ATP, Segovia,
Nordbild, dpa, Sven Simon

GESAMTHERSTELLUNG
Druckhaus München GmbH
Printed in Germany

ISBN 3-7679-0247-8

Inhalt

Wie der Cup geboren wurde

Es mag eine gewisse Portion Chauvinismus gewesen sein, die dem Europacup der Landesmeister zur Geburt verholfen hat. Etwas selbstherrlich, wie das in Sachen Fußball so ihre Art ist, nahmen die Briten auch Mitte der Fünfziger Jahre noch für sich in Anspruch, die Besten der Welt zu sein. Dabei übersahen sie, daß Ungarns »Wunderteam« der englischen Auswahl 1953 im Londoner Wembley-Stadion mit 6:3 Toren eine erste und äußerst schmerzhafte Niederlage auf der Insel zugefügt hatte. Und trotzdem lag sich die Nation wieder in den Armen, als die Wolverhampton Wanderers im Herbst des folgenden Jahres zwei Freundschaftstreffen mit kontinentalen Teams deutlich gewannen: Nach dem 4:0 gegen Spartak Moskau und dem 3:2 gegen die berühmte Soldatenmannschaft von Honved Budapest geriet die Presse schier aus dem Häuschen: »Wölfe Weltmeister«, bejubelte sie die Wanderers.

Genau diese Überheblichkeit ärgerte Gabriel Hanot, den angesehenen Chefredakteur von »L'Equipe«, der führenden Sportzeitung Europas. Und Hanot verstand viel vom Fußball. Während seiner Studienzeit kickte er für Preußen Berlin, später stand er sogar als Verteidiger in der französischen Nationalmannschaft. »Es müßte doch eine gute Sache sein, Europas führende Vereinsmannschaften einen Pokal ausspielen zu lassen«, schlug er seinen Redaktionskollegen vor. Die Idee fand begeisterte Zustimmung.

Ganz geklärt ist jedoch nicht, ob dieser Einfall von Hanot allein stammt. In seiner Heimatstadt Paris nämlich lebte zu der Zeit noch ein findiger Kopf, der sich beruflich mit Fußball beschäftigte, der Spiele-Vermittler Julius Ukrainczyk, ein gebürtiger Pole. Der hatte schon länger erkannt, daß man diesen

Sport aus den nationalen Grenzen herauslösen müsse, um tatsächlich ein großes Geschäft daraus zu machen. Nehmen wir also an, daß Hanot und Ukrainczyk die gemeinsamen Väter des Pokals waren. Sie erinnerten sich zweier Wettbewerbe, denen das Fußballvolk größere Aufmerksamkeit gewidmet hatte. Da war einmal der sogenannte Mitropa-Cup gewesen, um den zwischen 1927 und 1940 Klubs aus Ungarn, Österreich, Italien und der Tschechoslowakei kämpften, und 1945 hatte der FC Grasshoppers Zürich den »Grasshoppers-Cup« gestiftet. Repräsentativ waren beide nicht.

Die Gründerväter gingen gedanklich einen erheblichen Schritt weiter. Ihnen schwebte eine Europameisterschaft der besten Vereine vor, eine Art »Europaliga«. Das stieß nicht überall auf Gegenliebe, Österreicher und Belgier machten sich für einen Pokalmodus mit Hin- und Rückspielen stark. Was wiederum Hanot und Ukrainczyk ausgesprochen gefiel, sie nämlich führten die Erfolge der Engländer auf das britische Niesel- und Nebelwetter sowie die für Kontinental-Europäer ungewohnte Geräuschkulisse in den engen Stadien der Insel zurück. Anfang 1955 verschickte »L'Equipe« Pläne für ein Reglement an viele Klubs und alle Landesverbände. Unter den angeschriebenen Vereinen hatten einige besonders guten Ruf: Real Madrid, Partizan Belgrad, Chelsea London, Rapid Wien, AC Milano, RSC Anderlecht Brüssel und Hibernian Edinburgh.

Gleich zwei deutsche Teams wurden als würdig erachtet: Rot-Weiß Essen, der bundesdeutsche Meister, und der 1. FC Saarbrücken als Vertreter des Saarlandes, das sportpolitisch noch selbständig war. Den Ungarn mochte es der Herr Chefredakteur selbst überlassen, wen sie für ihre stärkste Elf hielten: Honved Budapest mit Ferenc Puskas, oder MTK Budapest, für das Nandor Hidegkuti kickte. Natürlich sollten auch die Titelträger aus den Niederlanden und Schweden nicht fehlen. Sauer reagierten Dynamo Moskau und Spartak Prag, weil sie nicht erste Wahl waren.

Die gerade gegründete Europäische Fußball-Union (UEFA) übernahm die Idee der beiden Fachleute aus Paris, schließlich gab auch der Weltverband FIFA seinen Segen. Und plötzlich wollten alle mitmachen, auch jene, die vorher gezögert hatten. Sogar die Meister aus Bulgarien, Rumänien, Luxemburg, der CSSR, DDR und der Türkei schickten Bewerbungen ab. Europas Fußball hatte endlich seine Bühne. Die Premiere fand am 4. September 1955 in Lissabon statt (Sporting – Partizan Belgrad 3:3).

Natürlich ist das nicht allein den Herren Hanot und Ukrainczyk zu verdanken, auch ihr glänzender Einfall mußte zunächst einmal auf fruchtbaren Boden fallen. Zumindest im Westen des Kontinents bildeten Grenzen nicht mehr starre Bollwerke gegen den Nachbarn, die politische Zusammenarbeit wurde mehr und mehr gesucht, auch die wirtschaftliche in der EWG. Von der Annäherung der Staaten profitierte der Fußball. Auch die geographischen Entfernungen schrumpften, das Flugzeug wurde nämlich zu einem Transportmittel für jedermann, Warschau–Madrid oder Stockholm–Rom waren nicht länger Abenteuer-Reisen über mehrere Tage. Und dann hat sich der Fußball gerade auf andere Wege begeben, die nationalen Meisterschaften und Freundschaftsspiele reichten nicht mehr aus, um die Etats der bedeutenden Klubs zu decken. Neue Erwerbsquellen mußten her. Als ausgesprochen hilfreich erwies sich die Technik, das Fernsehen sorgte für die Verbreitung des Geschehens, und die Einführung des Flutlichts erlaubte es den Fans, nach Feierabend ins Stadion zu gehen.

Der Europapokal benötigte keinerlei Anlaufzeit, die Menschen in allen Ländern nahmen ihn mit größter Begeisterung auf. Und der Fußball erhielt erst jetzt sein internationales Flair, Stars wie di Stefano, Gento oder Zebec traten leibhaftig auf, von deren Wundertaten man bisher nur in der Zeitung gelesen hatte. Ihre besondere Freude an den mitreißenden Partien hatten die Vereinskassierer, deren Rechnung ging wunderbar auf: volle Stadien gleich volle Kassen. Der Professionalismus erhielt den letzten, entscheidenden Anstoß. Nur in der Bundesrepublik schlief man noch den Schlaf des Selbstgerechten, dort wurde unermüdlich diskutiert, ob die Einführung des Berufs-Fußballs moralisch überhaupt zu vertreten sei.

Die Idee von Hanot und Ukrainczyk hat den Fußball zweifellos revolutioniert, aus dem Spielchen mit der Lederkugel wurde ein faszinierendes Massenspektakel, das seit 30 Jahren den ganzen Kontinent in Atem hält. Der Cup hat dem Sport Millionen neuer Anhänger zugetrieben, Fußball ist die Nummer eins. Ganz bestimmt aber hätten die Erfinder des Europapokals ihren Gedanken wie eine heiße Kartoffel fallenlassen, wenn sie nur im mindesten geahnt hätten, welcher Irrsinn mit ihrem Wettbewerb getrieben werden sollte. Die 38 Toten von Brüssel machen es schwer, wenn nicht unmöglich, sich über den 30. Geburtstag des Europapokals der Landesmeister zu freuen

Real Madrid, der königliche Klub (1956–1960)

In den späten Fünfzigern und frühen Sechzigern trug man auf europäischen Fußballfeldern Weiß. Nein, besser gesagt, königliches Weiß. Rot, Gelb, Blau oder Grün, nun gut, das ließ sich nicht vermeiden, schließlich mußten sich die Mannschaften ja irgendwie unterscheiden. Aber richtig fein fühlte sich der Kicker halt in Weiß, Haute Couture in kurzem Hemd und kurzer Hose. Und wenn irgendwo auf den Dörfern und in den Vorstädten die Gründungsversammlung eines neuen Klubs stattfand, fiel bestimmt einmal »Real« als Namensvorschlag.

Ob Real Madrid, das selbst bis ans Tabellenende der C-Klasse Vorbildfunktion besaß, außerhalb der spanischen Grenzen geliebt wurde, sei dahingestellt. Zu groß war die Überlegenheit, zu souverän herrschte die Mannschaft in den großen Stadien des Kontinents. Mit Sicherheit aber genoß Real überall höchste Wertschätzung, Respekt, ja sogar Ehrfurcht. Die Stars aus der spanischen Hauptstadt waren keine Publikumslieblinge zum Anfassen, keine umschwärmten Teenagerlieb-

Eine große Mannschaft, die von einem tragischen Unglück auseinandergerissen wurde: Manchester United hätte Real Madrid das Siegen mit Sicherheit schwerer gemacht.

Ein Mann mit voller Übersicht:
Alfredo di Stefano studiert den Gegner,
nicht den Ball, den er ohnehin beherrscht.
Einer seiner großen Konkurrenten
(Bild unten) war Alfred Pfaff
(Eintracht Frankfurt), der 1960 im
Halbfinale gegen die Rangers aus Glasgow
einen ganz großen Tag hatte.
Hier schießt er gerade an
Torwart Niven vorbei zum 2:1.
Frankfurt gewann 6:3 und 6:1.

**Abmarsch der Gladiatoren:
Die Ehrenrunde zum Abschluß eines
Europapokal-Finales zählte für die
Kicker von Real Madrid zur Gewohnheit.
Hier bejubeln sie den 7:3-Erfolg
über Eintracht Frankfurt.**

linge, das waren stolze Señores mit Distanz zur Schar der Verehrer. Und der Anhang hielt brav Abstand, wie sich das zwischen Volk und Königen nun mal so gehört. Vermutlich hat dies seinen Grund in der Person des Don Santiago Bernabeu, des Präsidenten. Aber was heißt da Präsident, Bernabeu ist weit mehr gewesen, Don Santiago war Real Madrid. 1943 haben sie ihn zum Vorsitzenden des Klubs gemacht, und sofort ging der millionenschwere Großgrundbesitzer daran, seinen Lebenstraum zu erfüllen. Mit dem Bau des 135 000 Menschen fassenden Stadions im Stadtteil Chamartin setzte er sich selbst ein Denkmal, das Beton-Oval erhielt seinen Namen. Damit war der äußere Rahmen für spätere grandiose Erfolge gesteckt. Und dann begann er, seine Elf systematisch zu verstärken, was ihm auch deshalb ausgezeichnet gelang, weil er den Spielern gegenüber gern als väterlicher Freund gegenübertrat. Möglicherweise haben eigene Erfahrungen Don Santiagos Sensibilität im Umgang mit den Kickern geweckt. Als junger Stürmer bei Real Madrid erhielt er eine internationale Berufung für ein Länderspiel in Portugal. Die Mannschaften liefen bereits auf dem Platz herum, die Hymnen waren abgespielt, das übliche Photo war geknipst, und Bernabeu schoß sich mit den anderen warm – da rief ihn der Trainer plötzlich zu sich und setzte ihn unerwartet auf die Ersatzbank. Einen derartig rigiden Umgang mit den Spielern hat Bernabeu stets vermieden, er suchte das gute Einvernehmen. In menschlicher und finanzieller Hinsicht, wobei letzteres für Berufsfußballer ausschlaggebend sein mag. «Es war immer mein Bestreben, die Spieler materiell zufriedenzustellen, denn nur Profis, die sich gerecht entlohnt wissen, geben wirklich ihr Bestes.» Gerechte Entlohnung bedeutete bei ihm meist ein fürstliches Gehalt. Wie familiär die Atmosphäre bei den »Königlichen« war, beweist das Beispiel des Linksaußen Bueno, der sich zehn Jahre lang im Schatten des großen Gento abplagte, ohne ihn je verdrängen zu können. »Es ist immer noch besser«, hat er erklärt, »Ersatzmann in einem solchen Verein zu sein als anderswo eine Primadonna.«
Bernabeu hatte also die besten Grundlagen geschaffen, seinen Klub zur ersten Adresse des internationalen Fußballs zu machen. Unter anderem wußte er geschickt seine Verbindungen zu den Mächtigen zu nutzen, der Generalissimo Franco, Spaniens faschistischer Diktator, ließ sich häufig bei Real sehen. Doch all dies hätte überhaupt nichts genützt, wenn Bernabeu nicht der

Zufall zu Hilfe gekommen wäre. Dieser Zufall hieß Alfredo di Stefano, ein Mittelstürmer, den sie in seiner argentinischen Heimat »el saeta rubria«, den blonden Pfeil, nannten. Di Stefano sollte ursprünglich zum FC Barcelona wechseln, doch den Katalanen war der neue Mann im Training zu schwach. In seinem ersten Meisterschaftsspiel für Real erzielte di Stefano vier Treffer – gegen Barcelona.
Das Gespann Bernabeu, der seinen Verein leutselig, aber bestimmt führte, und di Stefano, der auf dem Rasen Regie führte, drückte Europas Fußball seinen Stempel auf. Mit seinem professionellen Management und einem Mann wie Alfredo, gleichzeitig Kopf und Herz seiner Mannschaft, besaß Real für den neuen Europapokal die idealen Voraussetzungen. Und bestimmt ist es für die Elf von größtem Vorteil gewesen, daß ihr der erste Cup-Erfolg keineswegs zugeflogen ist. Den mußte sie sich schwer erarbeiten, was Arroganz und Leichtfertigkeit von vornherein ausschloß, Eigenschaften, die schon viele Siegerteams von ihrem selbst errichteten Sockel geschubst haben. Garant für den nötigen Ernst beim Spiel war natürlich Alfredo di Stefano, der vielleicht das verkörperte, was unter Fußballern als »kompletter Spieler« gilt. Di Stefano besaß Intelligenz, Technik, Übersicht, Torgefährlichkeit, Schnelligkeit, Kondition, Kraft, Bewegungstalent und, was bei eleganten Typen seines Schlages eher selten zutrifft, die Bereitschaft, sich den mannschaftlichen Belangen jederzeit unterzuordnen. Der große Alfredo ist sich nie zu schade gewesen, in der eigenen Abwehr Kärrnerarbeit zu leisten, stets kämpfte er, als müsse er in jeder Partie seine Tauglichkeit für die erste Mannschaft nachweisen.
Im ersten Europapokal-Jahr bekamen es die Madrilenen gleich mit den stärksten Gegnern des Kontinents zu tun. In Spanien tat sich mit den Staatsamateuren von Partizan Belgrad noch kein Problem auf, locker siegte Real 4:0. Doch so klar, wie sie aussah, war die Angelegenheit noch lange nicht. Auf ungewohnt hartem, vereisten Boden geriet der hohe Favorit beim Rückspiel ins Rutschen, die Jugoslawen, dirigiert und angetrieben von den Weltklassekickern Branko Zebec und Zlatko Cajkovski, die später als Trainer in der Bundesrepublik Triumphe feierten, setzten den Spaniern arg zu, mehr noch als die grimmige Kälte bei 30 Grad minus. Am Ende hieß es 3:0 für die Elf vom Balkan, Real erreichte tiefgefroren und mit einem blauen Auge das Halbfinale. Dort hieß der Kontrahent

AC Mailand, und wieder mußten sich di Stefano und seine Kollegen bis zur Erschöpfung ausgeben. 4:2 daheim und 2:1 in Mailand, das Endspiel in Paris war erreicht.

Als Partner hatte sich ausgerechnet ein französisches Team qualifiziert, Stade Reims mit dem überragenden Raymond Kopa als Angriffslenker und dem knüppelharten Stopper Jonquet. Der wich Alfredo di Stefano keinen Schritt von der Seite, lief neben ihm her in gleichem Trab, in gleichem Sprint. Im hoffnungslos überfüllten Prinzenpark, in dem 40000 Platz gefunden hatten, spielten sich die Franzosen anfangs in einen Rausch, nach zehn Minuten lagen sie 2:0 durch Außenläufer Leblond und Linksaußen Templin vorn, schon die erste Seite der Europacup-Geschichte schien eine faustdicke Überraschung bereitzuhalten. Doch die routinierten Real-Kämpen behielten die Nerven, di Stefano, einmal an Jonquet vorbei, erzielte den Anschlußtreffer, Rial glich nach einer halben Stunde aus. Als die Madrilenen die Partie allmählich in den Griff bekommen hatten, schlugen die Reimser erneut zu: Michel Hidalgo, der Frankreichs Fußball als Nationaltrainer in den achtziger Jahren zu Weltruhm verhalf, traf zum 3:2.

Lange dauerte für die Zuschauer der Spaß nicht, denn Joseito zielte zum 3:3 ins Netz. Und elf Minuten vor dem Abpfiff rückte wiederum Rial die Verhältnisse zurecht, mit 4:3 Toren sicherte sich Real Madrid als erste Vereinsmannschaft den goldenen Cup. Und wenn man aus der Siegerelf einen Mann hervorheben darf, dann Alfredo di Stefano, der fast alle Duelle mit seinem Widerpart verlor, aber dafür seine Nebenleute mit idealen Vorlagen bedachte. Gegen Ende verschärfte er das Tempo so enorm, daß die Franzosen einfach nicht mehr mitkamen. Was man mit Fug und Recht auch vom bundesdeutschen Vertreter Rot-Weiß Essen behaupten durfte, der sich gleich in der ersten Runde gegen die Hibernians aus Edinburgh (0:4, 1:1) verabschiedet hatte. Das Argument, der verletzte Weltklasse-Rechtsaußen Helmut Rahn habe schmerzlich gefehlt, zählte nicht, die Halbamateure aus Deutschland hinkten der Entwicklung einfach hinterher.

Auf diesen ersten Pokalgewinn begründet die königliche Mannschaft die Ära Reals, vier weitere Siege folgten in Serie, Madrid saß sicher und bequem auf Europas Fußball-Thron. Was zweifellos auch darin begründet lag, daß der Professionalismus in Spanien am

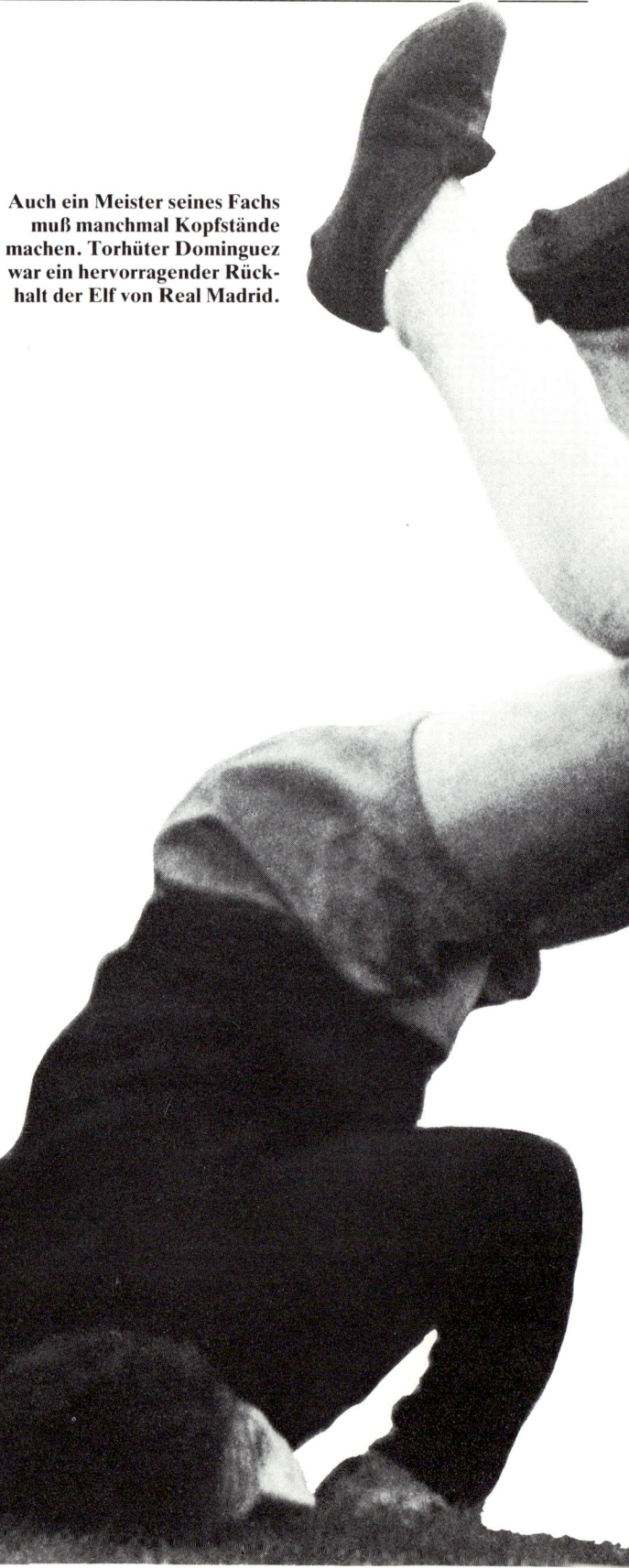

Auch ein Meister seines Fachs muß manchmal Kopfstände machen. Torhüter Dominguez war ein hervorragender Rückhalt der Elf von Real Madrid.

besten entwickelt war. Mit einer Ausnahme vielleicht, denn zumindest in England war Fußball schon einige Jahrzehnte länger ein richtiger Gelderwerb. Nicht von ungefähr kam es deshalb, daß den spanischen Fußball-Eroberern im zweiten Europacup-Jahr 1956/57 ein höchst gefährlicher Gegner von der Insel erwuchs. Manchester United galt als überragende Elf Englands, eine gewisse Parallele zu Real zeichnete sich ab. Denn was dort Santiago Bernabeu symbolisierte, stellte beim Klub aus der englischen Textilstadt Matt Busby dar. Zwar hatte er kein Präsidentenamt inne, doch als Manager bewies er ähnlichen Weitblick wie der große Vorsitzende von Real. Busby jedoch ging den Aufbau eines großen Teams von der anderen Seite an. Er sah sich in der näheren Umgebung nach vielversprechenden Talenten um, spürte in der Jugendabteilung von Manchester nach.

Mosaiksteinchen auf Mosaiksteinchen setzend, fügte er allmählich eine großartige Mannschaft zusammen, die in England alsbald die Gegnerschaft in Grund und Boden spielte. Weil der Altersdurchschnitt für ein Spitzenensemble geradezu lächerlich gering war, taufte man die United-Youngster die »Busby-Babes«. Bobby Charlton, der später einer der intelligentesten Fußballer der Welt werden sollte, war gerade 18 geworden, Duncan Edwards, ein brillanter Mittelfeldakteur, noch etwas jünger. Tommy Taylor, ein Kraftpaket wie Uwe Seeler, oder der Angreifer Viollet hatten die 20 kaum überschritten. Der Abwehrspieler Byrne zählte mit seinen 26 Jahren schon zur Seniorenabteilung des Vereins.

Nachdem die jungen Leute aus England mit der Dortmunder Borussia (3:2, 0:0), die für ihre spielerische Eleganz berühmt wurde, fertig geworden war, führte sie das Los mit Cup-Verteidiger Real zusammen. Die erste Begegnung fand in Madrid statt, und zum ersten Mal zeigte sich, welch ein gigantisches Geschäftsunternehmen dieser Wettbewerb sein kann. Das Bernabeu-Stadion platzte aus allen Nähten, 135000 Menschen drängten sich auf den Rängen, die Einnahme von 650000 Mark bildete bis dato einsame Spitze in der Welt, das spanische Fernsehen feierte mit der Übertragung eines ganzen Spiels Premiere, und sogar Hörer in Südamerika konnten den europäischen Fußball-Hit verfolgen. Obwohl Manchester sich selbst übertraf, behielt Reals Abgeklärtheit die Oberhand,

3:1 siegten die Señores dank reifer Leistungen des Mittelfeldes mit Rial, Mateos und di Stefano. Die drei glänzten als großartige Zulieferer für die beiden Flügelstürmer Raymond Kopa, den Santiago Bernabeu vom Vorjahres-Finalisten Stade Reims losgeeist hatte, und Francisco Gento, einem Mann, der die 100 Meter unter 11 Sekunden laufen konnte. Obwohl die spanischen Meisterkicker den englischen Lehrlingen auch im Rückspiel eine eineinhalbstündige Lektion erteilten (2:2), eines war trotzdem augenscheinlich geworden: Manchester United würde in Zukunft mit noch größerem Selbstbewußtsein und Elan gegen die Vorherrschaft der Madrilenen anrennen.

Denn sonst tat sich nicht viel auf dem Kontinent, der Endspiel-Kontrahent AC Florenz verlangte Real wenig mehr als etwas Geduld ab. Erst in der 69. Minute verwandelte di Stefano einen Foulelfmeter, Gento erhöhte vor eigenem Publikum auf 2:0. Die Italiener, die eine Mauertaktik anwandten, daheim »Catenaccio« genannt, blieben arm an Spielklasse, nur selten bewegten sie sich über die Mittellinie hinaus. Einfallsreichtum entwickelten sie nur, wenn's darum ging, den Gegenspieler in die Horizontale zu befördern. Was natürlich bei weitem nicht ausreichte, Real Madrid holte sich den zweiten Cup-Sieg relativ locker.

Die Enttäuschung über das Finale setzte um so größere Erwartungen in die nächste Saison, das Cup-Jahr 1957/58, frei. Europas Fußball-Volk freute sich auf eine Neuauflage des spanisch-englischen Duells. Und darauf lief zunächst alles hinaus. Real Madrid kam ohne Probleme (gegen FC Antwerpen 1:2 und 6:0, gegen FC Sevilla 8:0 und 2:2) in die Vorschlußrunde, Manchester setzte sich über die Shamrock Rovers aus Dublin 6:0 und 3:2, über Dukla Prag 3:0 und 0:1 und schließlich über Roter Stern Belgrad 2:1 und 3:3 hinweg. Die Busby-Jungen hatten am 5. Februar 1958 im Rückspiel in Jugoslawien aufopfernd gekämpft und bewiesen, daß aus den Babes richtige Kerle geworden waren, ein Grund zum Feiern. Das taten sie auf dem Heimflug von Belgrad, in der Chartermaschine wurde gelacht und getrunken. In München-Riem war Zwischenlandung, Auftanken. Draußen herrschte gräßliches Wetter, Nieselregen und Schneeschauer abwechselnd. Irgend etwas klappte beim Start nicht, der Vogel hob nicht ab, zweimal rollte der Pilot die Maschine zurück zum Ausgangspunkt. Beim drittenmal beschleunigt er mit

allen Pferdestärken, die zur Verfügung standen, über den Bremspunkt hinaus, endlich hob das Flugzeug ab. Aber es gewann keine Höhe, schwebte kurz über dem Boden, ehe es sich am Ende der Piste mit Urgewalt in eine Böschung rammte. Die zerstörte »Elizabethan« ging in Flammen auf.

Im glühenden Inferno starben 21 Menschen, unter ihnen Tommy Taylor, Roger Byrne, Geoff Bent, Eddie Colman, Mark Jones, Bill Whelan und David Pegg. Matt Busby, der Manager, und Duncan Edwards, mit seinen gerade 21 schon ein Weltstar, rangen im Münchner Klinikum Rechts der Isar mit dem Tod. Edwards verlor seinen letzten Kampf nach 14 Tagen.

Bobby Charlton hatte das Glück, nicht von den brennenden Trümmern erschlagen zu werden. Ihn fanden Helfer 50 m von der Unfallstelle entfernt, schwer verletzt, aber lebend. Auch Torwart Gregg, Verteidiger Foulkes und die Stürmer Morgans und Viollet kamen einigermaßen heil davon.

Die Versicherung zahlte drei Millionen Mark, aber die Zukunft des englischen Fußballs lag unter den Wrackteilen der »Elizabethan« begraben. Matt Busby jedoch dachte nicht an Aufgabe, er machte sich umgehend daran, eine neue Mannschaft zu formen. Es sollte acht Jahre dauern, bis sich United vom tödlichen Schock erholt und wieder eine starke Mannschaft hatte, und zehn, ehe Busby seinen »Mount Everest«, wie er den Europacupsieg nannte, erklettert und somit sein gegebenes Versprechen eingelöst hatte.

Im Halbfinale gegen den AC Mailand trat Manchester mit den vier Überlebenden Gregg, Foulkes, Morgans und Violett an und dem Willen, ein grausames Schicksal in die Knie zu zwingen. Der dumpfe Zorn und ein leidenschaftliches Publikum erzwangen ein 2:1, doch in Mailand stand die ihrer Besten beraubte Elf auf verlorenem Posten: 0:4, die Epoche von Manchester United war zu Ende, ehe sie begonnen hatte. Der AC Mailand bestritt das Finale in Brüssel gegen – natürlich – Real Madrid. Die Partie geriet zu einer Heerschau des modernen Profitums, beide Seiten waren mit klangvollen Namen aus dem Ausland reich bestückt. Allein die Torschützen lasen sich wie ein Auszug aus dem »Who's who« des internationalen Fußballs: Der Uruguayer Schiaffino brachte Mailand in Front, di Stefano aus Argentinien erzielte den Ausgleich, sein Landsmann Grillo sorgte für das 2:1 der Italiener, Reals Argentinier Rial für das 2:2. Don Santiago Bernabeu hat später einmal erklärt, weshalb er immer wieder teure Spieler

Ein Vollstrecker von Format:
Ferenc Puskas, der Ungar,
machte aus den Ideen

Alfredo di Stefanos Tore.
Puskas war der erfolgreichste
Europacup-Schütze seiner Zeit.

»importierte«, selbst auf die Gefahr hin, daß Weltstars wie der Schwede Simonsson oder gar Brasiliens brillanter Regisseur Didi auf der Reservebank vergammelten: »Ich habe mich bemüht, das Beste, was es auf dem Markt gab, zu Real zu bringen. Der moderne Fußball hat manche Eigenart aus dem Showgeschäft übernommen. Man mag das beklagen, ändern kann man es nicht«. Das Brüsseler Spitzenspiel aber entschied doch ein echter Spanier, Francisco Gento traf in der Verlängerung zum dritten Tor und gleichzeitig dritten Pokalsieg.

Die erbitterte Gegenwehr des AC Milan hatte die Madrilenen auf Trab gebracht, Bernabeu investierte noch ein paar Hunderttausender mehr. Den argentinischen Stopper Santamaria holte er zwecks Verstärkung der Abwehr, Halbstürmer Mateos sollte di Stefano entlasten, del Sol wurde neuer Außenläufer. Und schließlich griff Real noch einmal ganz, ganz tief in die Vereinskasse und verpflichtete für ein Handgeld von 500 000 Mark den ungarischen Fußball-Major und Volkshelden Ferenc Puskas. Der hatte sich von seinem Klubteam Honved Budapest abgesetzt, nachdem der Aufstand gegen das kommunistische Regime in der Heimat niedergeschlagen worden war. Nach 18monatiger Sperre wechselte der Torschützenkönig des ungarischen »Wunderteams«, das nur ein wichtiges Spiel, nämlich das Weltmeisterschafts-Finale 1954 mit 2:3 Toren gegen Deutschland verloren hatte, zu di Stefano & Co.

Viel Glück brachte der Mann, der im linken Fuß mehr Gefühl hatte als die meisten Menschen in Händen und Beinen zusammen, dem Real zunächst nicht. Weil er zuvor einen am Boden liegenden Gegenspieler getreten hatte, mußte er im Semifinale zuschauen. Genau dort aber wäre sein Einsatz dringend nötig gewesen, denn Real traf ausgerechnet auf den Orts- und Erzrivalen Atletico, den Landesmeister, der Schalke 04 (3:0, 1:1) aus der Konkurrenz geworfen hatte. Puskas fehlte an allen Ecken und Enden, der Cup-Verteidiger mühte sich zäh gegen eine Elf, die wild entschlossen ihre Chance suchte, der alten Herrlichkeit ein Ende zu bereiten, die Fußballgeschichte Madrids umzuschreiben. 2:1 für Real, 1:0 für Atletico. Das dritte Treffen in Saragossa mußte entscheiden, und da durfte Puskas

wieder mitmachen. Mit dem Erfolg, daß er die Seinen ins Endspiel schoß, 2:1, Real hatte es zum viertenmal hintereinander geschafft. Doch das erlebte der 31jährige Ungarn-Flüchtling ebenfalls nicht mit. Eine Verletzung zwang ihn, sich auf die Tribüne des Stuttgarter Neckarstadions zu setzen. Besonders aufregen mußte er sich dort nicht, Real dominierte deutlich über Stade Reims, das schon 1956 Finalgegner gewesen war. Mateos und di Stefano vertraten Puskas als Schützen, kein Problem.

Inzwischen hatte sich die Kombination der Superstars zu einem Luxusartikel und Exportschlager entwickelt. Schon damals, gegen Ende der fünfziger Jahre, verlangte Reals Schatzmeister kaltlächelnd ein Honorar von 100 000 Mark pro Freundschaftsspiel.

Der Verein konnte die Millionenbeträge gut brauchen, denn die Konkurrenz schlief nicht. Besonders nicht die im eigenen Land, der FC Barcelona schmiß mit Geld um sich, auf daß die Feinde aus der Hauptstadt endlich zu Boden gezwungen würden. Die Katalanen leisteten sich den teuersten Trainer der Welt, Helenio Herrera, der später als »Sklaventreiber« bei Inter Mailand einen zweifelhaften Ruhm genoß, und schmückten sich mit kostbaren Fußball-Juwelen wie Evaristo aus Brasilien sowie Koscis, Czibor und Kubala aus Ungarn.

Das Los brachte die beiden spanischen Renommierklubs in der Runde der letzten Vier zusammen. Das erste Prestigeduell fand am 5. April 1959 im Madrider Bernabeu-Stadion statt. Real machte kurzen Prozeß, di Stefano (2 Tore) und Puskas (1) taten das ihre, 3:1.

Der FC Barcelona hatte sich übernommen, nicht nur in sportlicher Hinsicht. Vor allem finanziell waren die Katalanen am Ende, 25 hochbezahlte Profis schröpften das vereinseigene Bankkonto. Und erstmals feierte der Rechenstift einen Sieg über die Sportlichkeit: Für das Rückspiel hatten Barcelonas Bosse die lächerliche Erfolgsprämie von 1500 Mark ausgesetzt, für die Herren Berufsfußballer ein unzumutbares Almosen. Was sich die Finanzjongleure vorgestellt hatten, traf prompt ein, die Mannschaft kickte mehr schlecht als recht, Real gewann auch auswärts 3:1.

Trainer Herrera, von den Zuschauern mit Sitzkissen beworfen, mußte gehen, Barcelona hatte sich kräftig blamiert, aber noch viel kräftiger gespart. Die Sache

Höchste Popularität genossen die Spieler
von Eintracht Frankfurt bei der schottischen Jugend.
Ballakrobatik zeigten Lindner (Mitte) und Stein (rechts)
nicht nur im Spiel mit einheimischen Buben,
sondern auch bei den Begegnungen mit den Glasgow Rangers.

war nämlich die: Hätte die eigene Mannschaft das Finale erreicht und sogar dieses noch gewonnen, dann wären an Prämien und Reisespesen insgesamt 2,7 Millionen Peseten (damals rund 160000 Mark) fällig gewesen. Im Glasgower Endspiel jedoch wären höchstens 40000 Mark herausgesprungen.

Glasgow ist ein Stichwort, mit dem erstmals Heldentaten eines deutschen Teams verbunden sind. Eintracht Frankfurt war gegen die berühmten Rangers ins Halbfinale eingezogen, ohne Chance vermeintlich. 190 Mark erhielt ein Feierabendkicker für seine Anstrengungen und bei der Weihnachtsfeier einen warmen Händedruck vom Präsidenten. Die Schotten dagegen traten nicht aus Jux und Tollerei gegen den Ball, sondern für bare Münze.

Die Eintracht spielte sich von Anfang an in eine ungeheure Euphorie, vermutlich hätte sie an diesem Tag keine Macht der Welt stoppen können. Einem 6:3 daheim ließ sie im Ibrox-Park ein sensationelles 6:1 folgen, die Eintracht-Stützen Alfred Pfaff, eine Art hessischer Fritz Walter, der 35jährige Rechtsaußen Richard Kress und Erwin Stein, der Mittelstürmer mit dem unverschämt wuchtigen Schuß, wurden zu europäischen Fußball-Größen.

Nur die Stars aus Madrid nahmen den deutschen Endspiel-Gegner nicht ganz für voll, was sich prompt rächte. Kress brachte die Eintracht nach 18 Minuten in Front. Möglicherweise hätte er das besser unterlassen, denn mit diesem Treffer hatten die Frankfurter das Duo di Stefano/Puskas über Gebühr gereizt.

Der große Alfredo hetzte über das ganze Spielfeld, ordnete hier, zauberte dort, und Puskas folgte den Gedanken des genialen Meisters messerscharf. In der Flut der Angriffswellen ging die Eintracht völlig unter, sie wurde zum Spielball Reals. 7:3 hieß es am Ende, Puskas mit vier Toren und di Stefano mit drei Treffern hatten das bis dahin brillanteste Finale inszeniert.

Und dennoch hatte die unterlegene Elf der Halbprofis niemanden enttäuscht, sie war munter drauflosstürmend in den Torhagel geraten. Andere hätten vermutlich ihr Heil darin gesucht, das eigene Tor mit Mann und Maus zu verbarrikadieren, was bekanntlich zu Lasten der Lebendigkeit eines Fußballspiels geht.

Real Madrid hatte nun zum fünftenmal Europas Thron bestiegen, überlegener als je zuvor, eleganter und gereifter noch. Das Ensemble mit den besten Solisten der Welt hatte den Gipfelpunkt seines Könnens erreicht.

Das portugiesische Zwischenspiel (1961–1962)

Ein halbes Jahrzehnt lang brannte Real Madrid auf den Fußballfeldern Europas nun schon Feuerwerke ab, eine Einheit erlesener Solisten erteilte Schulstunden in Technik und Taktik. Die „Königlichen" waren im Triumphzug über den Kontinent hinweggerauscht, offenbar von niemandem aufzuhalten. Die schärfsten Widersacher hatten sich noch im eigenen Land gezeigt, Atletico Madrid war zwischendurch spanischer Meister geworden, auch mal der FC Barcelona.

Doch die mußten hart arbeiten, um gelegentlich vom Erfolg kosten zu dürfen, Real schwebte zu seinen Siegen. Um so erstaunlicher vollzog sich der Sturz des Teams der Superlative, nüchtern, leidenschaftslos, ohne Getöse. Und ausgerechnet jener FC Barcelona, der im Jahr zuvor noch aus merkantilen Erwägungen lieber unterlegen war, sollte di Stefano, Puskas und den anderen die Fußball-Krone vom Kopf schlagen. Diesmal war die Ausgangsposition genau umgekehrt. Die Katalanen hatten eine Million Mark Einnahmen aus dem Europapokal einkalkuliert. Die Schuldenlast aus dem Bau des riesigen Stadions drückte schwer. Ein Ausscheiden gleich im Achtelfinale hätte fast katastrophale Auswirkungen auf den Verein gehabt.

Die gesamten Prämien der letzten Saison hatte man Barcelonas Spielern erst kurz vor der Abreise nach Madrid ausgezahlt, 7000 Mark waren für den Fall des Weiterkommens ausgesetzt. Am 9. November 1960 lieferten die Gäste Real einen wütenden Kampf. Bei den Madrilenen war der alte Schwung hin, Puskas plagte sich ab, Gento wetzte die Außenlinie rauf und runter und di Stefano keuchte über den Platz. Doch sie waren müder geworden, älter und ein wenig zermürbt. Das 2:2 wurde beiden Teilen gerecht, das Schicksal Reals vollzog sich erst 14 Tage später in Barcelona. Das 1:2 lieferte nicht einmal Stoff für bunte Schlagzeilen, es war eher eine logische Konsequenz aus dem Hinspiel. Real aber hat es getroffen wie ein Hammerschlag. Stets hatte Don Santiago Bernabeu größten Wert auf das äußere Erscheinungsbild seiner Mannschaft gelegt: Anzug und Krawatte waren obligatorisch, und wer sich auf dem Spielfeld danebn benahm, der bekam eine Buße bis zu 1200 Mark aufgebrummt. Als die Spieler nach dem Abpfiff sogar auf Schiedsrichter Leafe (England) losgingen, vergaß Bernabeu seine hehren Prinzipien, der Don verschloß die Augen und wandte sich ab. Europas Fußball hatte Gesprächsstoff, aber an ein Ende der spanischen Hegemonie dachte niemand. Logisch, wer Real unterkriegt, der muß einfach den

Cup holen. Die Engländer und Italiener, nicht schlecht, gewiß, doch nicht gut genug. Und die Deutschen – die schon gar nicht. Also mußte Barcelona das Erbe Reals antreten.

Mit besonderem Neid betrachteten die Nachbarn aus Portugal das spanische Solo. Kein Wunder, denn die Klubs aus Lissabon und Porto hatten sich bislang nicht gerade mit Europacup-Ruhm bekleckert. Überhaupt nur einmal war es einem Klub, Sporting Lissabon 1958 gegen die zweitklassigen Holländer von DOS Utrecht, gelungen, sich über die erste Runde zu schleppen. Ansonsten hatte es Niederlagen für Porto und Benfica Lissabon geregnet, neun Stück insgesamt, und läppische zwei Unentschieden waren zustande gekommen. Portugal saß fest in den Niederungen des europäischen Fußballs. Scheinbar.

Tatsächlich hatte sich heimlich, still und leise eine bemerkenswerte Entwicklung vollzogen. Benfica-Präsident Mauricio de Brito, ein Unternehmer, dessen persönliche finanzielle Lage mit dem Wort »wohlhabend« nur unzureichend beschrieben ist, war dem Vorbild Reals gefolgt. Seine Spieler wurden hoch bezahlt, vor allem Siegprämien boten einen gewaltigen Anreiz. Aus dem portugiesisch-sprechenden Raum, also aus den früheren Kolonien, kaufte de Brito vielversprechende junge Leute zusammen. Allein vier Kicker stammten aus Afrika. Aguas, der Mittelstürmer, war in Angola Großwildjäger gewesen, gegen den Ball trat er eigentlich nur zum Zeitvertreib. Obwohl er keinem Verein angehörte, nahm man ihn in die angolesische Auswahl auf, die in einem Freundschaftsspiel gegen Benfica antrat. Die Portugiesen nahmen den 20jährigen nach dem Schlußpfiff sofort mit nach Lissabon. Auch Coluna und Santana, die Denker und Lenker im Mittelfeld, waren in Afrika geboren, ebenso wie Torhüter Costa Pereira. Daneben hatte die Elf in Stopper Germano, einem bärtigen Hünen, dem schnellen Rechtsaußen Jose Augusto und dem schußgewaltigen Linksaußen Cavem seine besten Kräfte.

Häufig vergaßen die blendenden Techniker über der Spielfreude und der Ballverliebtheit Disziplin und taktische Erfordernisse. Bela Guttmann war genau der richtige Trainer, die Spielweise in geordnete Bahnen zu lenken, ohne seine Mannschaft in ein Schema zu pressen. Guttmann, ein Ungar mit österreichischem Paß, war überall in der Welt zu Hause. Den AC Mailand, Ujpest Budapest, Rapid und Vienna Wien hatte er betreut, beim FC Sao Paulo feierte er wahre

Muß Siegen schön sein: So freuen sich Spieler und Offizielle des FC Barcelona nach dem 1:0 im dritten entscheidenden Spiel gegen den Hamburger SV (obere Fotos).

Viel zu spät kam die Abwehr des 1. FC Nürnberg im Pokal 1962 gegen die Angreifer von Benfica Lissabon, wie hier Stefan Reisch gegen Eusebio. Hilpert (rechts) kann nur noch zuschauen (Bild unten).

Böse Miene zum bösen Spiel machten die Real-Kicker Puskas, Santamaria und Araquistain, als hätten sie bereits bei Halbzeit ihre Final-Niederlage gegen Benfica Lissabon geahnt. Nicht viel besser war es dem FC Barcelona ein Jahr zuvor, 1961, gegangen (Bild unten). Hier bejubeln die Lissabonner ihren ersten Treffer.

Drei Mann auf einer Lin[...] Um der Angriffe von Real Mad[...] Herr zu werden, mußten d[...] Abwehrspieler von Juventus Tu[...] tollkühne Abwehrparaden zeige[...]

Triumphe, mit dem FC Porto wurde er portugiesischer Landesmeister. Und Benfica brachte er zur vollen Blüte. In den ersten Europacup-Runden kanzelte das Team die Gegnerschaft regelrecht ab: Die Hearts of Midlothian aus Schottland wurden mit 2:1 und 3:0 erledigt, Ujpest Budapest erwischte es noch ärger (6:2, 2:1), die Dänen von Aarhus G. F. hatten nicht die geringste Chance (3:1, 4:1) und im Halbfinale zog Rapid Wien den kürzeren (3:0, 1:1). Gegen die Österreicher war es in Wien zum ersten Skandal der Europapokal-Geschichte gekommen. Tagelang vorher hatte die Presse diese Partie angeheizt, Rapid sollte unbedingt den 0:3-Rückstand wettmachen. Entsprechend waren die Spieler emotional geladen, das Publikum schürte die Atmosphäre zusätzlich. Als beim Stand von 1:1 zwei Minuten vor Schluß der englische Schiedsrichter Leafe den Wienern einen Elfmeter verweigerte, explodierte die geballte Mischung. Die Zuschauer stürmten den Platz, beide Mannschaften gerieten in ein Handgemenge. Scheiben wurden eingeworfen, Sitzbänke demoliert, dem Unparteiischen und den Portugiesen drohte Lynchjustiz, auf den Rängen brannten Fahnen und Zeitungen. Überfallkommandos der Polizei stellten erst zwei Stunden später wieder Ruhe her. Gabriel Hanot, der »Erfinder« des Cups, klagte hinterher: »Das gefährdet ja den ganzen Europapokal.« Ein Vierteljahrhundert danach sollten Ausschreitungen dieser Art fast zum Alltag gehören. Ein Novum stellten auch die Begleitumstände einer Partie in der Bundesrepublik dar. Der Hamburger SV hatte die erste Begegnung gegen den englischen Titelträger FC Burnley deutlich 1:3 verloren. Dennoch gaben Uwe Seeler und seine Kollegen nicht auf. Und die Fans schon gar nicht, in Deutschland herrschte Fußballfieber. In Kiel zum Beispiel traten einige tausend Werftarbeiter in den Streik. Gegen die ausdrückliche Anweisung der Geschäftsleitung beendeten sie die Arbeit vorzeitig, um das Spiel in Ruhe vor dem Fernsehapparat zu verfolgen. Der HSV siegte übrigens 4:1, und die englische Presse war hingerissen von Mittelstürmer Seeler, der zwei Tore erzielt hatte. Der »Daily Herald« machte den armen Uwe zur »Granate, die Burnley explodieren ließ«, einen »menschlichen Hurrikan« nannte ihn der »Daily Mirror«.

Dank Seeler schien der HSV mit vollen Segeln ins Finale zu rauschen, den 0:1-Rückstand aus dem Hinspiel beim FC Barcelona hatten die Hanseaten wettgemacht. 2:0 stand es, wenige Minuten waren noch zu

spielen, die Hamburger schoben sich lässig das Leder zu, um den geschlagenen Gegner noch ein wenig zu foppen. Plötzlich fuhr ein Spanier dazwischen, flankte blind zur Mitte, auf den Kopf von Sandor Kocsis: »Goldköpfchen«, wie sie den überragenden Kopfballspieler damals hießen, erwischte das Leder und zielte genau. Im fröhlichen Volksparkstadion herrschte lähmendes Entsetzen, neun Sekunden vor dem Abpfiff hatte der HSV das Endspiel verschenkt. Das Entscheidungsspiel in Brüssel zeigte einen entnervten, kraft- und mutlosen HSV, Barcelona gewann sicherer, als das 1:0 es ausdrückt.

Die Elf der Namenlosen aus dem Lissaboner Vorort Benfica schien gegen die Millionärstruppe aus Spanien kaum mehr Chancen zu haben als ein Goldfisch im Hai-Becken. Zumal Coluna sich nach acht Minuten mit gebrochener Nase über den Rest der Spielzeit plagen mußte. Das 1:0 der Katalanen nach 20 Minuten, eine geometrische Meisterleistung, von Suarez und Kocsis wie mit Zirkel und Lineal auf den Rasen des Berner Wankdorf-Stadions geworfen, blies das Selbstbewußtsein allzu sehr auf, Barcelona wurde einfach überheblich. Benfica, anfangs von der »hölzernen Steifheit der Emporkömmlinge, die wie gelähmt vor dem Schlangenrachen zitterten«, so die Züricher Zeitung »Sport«, baute sich an der Hochnäsigkeit des Gegners auf und bekam allmählich die Oberhand.

Als die Superstars endlich merkten, was da gespielt wurde, war es zu spät, das Glück hatte sich schon lange auf die Seite des Schwächeren geschlagen. Dreimal trafen Barcelonas Kicker den Pfosten, ehe Czibor auf 2:3 verkürzte. Für sie brach hinterher eine Welt zusammen, verschleudert hatten sie Reals geordneten Nachlaß in nur 90 Minuten. Und die Benfica-Spieler in ihrer naiven Unschuld konnten es kaum fassen, daß ausgerechnet ihnen das iberische Erbe zufiel.

Die Geschichte des Europapokal-Wettbewerbs 1961/62 wirkt im Rückblick wie von einem pointensicheren Drehbuchautor geschrieben. Real war wieder da, Phönix aus der Asche, keine alte, aber eine alternde Diva, die nicht einsehen wollte, daß die besten Tage hinter ihr lagen. Zäh kämpften sich die Madrilenen, befehligt vom 35jährigen Feldherrn di Stefano, ins Finale vor.

Benfica dagegen hatte keine Schwierigkeiten. Aber einen neuen Torjäger aus Mozambique, Eusebio da Silva Ferreira, gerade erst 20, elegant, aber ungemein kraftvoll, ein Junge, der oft wie unbeteiligt wirkte, um in den nächsten Sekunden blitzschnell zuzuschlagen.

Mit seinen Toren als Rückendeckung spazierten die Lissabonner durch den Pokal: Austria Wien (1:1, 5:1), der 1. FC Nürnberg (1:3, 6:0) und die Tottenham Hotspurs (3:1, 1:2) hatten der neuen portugiesischen Herrlichkeit wenig entgegenzusetzen.

Natürlich lebte das Finale in Amsterdam von der pikanten Note seiner Zusammenstellung; die Altmeister gegen die Neulinge, die Lordsiegelbewahrer des Fußballs gegen jugendliches Draufgängertum. Es sollte das erregendste, vielleicht beste Spiel werden, das in einem europäischen Stadion je stattgefunden hat. Allein die erste Hälfte! 1:0 durch Puskas, 2:0 ebenfalls durch den Ungarn, das 1:2 von Aguas, dann der Ausgleich von Cavem und schließlich Reals 3:2 – Torschütze Puskas. Eine irrwitzige Szenenfolge stürzte das Publikum in Begeisterungstaumel, zwei zu allem bereite Teams fegten über das Feld wie im Zeitraffer.

Und dennoch, wer genau hinsah, konnte während der turbulenten Gala-Schau erste Anzeichen erkennen, daß Real nicht mehr Real war. Die Spanier nahmen diesmal nicht selbstverständlich das Heft in die Hand, sie orientierten sich nach hinten, suchten aus dem Hinterhalt zum Erfolg zu kommen. Alfredo di Stefano blieb in der Nähe des eigenen Strafraums, bedacht, das Konzept des Gegners zu durchkreuzen. Die Spontaneität war weg, bei aller Perfektion war Kalkül an die Stelle von Ursprünglichkeit getreten.

Nach der Pause mußten di Stefano, Puskas und Gento den Anstrengungen Tribut zollen. Die Schritte wurden länger, der Atem kürzer, das Mittelfeld gehörte Benfica. Colunas 20-m-Knaller traf zum 3:3, und dann gab es nur noch einen Mann: Eusebio, der in Amsterdam zum Weltstar wurde. Einen Elfmeter verwandelte er und setzte mit dem 5:3 einen Schlußpunkt unter das Finale und unter Real Madrids Vorherrschaft. Alfredo di Stefano schlich vom Platz wie ein geprügelter Hund, wohl wissend, daß seine großartige Karriere sich dem Ende zuneigen mußte. Das Spiel war aus für Real, die »Königlichen« waren fertig, auf dem Fußball-Thron machte sich Benfica breit. Eusebio wurde auf den Schultern der Anhänger in die Kabine getragen, einem Nervenzusammenbruch nahe. Hysterisch schreiend, ekstatisch vor Freude und mit Schaum vor dem Mund wurde er weggeführt.

Benfica hatte grandios den Nachweis geführt, daß der Sieg über Barcelona kein Zufallstreffer war. Nun konnte also die portugiesische Epoche des Europapokals beginnen. Aber die blieb nur ein Intermezzo.

Die kargen Jahre des Catenaccio (1963–1965)

Sieben Jahre hinreißenden, spannenden Fußballs hatten den Europapokal zu einer kontinentalen Institution gemacht. Obwohl nur zwei Länder – Spanien und Portugal – einen Sieger bejubelt hatten, genoß der Wettbewerb überall geradezu überschäumende Popularität. Die Zuschauer strömten in die Stadien, die Klubs füllten ihre Kassen. Aber die Mannschaften hatten auch etwas für ihr Geld getan, Offensive war angesagt gewesen, Angriff um fast jeden Preis, der Cup hatte sich als Dorado der Stürmer erwiesen.

Im achten Jahr, zur Saison 1962/63, wurde alles anders. Es begann die freudlose Zeit des italienischen Fußballs, die öde Phase der verrammelten Strafräume, Schönheit wurde dem Sicherheitsdenken geopfert. Das Spiel wurde trocken wie eine Pizza ohne Belag, fad wie Salat ohne Dressing. Vermutlich wäre der Mangel an Zuta-

ten gar nicht erst aufgetreten, wenn Benfica Lissabon nicht eine arge Schwächung erlitten hätte. Trainer Bela Guttmann, der »Macher« der großen Elf, war gegangen, als Nachfolger hatte man Fernando Riera verpflichtet, der gerade Chiles Nationalteam zum dritten Platz bei der Weltmeisterschaft im eigenen Land geführt hatte. Riera dämpfte zunächst die Angriffslust der Stürmer, fesselte die Mannschaft in ein 4-2-4-System. Der Chilene dozierte gern über Fußball, aber seine Leute verstanden ihn nicht immer. Und dennoch war Benfica relativ mühelos über Norrköping, Dukla Prag und Feyenoord Rotterdam ins Finale gezogen. Gescheitert war dagegen schon in der Qualifikation der hoffnungsvoll gestartete bundesdeutsche Vertreter 1. FC Köln. Beim FC Dundee hatten die Rheinländer ein 1:8-Debakel erlebt, nachdem Torwart Ewert gleich

Wie eine schwarz-gelbe Sturmflut brach Borussia Dortmund über Benfica Lissabon herein. Die Westfalen behielten mit 5:0 die Oberhand.

Die kargen Jahre des Catenaccio (1963–1965)

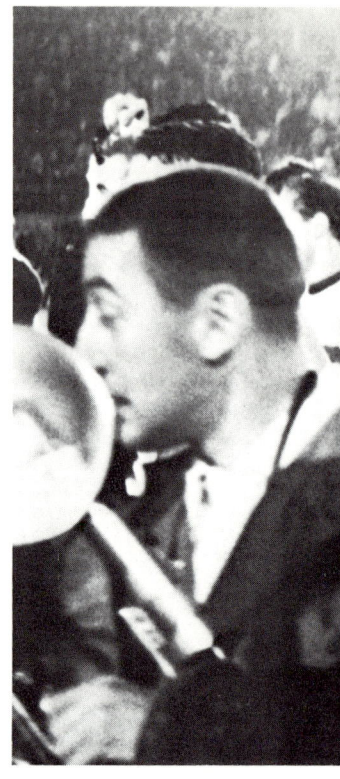

Die italienischen Jahre des europäischen Fußballs brachen mit dem Finalerfolg des AC Mailand über Benfica Lissabon an. Während Rivera und Altafini (links) ihre Freude hemmungslos herausschrien, blieb Eusebio nur der tiefe Schluck aus der Wasserflasche. Besonders in der Defensive galten die Norditaliener als wahre Künstler. Im Duett stoppten Barlucci und David (unten) Real-Angreifer Puskas. Ein großer Europapokal-Fan war in den sechziger Jahren Prof. Ludwig Erhard, der damalige Bundeskanzler (Bild rechts).

zu Beginn verletzt worden war, der Rückspiel-Sieg von 4:0 versöhnte niemanden.

Für den AC Mailand, den Finalisten von 1958, konnten Union Luxemburg, Ipswich Town, Galatasaray Istanbul und der FC Dundee keine Stolpersteine sein. Paradoxerweise kamen die Italiener auf ein Torverhältnis von 32:4, was ihre Mauertaktik zunächst noch verschleierte. Im Londoner Endspiel wurde offenbar, was zu einer bedauerlichen Modeerscheinung werden sollte: Hinter einem Abwehrriegel von vier, fünf oder sechs Mann baute sich Maldini auf, ein Libero, der eher die Rolle eines Ausputzers einnahm. Für den Angriff blieben höchstens zwei Kicker übrig. Als Eckpfeiler stützten drei Spieler von Extraklasse den AC: eben Maldini, ein Kerl hart wie Carrara-Marmor, der ausgefuchste Brasilianer Altafini als Schütze vom Dienst, der 1958 noch als »Mazzola« mit Brasilien Weltmeister geworden war, und vor allem Gianni Rivera, der 19jährige Stratege, den sie daheim »Goldjunge« nannten. Und außerdem bevorzugten die Mailänder eine Spielweise, die oft genug auf die Schienbeine der Gegner abzielte. Das reichte gegen eine matter gewordene Benfica-Mannschaft, die zwar unentwegt, aber unglücklich das Mailänder Tor berannte. Eusebio war auf sich allein gestellt, er machte sein übliches Tor, viel mehr nicht. Am Ende siegte der AC Milan 2:1 – zweimal hatte Altafini die Deckung überwunden –, und das nicht einmal unverdient. In den letzten Minuten wäre sogar ein höherer Erfolg möglich gewesen.

Mit dem Sieg des AC Mailand war der Abwärtstrend noch lange nicht gestoppt. Ganz im Gegenteil, ein paar Kilometer weiter lauerten schon die wahren Strategen des 90minütigen Rückzugs. Inter Mailand hatte dem Lokalrivalen die Landesmeisterschaft abgerungen und wollte noch mehr. Das Rezept hatte Helenio Herrera, der bekannteste und gefürchtetste Trainer seiner Zeit, zusammengebraut: »Wir beginnen jedes Spiel mit 0:0. Das ist ein halber Sieg. Schießen wir ein Tor, muß es nach Möglichkeit schon der ganze Sieg sein.« Gesagt, getan. Beim englischen Meister FC Everton gab's ein torloses Unentschieden, wie geplant. Herrera: »Der halbe Sieg.« Zur anderen Hälfte reichte, logisch, ein kümmerliches 1:0 durch den flinken brasilianischen Rechtsaußen Jair. Nun ist es keineswegs so gewesen, daß die Inter-Spieler lauter fußballerische Analphabeten waren. Nein, sie waren fast durchweg Ausnahmekönner: Sarti, der Torwart mit der Bärenruhe, die cleveren Verteidiger Burgnich und Facchetti, die eisernen Innenverteidiger Guarneri und Picchi, Suarez, der spanische Spielmacher, oder die angreifenden Ballkünstler Jair und Mazzola. Oder gar Corso, der überall und nirgends auf dem Platz zu finden war. Für den früheren Wuppertaler Horst Szymaniak, einen Star der internationalen Szene, den jede andere Mannschaft mit Kußhand genommen hätte, bot diese Besetzung nur selten ein Plätzchen zum Mitspielen. Aber die Inter-Leute durften halt nie so, wie sie wahrscheinlich gewollt hätten. Stets zwängte Herrera sie in seine taktische

25

**Lohn der Taktik: Zweimal gewann
Inter Mailand den Pokal.
Trainer Helenio Herrera (links, im Anzug),
der »Sklaventreiber«,
hatte allen Grund zum Lachen.**

Zwangsjacke, wer nicht spurte, flog 'raus. Und eines beherrschte dieses Team in absoluter Vollendung, aus dem Nichts eine ganze Menge zu machen. Viele Tore fielen nach dem gleichen Muster: Inter ließ den Gegner anrennen, mit neun Mann am eigenen Strafraum, bis sich irgendwann doch einmal eine winzige Konterchance ergab. Die pflegten die Angreifer mit geradezu tödlicher Sicherheit zu nutzen. Das hatte Spiele zur Folge mit mehr als 89 Minuten Langeweile und oft nur einem einzigen Höhepunkt, aber die Methode war durchschlagend.

Von ganz anderem Kaliber zeigte sich der bundesdeutsche Vertreter Borussia Dortmund. Der geisterte wie ein Schreckgespenst durch den Europacup und ließ die Gegner mit offenen Mündern zurück. Besonders das gute, alte Benfica Lissabon zuckte furchtbar vor dem »furor teutonicus« der Westfalen zurück. Im Hinspiel hatten die Portugiesen während des ganzen Treffens überlegen gespielt, viermal binnen kurzem an Pfosten und Latte geknallt, aber nur 2:1 gewonnen. Daß da dennoch was schiefgehen könnte, kam ihnen überhaupt nicht in den Sinn. In Dortmund sahen sie sich mit 0:5 Toren (Brungs, das neue »Goldköpfchen«, drei Treffer, Konietzka und Wosab je einen) förmlich zerlegt. »L'Equipe«, das französische Sportblatt, staunte über das deutsche Fußballwunder: »Benfica von Dortmund exekutiert«, lautete das martialische Urteil. Dukla Prag ging es nicht einmal zu Hause recht viel besser. Wosab (2), Brungs und Konietzka schossen die Borussia in die nächste Runde.

Dort jedoch, im Halbfinale, zerschellten ihre Angriffe an der Abwehrfestung von Inter Mailand. In Dortmund ertrotzten die Gastgeber noch ein 2:2 (Brungs zwei), doch im San-Siro-Stadion gab es nichts zu ernten, Mazzola und Jair machten die Finalteilnahme für Herreras Sklaven perfekt. Und daß Inter auch die letzten Winkelzüge beherrschte, bewies Luis Suarez, der Spanier. Er trat dem Dortmunder »Hoppy« Kurrat brutal in den Unterleib, was Millionen Fernsehzuschauern keineswegs verborgen blieb; nur einer hatte nichts mitbekommen, Schiedsrichter Tesanic aus Jugoslawien.

Endspiel-Kontrahent war, man höre und staune, Real Madrid. Die Wiederauferstehung einer großen Mannschaft, nein, der größten Mannschaft des Europapokals? Nichts da, im Grunde verdeutlichte das kurze Aufblühen mit dem Sieg über Titelverteidiger AC Mailand nur den Tod auf Raten. Es war durchaus ein

wenig tragisch anzusehen, wie die alten Maestros ihrer eigenen Vergangenheit nachrannten, wie sie vergebens versuchten, das Rad der Fußballgeschichte herumzuwerfen. Gelegentlich blitzte die einstige Virtuosität auf, kurzfristig entstand Hoffnung, alles könne doch noch mal so werden, wie es einmal war. Am Ende aber blieb nichts außer der Erinnerung an den unvergleichlichen Real der fünfziger Jahre.

Das jämmerliche Finale in Wien lief nach Schema I wie Inter ab: Alle Angriffe abprallen lassen, mit unendlicher Geduld auf die eigene Chance warten. Die ergab sich vier Minuten vor der Pause, als Verteidiger Facchetti, der früher Mitglied der italienischen 4×100-m-Staffel gewesen war, an der linken Außenlinie entlangstürmte, hoch in den Strafraum flankte, wo Mazzola geistesgegenwärtig verwandelte. Der Rest war Routine: Real zerschliß sich beim Ansturm auf das Deckungsbollwerk, Inter konterte kalt und präzise, beim Schlußpfiff hieß es 3:1 für die Italiener. Alfredo di Stefano, der Verlierer, bezeichnete Inter geringschätzig als »Team von zehn Verteidigern und einem Torwart«. Es charakterisiert diese Mannschaft von kühlen Rechnern vielleicht am besten, daß niemand in Jubel ausbrach, keiner riß den Siegern wie üblich die Hemden vom Leib, selbst die eigenen Anhänger klatschten verhalten Beifall. Inter ist der ungeliebteste Regent des Fußballs gewesen, der seine Freunde nur in Mailand hatte. Und auch dort nur zur Hälfte, die AC-Fans haßten den Rivalen.

Sympathie, Achtung und Mitleid schlugen in der folgenden Saison, 1964/65, dem deutschen Meister 1. FC Köln entgegen. Die Rheinländer hatten einiges gutzumachen, die 1:8-Katastrophe gegen Dundee war lange nicht vergessen. Im Viertelfinale bot sich gegen den englischen Titelträger FC Liverpool eine ausgezeichnete Gelegenheit, das Bild vom deutschen Fußball zu korrigieren. 0:0 in Köln, 0:0 in Liverpool, ein drittes Treffen in Rotterdam mußte die Entscheidung bringen. Die fiel, ohne daß einer es ahnte, im Grunde schon nach zehn Minuten. Wolfgang Weber, der überragende Kölner Abwehrstratege, brach nach einem Zweikampf mit schmerzverzerrtem Gesicht zusammen. Während er behandelt wurde, nutzte Liverpool die unverhoffte Möglichkeit. Webers Gegenspieler Hunt leistete die Vorarbeit für St. Johns 1:0-Treffer. Erst nach der Pause, es stand inzwischen 2:0 für die Briten, kehrte Weber aufs Feld zurück und humpelte fortan im Angriff herum. Auswechslungen waren damals noch nicht gestattet. Mit dem Mut der Verzweiflung kämpften die Kölner gegen die drohende Niederlage an. Mit zehneinhalb Mann schafften sie tatsächlich das kleine Wunder, Thielen und Löhr glichen aus, in der Verlängerung erkannte der belgische Schiedsrichter Schaut ein einwandfreies Tor von Hornig nicht an, es blieb beim 2:2.

Nun mußte das Los den Sieger ermitteln. Doch selbst die vom Referee in die Luft geworfene Münze mochte nach dieser begeisternden Partie nicht Schicksal spielen, sie steckte hochkant im zertrampelten Rasen. Beim zweiten Mal fiel die Münze endlich – elf Liverpooler rissen die Arme hoch. Ganz Europa bedauerte am folgenden Tag die armen Kölner. Die Zeitung »Daily Mail« aus London mokierte sich über das Glücksspiel: »Der größte Vereinswettbewerb Europas wurde zur Lotterie.« Die »Times« spendete dem 1. FCK freundliche, wenn auch nutzlose Trostworte: »Es war besonders ungerecht für Köln, das mit nur zehn Mann gegen zwei Tore Rückstand ankämpfte.« Und der »Guardian« vergoß sogar eine Träne: »Als Weber ausschied, hätte man weinen mögen.« Wie sich hinterher herausstellte, hatte Wolfgang Weber die ganze Zeit mit einem Wadenbeinbruch weitergespielt.

Anschließend gaben sich die Liverpooler recht kleinlaut, abgesehen von ihrem Manager Bill Shankly, der seinem Beinamen »Großmaul« Ehre machte. Als er Inter Mailand zum Halbfinale empfing, begrüßte er die Gäste mit einem flapsigen Späßchen: »Es gibt in England nur zwei gute Mannschaften: Unsere erste Mannschaft und unsere Reserve.« Gut genug aber war nicht einmal seine Elite, Inter kam nach einer 1:3-Niederlage durch einen 3:0-Heimsieg doch noch ins Finale.

Auch hier trafen die Mailänder wieder auf einen Altmeister, auf Jäger, die nach einem schon verlorenen Schatz suchten. Die Asse von Benfica Lissabon hatten noch einmal zu einem kurzen, imponierenden Höhenflug angesetzt und dabei gleichzeitig den ewigen Widersacher Real Madrid in den Abgrund gestürzt. 5:1 vernichteten sie die Spanier im Hinspiel, deren Präsident Santiago Bernabeu endgültig einsehen mußte, daß es Zeit war zum Aufbau eines jungen, neuen Teams, obwohl das Rückspiel noch einen 2:1-Sieg brachte. Di Stefano hatte seine Laufbahn bereits beendet, auch Santamaria, der glanzvolle Stopper, und Puskas, der König der Torschützen, war mit 38 pensionsreif.

Das Finale, bei dem Inter in Mailand Heimvorteil besaß, wurde zu einer Regenschlacht, ständig blieb der Ball in den riesigen Lachen hängen. Und Inter hatte wieder einmal das Glück gepachtet. Jair schoß, fast kümmerlich, aber Torwart Costa Pereira ließ das Leder durch die Arme rutschen, ehe es dann durch seine Beine über die Linie kullerte – ein lächerliches Tor. Selbst die italienische Öffentlichkeit genierte sich ein wenig ob dieses kargen Erfolges. Der »Corriere della Sera« schrieb: »Auch Benfica hätte einen Pokal verdient.« Aber Eusebio war an diesem Abend einfach zu schlecht gewesen. Und Helenio Herrera zog das Fazit nach einem miesen Kick und Inters zweijähriger Dominanz in Europa: »1:0. Das zählt. Sonst nichts.«

Reals kurzes Comeback und zweimal die Briten (1966–1968)

Zehn Jahre war der Europapokal nun alt und bisher ausschließlich eine Angelegenheit der Südländer gewesen. Real Madrid, Benfica Lissabon sowie die Mailänder Klubs AC und Inter hatten die wertvollste Trophäe für Vereinsmannschaften des Kontinents gewonnen. Real und Benfica schienen ausgelaugt, auch Inter und der AC boten nur selten Überraschendes. In seinem elften Jahr gab es im Cup kein dominantes Team, selbst unter den besten spielten Zufall, Glück und Tagesform eine große Rolle. Nur so war es überhaupt möglich, daß Real Madrid noch einmal, zum letzten Mal, die höchste Stufe erklomm. Und nur so konnte sich eine Mannschaft wie Partizan Belgrad ins Finale mogeln –, der europäische Fußball steckte nach den italienischen Hunger-Jahren immer noch in einer Krise.

Reals Equipe hatte nichts mehr mit ihrem Vorgänger gemein. Die großen Namen waren verschwunden,

selbst Puskas kickte in der Reserve. Dabei war nur noch Francisco Gento. Die neuen Leute, Amancio, Pirri, Grosso, Velazquez oder Tormann Betancourt waren jung, dynamisch, kräftig, aber im Vergleich zu di Stefano, Santamaria und all den andern nur blasse Epigonen, Handwerker, aber keine Künstler. Gegen Inter Mailand allerdings, im Halbfinale, wuchsen sie über sich hinaus. Nach einem 1:0 ertrotzten sie in Mailand ein 1:1. Die spanische Zeitung »Mundo Deportivo« brach in hellen Jubel aus: »Real schlug den Koloß mit den tönernen Füßen.« Und ein italienisches Blatt hatte den Schuldigen sofort gefunden: »Auch Herrera ist nicht unfehlbar.« Zum vernichtendsten Urteil kam Ladislao Kubala, der Exil-Ungar, der in Diensten des FC Barcelona gestanden war. »Inter ist eine Mannschaft von Millionären, die sich wie Bettler gebärden.« Ein positives hatte die Begegnung dennoch

**Auf verlorenem Posten standen
die Münchner »Löwen« 1967 gegen
Pokalverteidiger Real Madrid (unten).
Diesen Schuß mußte Torhüter
Petar Radenkovic passieren lassen.**

**Ab und zu bringt der Europapokal
selbst deutsche Ordnungshüter
völlig aus dem Häuschen.
1967 bejubelten niedersächsische Polizisten
die Erfolge von Eintracht Braunschweig.**

für die ausgeschiedenen Mailänder: Mit 1,43 Millionen Mark erzielten sie einen stolzen europäischen Einnahmerekord.

Um Geld ging es auch einigen Spielern von Partizan Belgrad, zum Beispiel in den Achtelfinal-Treffen mit dem deutschen Meister Werder Bremen. Willkommene Anlässe für die Jugoslawen Soskic und Jusufi, sich der Bundesliga einmal zu präsentieren. Prompt gingen nach dieser Saison Tormann Soskic zu Köln und Verteidiger Jusufi zu Eintracht Frankfurt. Andere Stars wie Galic, Hasanagic und Rasovic schlossen sich ebenfalls gutzahlenden ausländischen Klubs an. Die Werderaner sahen in Belgrad kein Land, aus einem überharten Treffen kamen sie mit 0:3 noch glimpflich davon. Im Rückspiel (1:0 für die Norddeutschen) gab's gewaltigen Ärger, die Bremer traten nach allem, was sich bewegte. Kurz vor dem Abpfiff drehte Kapitän »Piko« Schütz durch: Er ging mit Fäusten auf einen Gegner los, und im Weser-Stadion war die Hölle los. Zuschauer strömten

auf den Platz, Jeeps brausten über den Rasen, und die Polizei hatte einige Mühe, Schiedsrichter Wharton (Schottland) und die Jugoslawen unversehrt in den Kabinen abzuliefern.

Entschädigt wurden die »Partizanen« durch, für jugoslawische Verhältnisse, enorme Summen, die ihnen im Lauf des Wettbewerbs zuflossen. 2200 Mark erhielten sie für den Viertelfinal-Erfolg über Sparta Prag (1:4, 5:0), mehr als 8000 Mark für den Sieg in der Runde der letzten Vier. Dort war der Gegner Manchester United (2:0, 0:1), das sich erstmals nach der Flugzeugkatastrophe von 1958 wieder im Konzert der Großen zurückmeldete. Welche Summe den Belgradern für den Gewinn des Finales geboten wurde, ist nicht bekannt. Bekommen haben sie sowieso nichts, denn Real behielt in einer spielerisch äußerst mäßigen, wenigstens aber kämpferisch überzeugenden Partie mit 2:1 Toren (Treffer durch Amancio, Serena sowie Vasovic) die Oberhand. Wie zerfahren dieses Match gewesen war, unter-

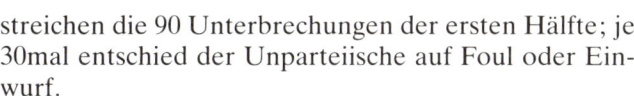

Ball im Netz,
Torwart Henrique im Netz (unten),
Benfica Lissabon am Ende der Weisheit.
So gewann Manchester United
den Cup 1968.

werbs hinnehmen müssen, die Schotten rasten wie ein Orkan über die Fußballfelder hinweg. Von den ersten 29 Punktspielen der Liga gewannen sie 28, einen einzigen Punkt mußten sie abgeben. Dabei hatten sie genau 101mal ins Schwarze getroffen. Und welche Stürmer hatten sie in ihren Reihen: Lennox und McBride, die im Meisterschaftsjahr gemeinsam auf 62 Treffer gekommen waren, dazu noch Rechtsaußen Johnstone, der mit seinen 1,58 m Körpergröße wie ein Hänfling wirkte, mit seiner Schnelligkeit und Dribbelkunst die Gegner aber wie Laternenpfähle umkurvte. In der Abwehr waren Craig, Gemmell und McNeill kantige, kaum auszuspielende Hindernisse, die durchaus auch eine Vorliebe für die Offensive entwickelten. Das Finale in Lissabon gewannen die Schotten 2:1, Gemmell und Chalmers hatten getroffen, Mazzola war für Inter erfolgreich gewesen.

Die Offensive hatte wieder einen Triumph gefeiert, und

streichen die 90 Unterbrechungen der ersten Hälfte; je 30mal entschied der Unparteiische auf Foul oder Einwurf.

Doch nun geriet der Fußball südländischer Prägung in eine Talsohle, wenngleich er keineswegs ganz verschwand. Die romanischen Klubs verabschiedeten sich leise aus den Siegerlisten des Cups, 1967 pfiff ein strenger Wind aus Westen, die Briten kamen. Reals Versuch, den Titel zu behalten, glich nur noch einem sanften Säuseln, schon an 1860 München wären die Madrilenen im Achtelfinale (0:1, 3:1) beinahe gescheitert. In der nächsten Runde war bei Inter (0:1, 0:2) Endstation. Auch Mailand hatte seine Kraft in zahllosen Europacup-Schlachten gelassen, der Weg zurück auf Europas Thron war zu lang, zu beschwerlich. Im Finale 1967 mußten die Italiener auf die verletzten Stars Suarez und Jair verzichten, eine zu große Schwächung gegen ein Team wie Celtic Glasgow. Nur drei Treffer hatte Schlußmann Simpson im Verlauf des Wettbe-

das tat dem Fußball ausnehmend gut. Inter Mailand trat endgültig von der Bühne ab, ein paar Wochen später verloren die Alt-Stars die Landesmeisterschaft, und im nationalen Pokal unterlagen sie sogar einer zweitklassigen Elf. Überall war darüber Genugtuung zu spüren, die Mauer-Kicker aus Norditalien mochte keiner. Dennoch hatte Inter mit seinem strikten Defensivsystem eine neue, wenn auch nicht schöne Welt erschlossen. Viel zu viele Teams bis hinunter zu den Jugendmannschaften kopierten die Inter-Methode, der Begriff des »Konterfußballs« ist wohl auf Inters Stil zurückzuführen.

Angriff als bestes Mittel der Verteidigung aber war durch Celtic wieder in Mode gekommen. Daß dies jedoch Tücken in sich bergen kann, mußte ausgerech-

net der Titelverteidiger in der Saison 1967/68 erfahren. In der Qualifikationsrunde wollten die Schotten ihren sowjetrussischen Gegner Dinamo Kiew förmlich überrollen, die ganze Mannschaft stürmte mit Hurra. Die Ukrainer setzten präzise Konter dagegen, nach einer knappen halben Stunde führten sie 2:0. Celtic kam lediglich noch zum Anschlußtreffer und im Rückspiel in der UdSSR zu einem mageren 1:1, der Cupverteidiger war gleich in der ersten Runde aus der Konkurrenz herausgeflogen. Sollte das schon das Ende des neuen, erfrischenden britischen Offensiv-Fußballs sein? Einigermaßen in Schuß kamen allmählich die bundesdeutschen Mannschaften, seit Einführung der Bundesliga im August 1963 wurden die Leistungen etwas konstanter. Das Vollprofitum gab den Spielern Gele-

genheit zu täglichem Training, taktisch, technisch und konditionell schlossen die Teams langsam zu Europas Besten auf. Selbst Eintracht Braunschweig, das in Deutschland nicht allzu hoch eingeschätzt wurde, machte Furore. Nach dem Erfolg über Rapid Wien (0:1, 2:0) unterlagen die Niedersachsen im Viertelfinale dem italienischen Meister Juventus Turin erst in einem Entscheidungstreffen 0:1. Die ersten beiden Partien hatten einen 3:2-Sieg und eine 0:1-Niederlage ergeben. Juventus, auf dem Stiefel »la vecchia signora«, »die alte Dame« genannt, wurde im Halbfinale gegen einen guten Europacup-Bekannten ausgelost, gegen Benfica Lissabon nämlich. Die Portugiesen gingen einen ähnlichen Weg wie Real Madrid. An guten Tagen war die Elf immer noch in der Lage, jeden Gegner in Grund und Boden zu spielen. Besonders Eusebio konnte in Hochform Spiele allein entscheiden. Insgesamt aber löste sich das große Team mehr und mehr auf, interne Streitigkeiten drückten die Stimmung. Eusebios Lebenswandel soll den Benfica-Bossen ein Dorn im Auge gewesen sein, außerdem wurde er wegen angeblicher Geheimverhandlungen mit Inter Mailand kritisiert. Der kluge Spielmacher Coluna, der heute Botschafter seines Heimatlandes Mozambique in Portugal ist, bekam eine sechswöchige Disziplinarstrafe aufgebrummt, und Linksaußen Simoes stritt sich öffentlich mit den Klub-Verantwortlichen um einen neuen Vertrag. Alle Querelen waren vergessen, als Eusebio die Seinen gegen Turin ins Finale schoß (2:0, 1:0), auf einmal herrschte wieder eitel Sonnenschein. Der brasilianische Manager Otto Gloria, der Portugals Nationalmannschaft bei der Weltmeisterschaft 1966 als Trainer auf den dritten Platz geführt hatte, glaubte seine Mannen schon wieder auf höchstem europäischem Niveau, nur ein Abwehrchef und ein starker Außenstürmer, so hat er damals gesagt, seien nötig, um wieder die Nummer 1 des Kontinents zu werden. Die allerdings hat er nie gefunden.

Die Lufthoheit gehört gewöhnlich den Briten. Spieler von Manchester United demonstrierten den Abwehrspielern von Real Madrid englische Kopfball-Stärken.

In letzter Minute gescheitert: Kurz vor dem Abpfiff bezwang Bercellino (Juventus Turin) Braunschweigs Schlußmann Wolter zum 1:0.

Für die zweite Semifinal-Partie hatte sich, fast traditionsgemäß, Real Madrid qualifiziert. Zur Halbzeit des Rückspiels gegen Manchester United träumten die spanischen Fans schon von einer Endspiel-Neuauflage des besten Endspiels, das es je im Europacup gegeben hat, dem phantastischen Duell mit Benfica aus dem Jahr 1961. Real nämlich hatte das 1:0 der Briten aus der ersten Begegnung bald ausgeglichen, zur Pause führten die Madrilenen 3:1, das Volk tanzte auf den Rängen. Die Ernüchterung kam jedoch schnell, United holte zum 3:3 auf. Manager der Engländer war immer noch Matt Busby, jener Mann, der das Flugzeugunglück von München zehn Jahre zuvor überlebt hatte. Wenige Tage nach dem schrecklichen 6. Februar 1958, bei dem sieben seiner Spieler ums Leben gekommen waren, hatte Busby versprochen, irgendwann den Pokal doch noch nach Manchester zu holen. Und zwei Spieler, die damals ebenfalls davongekommen waren, sollten ihm dabei helfen: Abwehrstratege Bill Foulkes, der inzwischen schon 36 Jahre alt war, und Bobby Charlton, der Kopf der englischen Nationalmannschaft, die 1966 in London mit dem 4:2 über die Deutschen erstmals Weltmeister geworden war. Ort des Endspiels war wiederum das Wembley-Stadion – Pech für Benfica.

Busby hatte in mühevoller Kleinarbeit wieder eine Elf europäischen Zuschnitts gebastelt. Torwart Alex Stepney, zu dieser Zeit mit einer Transfersumme von 800 000 Mark der teuerste Schlußmann der Welt, wurde wegen seiner außerordentlichen Reaktionsschnelligkeit gerühmt, die sich auch gegen Lissabon als sehr nützlich erwies. Im Mittelfeld, als »Wachhund« für den jeweils stärksten gegnerischen Kicker, verbreitete Nobby Stiles, der seine Rolle als Bösewicht der europäischen Fußballfelder perfekt ausfüllte, Angst und Schrecken. Wenn Stiles vor dem Anpfiff seine künstlichen Zähne aus dem Mund nahm, ähnelte er in der Tat ein wenig der Zweitausgabe des Glöckners von Notre Dame, wie die Zeitungen damals schrieben. Einem Terrier gleich verbiß Stiles sich in den Kontrahenten, in der Wahl seiner Mittel war er alles andere als zimperlich.

Am rechten Flügel stürmte George Best, den sie wegen seiner langen Haare nur »Beatle« riefen. Best war ein begnadeter Dribbelkünstler, wieselflink und schußstark. In der Vorschlußrunde hatte er Madrids international erfahrenen Verteidiger Sanchis geradezu vorgeführt. Sanchis war danach mit den Nerven am Ende: »Ich sah manchmal aus wie ein Anfänger. Es war

schrecklich. So ist mit mir noch niemand umgesprungen«, jammerte er.

Was Celtic Glasgow eingeleitet hatte, führte Manchester United konsequent fort, der britische Offensiv-Fußball setzte die Akzente in der zweiten Hälfte der sechziger Jahre. Benfica wehrte sich nach Kräften, auch noch als Bobby Charlton das 1:0 erzielt hatte, sein erstes Kopfballtor seit zehn Jahren, wie der Blonde mit dem hohen Scheitel erzählte. Auf Vorlage von Eusebio glich Graça kurz vor Ende der regulären Spielzeit noch aus. Doch damit hatten die Portugiesen ihr Pulver verschossen. Eusebio, von Stiles' ständigen Tritten und Boshaftigkeiten entnervt, ließ mehr und mehr nach, und mit seinem Star das gesamte Team. Der Rest war ein Katz-und-Maus-Spiel, Tore von Best, Kidd und noch einmal Charlton sicherten Manchester den Cup. Matt Busby, Bobby Charlton und Bill Foulkes lagen sich weinend in den Armen, und jeder von ihnen wird in diesem Moment zehn Jahre zurückgedacht haben. Busby hatte endlich seinen »Mount Everest« bewältigt, wie er den Gewinn des Pokals bezeichnete.

Nur der Zähigkeit des großen Managers hatten die Engländer diesen Triumph zu verdanken. Seit 1945 lenkte er kontinuierlich die Geschicke dieses Klubs. Im Vordergrund stand bei ihm die Förderung des Nachwuchses, nur selten wurden hohe Summen für fremde Spieler ausgegeben. Und Busby hat gesteigerten Wert auf eine familiäre Atmosphäre im Verein gelegt. Bobby Charlton begann seine Karriere bei United und selbstverständlich beendete er sie auch dort. Busbys Assistent Murphy zum Beispiel mochte nie aus dem Schatten seines Herrn und Meisters treten, obwohl berühmte Klubs aus Europa und Südamerika ihm phantastische Angebote unterbreiteten. Die Briten feierten Manchester nach dem 4:1 über Benfica wie selten eine Elf. »Manchester macht Geschichte« schrieb die Londoner »Times«. »Die Nacht der Nächte für United« jubelte der »Guardian«, und das Massenblatt »Sun« verfiel in Euphorie: »Busbys Wundersieg wie ein Traum.« Doch die Mannschaft wachte bald aus diesem Traum auf, mit der Besteigung des »Mount Everest« hatte sie sich übernommen. George Best fiel mehr durch Sauf-Eskapaden und Frauen-Geschichten auf als durch fußballerische Glanztaten. Das Team war älter und leidenschaftsloser als die Elf von 1958, und ein Bobby Charlton allein genügte nicht, um eine »Ära United« zu begründen. Im folgenden Jahr scheiterte der Titelverteidiger bereits im Halbfinale.

AC Milan, Feyenoord und die Ära Ajax (1969–1973)

Manchester vollzog den Abstieg rasch und unauffällig. Die Mannschaft brach zwar nicht in sich zusammen, aber die letzte Energie fehlte, um die Spitzenposition in Europa wahren zu können. Charltons weite, lange Vorlagen an die Stürmer kamen immer noch millimetergenau an, doch Best, Kidd und der schottische Torschützenkönig Dennis Law taten sich schwerer.

Was für United ein Bobby Charlton bedeutete, das war dem AC Mailand Gianni Rivera, ein Meister des Spiels auf engstem Raum, ein Mann, der stets überraschende Einfälle entwickelte. Jenes Stückchen, das Manchester sich vom Gipfel fortbewegt hatte, das hatten die Italiener im gleichen Zeitraum aufgeholt. Im Jahr zuvor waren sie durch ein 2:0 über den Hamburger SV Gewinner des Europapokals der Pokalsieger geworden, nun wollten sie die wertvollste Trophäe des kontinentalen Fußballs. Die Mailänder besaßen ein' ausgereiftes Team in voller Blüte. Das Durchschnittsalter betrug über 28 Jahre, gut die Hälfte der Mannschaftsmitglieder hatten die 30 bereits überschritten. Und alle elf besaßen jede Menge internationale Erfahrung aus der Nationalmannschaft. Neun italienische Auswahlspieler wurden durch zwei weltbekannte Ausländer ergänzt: Kurt Hamrin, der Schwede, war auch mit 34 Jahren noch ein blitzgefährlicher Außenstürmer, der blonde Karl-Heinz Schnellinger, der vom 1. FC Köln nach Italien gegangen war, galt als einer der stärksten Verteidiger überhaupt.

Das erste Duell der Gestrigen – United und der AC hatten jeweils schon den Cup geholt – fand am 23. April 1969 in Mailand statt. Es war eines dieser Spiele, von denen jeder Fußballfreund spricht, die magische Anziehungskraft besitzen. Das San-Siro-Stadion war rappelvoll, 80 000 Menschen fieberten dem Kampf der »Giganten« entgegen. Der AC durfte sich schon vor dem Anpfiff über eine sensationelle Einnahme von 1,585 Millionen Mark freuen. Über Satellit sahen Fernsehzuschauer in Brasilien und Chile die Live-Übertragung, 22 429 Fans hockten in Manchesters Old-Trafford-Stadion und verfolgten die Partie auf einem riesigen Bildschirm.

Die Italiener spielten den besseren Fußball, ihre technische Überlegenheit trat deutlich genug zutage, physisch und im Kopfballspiel, der eigentlichen britischen Domäne, waren sie wenigstens ebenbürtig, in der Schnelligkeit des Denkens und Handelns klar voraus. Die großartigen Mailänder siegten durch Tore von Sormani und Hamrin 2:0, ganz Italien feierte die Elf.

AC Milan, Feyenoord und die Ära Ajax (1969–1973)

Der »Corriere della Sera« schrieb: »Courage, Tore und Triumph für den AC Mailand. Manchester wurde durch hinreißende Aktionen betäubt.«

Das Rückspiel war keineswegs nur noch Formsache, United war im Old-Trafford-Stadion stets in der Lage, ungeahnte Kräfte freizumachen. Die Italiener wurden in ihrem Strafraum eingeschnürt, kamen nur höchst selten zu Entlastungsangriffen. Als die Mailänder Festung endlich sturmreif schien, halfen fanatische Zuschauer ungewollt dem AC. Auf das Tor von Cudicini flogen Münzen und Metallstücke, der Schlußmann wurde getroffen und ging zu Boden. Der Schiedsrichter drohte, die Partie abzubrechen, der Tumult dauerte minutenlang. Mit dem Effekt, daß die Mailänder wieder zu Atem kamen, um die letzte Attacke der Gastgeber abzufangen. Nur Bobby Charlton gelang ein Treffer, genützt hat er nichts, Mailand war im Finale.

Südeuropa und die britische Insel bildeten immer noch die Hochburgen des europäischen Fußballs. Peu à peu jedoch machten Klubs aus anderen Regionen auf sich aufmerksam: Die Deutschen agierten zwar im Cup der Landesmeister weiterhin sehr unglücklich, waren aber in den anderen Wettbewerben (Cup der Pokalsieger und UEFA-Cup) äußerst erfolgreich. Und dann wurden die Niederländer stärker, vor allem dank eines phänomenalen Stürmers, dank Johan Cruyff. Der spielte bei Ajax Amsterdam, das 1968/69 in der ersten Runde beim 1. FC Nürnberg anzutreten hatte.

Die Franken waren vom Meistermacher Max Merkel zu ihrem neunten Titel getrieben worden, mit einer Mannschaft, die diesen Kraftakt nicht verdaut hatte. Zudem verkauften die Nürnberger ihren besten Schützen, den 30jährigen Franz Brungs, der bei Borussia Dortmund groß herausgekommen war. Alsdann begann es innerhalb des Teams heftig zu kriseln. Der überragende jugoslawische Rechtsaußen Zvezdan Cebinac wurde gar von den »Kollegen« gemeinschaftlich verprügelt. Kurz darauf packte er seine Koffer und verließ den »Club«. Neuling Hennes Küppers, bei 1860 München jahrelang als großer Star gefeiert, enttäuschte auf der ganzen Linie, nichts stimmte mehr beim 1. FCN. Ajax kanzelte den deutschen Meister regelrecht ab, einem 1:1 auswärts ließen die fliegenden Holländer ein lockeres 4:0 folgen.

Daß die Amsterdamer trotzdem erst am Anfang ihrer Entwicklung standen, wurde im Viertelfinale deutlich. Gegen die älteren Herren von Benfica Lissabon mußten sich die jungen Spunde arg plagen. Im Amsterdamer Olympiastadion setzte es eine deftige 1:3-Niederlage, für Ajax schien das Aus schon gekommen. Nach dem Rückspiel aber war die Welt wieder in Ordnung für Trainer Rinus Michels und seine Kicker. Johan Cruyff hatte die Abwehr der Portugiesen völlig durcheinandergewirbelt und zwei Tore erzielt. Auch im Entscheidungsspiel in Paris zog der flinke Mittelstürmer seine Show ab, wieder war er verantwortlich für den Erfolg (1:0) seiner Mannschaft. Schwierigkeiten hatten die Niederländer ebenfalls mit dem tschechoslowakischen Titelträger Spartak Trnava, dem Gegner in der Vorschlußrunde. Den 3:0-Vorsprung aus der ersten Partie retteten sie nur mit äußerster Mühe über das Rückspiel (0:2).

Hoher Favorit für das Finale in Madrid war der AC Milan. Und die Italiener ließen dem holländischen

Kontrahenten nicht den Hauch einer Chance, Ajax wurde regelrecht ausgespielt. 4:1 hieß es am Ende, Linksaußen Prati überragte mit drei Toren, auch Mittelstürmer Sormani hatte einmal getroffen, Amsterdams Zähler resultierte aus einem von Libero Vasovic verwandelten Elfmeter.

Dem AC war es gelungen, die Spielweise des Lokalrivalen Inter zu perfektionieren. Nur verließen sich Rivera und Kollegen nicht ausschließlich auf eine kompakte Abwehr, sie strickten ein fein verwebtes Kombinationsmuster, elegant und leicht. Gelassen gestatteten sie Ajax Handlungsfreiheit bis zum Strafraum, aber eben nur bis dorthin. Milan befand sich häufig in der Defensive, kluge Konter jedoch zerschnitt die Amsterdamer Abwehr wie ein Messer die Butter. Trotz alledem: Europa war aufmerksam geworden, die Holländer hatten im Konzert der Großen kräftig auf die Pauke gehauen.

Im folgenden Jahr mußten die Amsterdamer pausieren, den Landesmeistertitel hatte ihnen Feyenoord Rotterdam weggeschnappt. Was Ajax zunächst als kleines Unglück betrachtete, erwies sich als ausgesprochen nützlich. Denn Rinus Michels, ein harter, konsequenter Trainer, zog aus der Pleite gegen Mailand die richtigen Lehren. Noch war sein Team nicht ausgekocht genug, in allen Mannschaftsteilen fehlte ein überdurchschnittlicher Kicker. Michels sorgte umgehend für Abhilfe. Entscheidend für die Zukunft seines Teams mag gewesen sein, daß es durch die nationale Konkurrenz von Feyenoord widerstandsfähiger geworden war, daß Anfälligkeiten abgelegt wurden. Alle bedeutenden Klubs des Europapokals hatten sich gegen härteste

nationale Gegnerschaft durchsetzen müssen, ehe sich die Erfolge auf höherer Ebene einstellten. Real Madrid schlug sich jahrelang mit dem FC Barcelona herum, dann auch mit Atletico Madrid, das Duell der beiden Mailänder Klubs war an Schärfe kaum zu überbieten, selbst Benfica durfte sich gegen den Lokalrivalen Sporting nie in Sicherheit wiegen, wenngleich der im Cup selbst kaum für Gesprächsstoff sorgte.

Feyenoord begann den Europapokal der Saison 1969/70 aufsehenerregend. Gegen die braven Fußballer aus Reykjavik schossen die Holländer sich in einen wahren Torrausch, 12mal trafen die Stürmer in 90 Minuten. Im Achtelfinale bekamen es die Holländer mit dem Titelverteidiger zu tun. Knapp drei Wochen zuvor war der AC Milan sogar Weltpokalsieger geworden, was die Italiener überhaupt nicht beflügelte. Im Gegenteil, die Spieler waren satt vom Siegen und die Zuschauer auch. Nur 10000 kamen ins San-Siro-Stadion. Möglicherweise ist das den Mailändern ganz recht gewesen, denn so mußten sich nicht allzu viele über das kümmerliche 1:0 ärgern. In Rotterdam drehte die Elf des österreichischen Klassetrainers Ernst Happel den Spieß herum, Feyenoord gewann 2:0, der Meister hatte Lehrgeld zahlen müssen, und ganz Holland brach in Begeisterung aus. Feyenoord war im Viertelfinale.

Dort hätte man eigentlich auch den FC Bayern erwarten dürfen, die Mannschaft mit Maier, Beckenbauer und Müller. Doch die Bundesliga-Stars bekamen von AS St. Etienne gleich in der ersten Runde einen empfindlichen Schuß vor den Bug. Das 2:0 aus der Münchner Partie (Tore durch Brenninger und Roth) glichen die Franzosen nach 63 Minuten aus. Das

ungemein gefährliche Angriffsduo Salif Keita und Hervé Revelli, die beiden teuersten Spieler des Landes, machte den Bayern schließlich mit einem 3:0 den Garaus, der Europapokal war in der Tat kein gutes Pflaster für die Deutschen. Feyenoord aber setzte seinen Weg ins Finale fort, ASK Vorwärts Berlin (0:1, 2:0) und Legia Warschau (0:0, 2:0) konnten die Holländer nicht schrecken. Nicht ganz geheuer war den Rotterdamern vor ihrem Endspielgegner Celtic Glasgow, die Schotten hatten sich energisch durch den Wettbewerb gebissen. Im Aufeinandertreffen mit Benfica Lissabon allerdings zogen sie beinahe den kürzeren. In Glasgow ging noch alles gut, ein glattes 3:0 für Celtic. Begünstigt mag das schwache Abschneiden der Portugiesen durch interne Ärgernisse gewesen sein, wie schon des öfteren. Diesmal ging es um Eusebio, wen sonst?

Der kam nach einer Knieoperation einfach nicht auf die Beine, von einem ärztlichen Kunstfehler sprach man. Und gerade in dieser Situation schockierte der Stürmerstar seinen Vorstand mit ungeheuren finanziellen Forderungen: über eine Million auf die Hand, Sonderprämien für Europacup-Gewinn, Landesmeisterschaft und nationalen Pokal, ein durchaus leicht unbescheidenes Verlangen. Und obendrein wollte Eusebio noch zehn Prozent Einnahmebeteiligung aus allen Freundschaftsspielen im Ausland. Am Ende einigte man sich eine Gehaltsstufe tiefer: 500 000 pro Jahr, eine halbe Million Handgeld für den Dreijahresvertrag und garantierte 100 000 Mark für ein »Benefizspiel« zum Abschluß der Karriere. Solchermaßen finanziell ausgestattet, lief Eusebio im Rückspiel wieder schneller, Benfica revanchierte sich mit einem 3:0. Und wieder mußte das Los entscheiden – Celtic kam weiter –, obwohl die Europäische Fußball-Union eigens in diesem Jahr eine neue Regelung eingeführt hatte, die dieses tunlichst vermeiden sollte. Bei Punktgleichheit siegte nun jenes Team, das auswärts mehr Tore erzielt hatte, womit gleichzeitig offensives Spiel belohnt werden sollte. In der Saison davor hatte sich die UEFA schon eine Neuerung einfallen lassen, nach der es endlich gestattet war, zwei Spieler einzuwechseln. Wie viele Europacup-Begegnungen hatten schon einen nahezu irregulären Verlauf genommen, weil ein Team mit nur zehn Leuten über die Zeit kommen mußte!

Im Anschluß an die glückliche Fügung des Schicksals war Celtic durch den FC Florenz (3:0, 0:1) und Leeds

United (1:0, 2:1) nicht zu bremsen. Gegen Feyenoord allerdings kamen die Schotten nicht an. Rotterdam setzte sich 2:1 durch, Libero Israel, Spielmacher van Hanegem und der schwedische Torjäger Ove Kindvall bestimmten die Partie maßgeblich.

Feyenoord regierte Europas Fußball nur für einige Monate, die erste Runde des Cups 1970/71 überstanden die Holländer gegen UT Arad aus Rumänien nicht. 1:1 daheim, 0:0 auswärts, der Titelverteidiger bekam als einer der ersten Klubs die Härte des neuen Reglements mit den auswärts erzielten Toren zu spüren. Die wahre, wenn auch noch heimliche Nummer 1 war jetzt schon Ajax. Die Amsterdamer hatten das Double geschafft, Meisterschaft und niederländischen Pokal. Eine herausragende Rolle hatten Experten auch den Mönchengladbacher Borussen zugetraut, die Männer um Günter Netzer und Berti Vogts waren gegen den FC Everton jedoch vom Pech verfolgt. Nach zwei 1:1-Unentschieden hatten sie im Elfmeterschießen die schlechteren Nerven.

Sensationell schieden wiederum die Engländer gegen Panathinaikos Athen aus (1:1, 0:0), die Mannschaft, die von Ferenc Puskas trainiert wurde, dem einstigen Star von Real Madrid. Mit den Griechen hatte nun wahrlich keiner gerechnet, und im Endspiel erwiesen sie sich als vermutlich schwächster Europacup-Finalist überhaupt. Ajax hatte nicht die geringste Mühe, mit 2:0 die Oberhand zu behalten. Da nützte es auch ausgesprochen wenig, daß die Vereinsführung in Zusammenarbeit mit den Junta-Obristen unglaubliche Prämien ausgesetzt hatte: Mit 30000 Mark pro Nase, Autos, Häusern, Orden und Leibrenten waren die Athener Kicker angestachelt worden. Der Wille war somit vorhanden, nur mit dem Fußballspielen haperte es bei den Panathinaikos-Kickern ein wenig. Holland bejubelte den Sieger. »Das größte Fest seit der Befreiung«, schilderte die Zeitung »Volkskrant« die nächtlichen Freudenszenen von Amsterdam.

Drei Jahre sollte die Herrschaft von Ajax dauern, die unter dem neuen rumänischen Trainer Stefan Kovacs nur noch zementiert wurde. Die Mannschaft stieß exakt in die Lücke, die von den romanischen Klubs freigemacht worden war. Spanien und Italien hatten ihre Grenzen für ausländische Spieler gesperrt, sofort sank das Niveau entscheidend. Außerdem war der kunstvolle Stil der Südländer nicht mehr gefragt, Individualismus und technische Eleganz traten in den Hintergrund. Ajax repräsentierte eine ganz andere Auffassung des Fußballs: kühl, nüchtern, rationell, beherrscht, mannschaftlich geschlossen, dabei aber keineswegs reizlos. Die Niederländer verbanden eine überraschend brillante Technik mit höchstem Tempo, hatten weder in der Defensive noch im Angriff auffällige Schwächen.

Und sie besaßen Einzelkönner von hohem Rang. Der größte unter ihnen war zweifellos Johan Cruyff, der sich mit Franz Beckenbauer um den Ruf des besten Fußballers der Welt stritt. Cruyff stellte einen neuen Spielertypus dar, der gleichzeitig Sturmspitze wie auch Wegbereiter für die Kollegen sein konnte. Und seine Antrittsschnelligkeit ließ die Abwehrspieler verzweifeln. Sein Stichwortgeber war Johan Neeskens, der den Chef mit Vorlagen zu bedienen und durch gewaltige Laufarbeit zu entlasten hatte. Stopper Vasovic, die dynamischen Abwehrspieler Hulshoff und Suurbier, die fleißigen Mittelfeld-Kicker Haan und Muhren und der clevere Linksaußen Keizer waren weitere überragende Kräfte eines Teams, das perfekte Einheit demonstrierte. Horst Blankenburg, 1970 von 1860 München nach Amsterdam transferiert, wurde nach Karl-Heinz Schnellinger als zweiter Deutscher Europapokalgewinner. Ajax wiederholte seinen Triumph noch zweimal, weil die Elf insgesamt noch relativ jung war, sich mit den Jahren und neuen Leuten wie Krol und Rep sogar noch steigerte.

So souverän zogen die Holländer ihre Kreise, daß der Cup etwas unter Ereignislosigkeit litt, kein Gegner war weit und breit, der Cruyff und Kollegen ernstlich gefährden konnte. Vielleicht wäre dazu Borussia Mönchengladbach 1971/72 in der Lage gewesen, wenn der Elf von Trainer Hennes Weisweiler nicht wieder einmal das Glück eine lange Nase gedreht hätte. Im Achtelfinale trafen die Borussen auf Inter Mailand, die erste Partie fand auf dem Bökelberg statt. Es sollte ein in jeder Beziehung denkwürdiges, unglaubliches Spiel werden. Die Mönchengladbacher lieferten eine Leistung, von der man Jahre später noch sprach, Fußball in Reinkultur, virtuos, faszinierend, ein Traum. Als der Schlußpfiff ertönte, hatten die Kicker vom Niederrhein sieben Tore erzielt (Heynckes, der Däne Le Fevre und Netzer, der König des Abends, waren je zweimal erfolgreich gewesen, Libero Sieloff einmal), Inter nur eins.

Und doch durften sich die Borussen dieses grandiosen Triumphes nicht freuen: Eine Getränkedose war von einem Zuschauer auf das Spielfeld geworfen worden und hatte den italienischen Mittelstürmer Roberto Boninsegna unglücklich am Kopf getroffen. Boninsegna brach zusammen und blieb liegen. Ob dies nur eine vorzügliche Kostprobe seiner Schauspielkunst war, sei dahingestellt – auf jeden Fall annullierte die UEFA das Spiel.

In Mailand präsentierte sich eine andere Inter-Mannschaft, die mit Haken und Ösen kämpfte, um die Blamage wettzumachen. Nach dem 2:4 waren die Borussen demoralisiert und dezimiert: Gleich drei Akteure, Tormann Kleff und die Verteidiger Vogts und Bleidick, erhielten einen Gips. Das Wiederholungs-

Kein Durchkommen
gab es für Juventus Turin
im Finale von 1973
gegen Ajax Amsterdam.
Die Italiener unterlagen 0:1.

spiel in Berlin (0:0) artete gar in eine Schlacht aus, niemand konnte seiner Gesundheit sicher sein. Boninsegna trat dem Borussen-Vorstopper Ludwig Müller das Schienbein durch; die italienische Zeitung »La Stampa« nannte die brutale Darbietung hinterher »das Zusammentreffen von Büffeln und Hyänen«.

Inter erreichte schließlich das Finale in Rotterdam und bot eine jämmerliche Leistung. Selbst als Cruyff das 1:0 geschossen hatte, versteckten sich die Italiener ängstlich im eigenen Strafraum und waren am Ende froh, nur noch einen weiteren Cruyff-Treffer kassieren zu müssen. Selbst die heimischen Zeitungen wandten sich von den Mailändern ab. »Niemand verliert gern, aber auf diese Weise zu verlieren, ist doch etwas grausam. Inter hat absolut nichts getan, sich ein Tor zu verdienen«, rüffelte der »Corriere dello Sport«. Inter-Trainer Gianni Invernizzi erwies sich noch dazu als Verlierer der schlechtesten Sorte. Er sprach den bösen Verdacht aus, die Ajax-Spieler hätten zur Aufputschung Kokain genommen.

Wahrscheinlich wären die Niederländer sogar dann noch Sieger geworden, wenn man ihnen Schlaftabletten verabreicht hätte. Das 2:0 nannte das »Allgemeen Dagblat« ein »Begräbnis des von vielen verabscheuten Catenaccio-Fußballs«. Und »De Volkskrant« zog das passende Fazit: »Es war eine zielbewußte Zerstörung der Inter-Mechanik, die an ihrem Altersleiden zugrunde ging.« Mazzola, Burgnich, Facchetti und Jair waren in der Tat nur noch die Schatten der eigenen Vergangenheit.

Was Borussia Mönchengladbach trotz der Niederlage gegen Inter angedeutet hatte, sollte Bayern München in der folgenden Saison 1972/73 fortsetzen. Die Münchner verfügten über ein exzellentes Team mit sechs Mitgliedern der bundesdeutschen Nationalmannschaft, die 1972 so elegant und lässig Europameister geworden war: Torwart Maier, Libero Franz Beckenbauer, Verteidiger Paul Breitner, Vorstopper Hans-Georg Schwarzenbeck, Stürmer Uli Hoeneß und die Tormaschine Gerd Müller.

Im Viertelfinale kam es zum »vorweggenommenen Endspiel«, zur »Stunde der Wahrheit« und zum »Match der Millionäre«, wie die Partie der Bayern gegen Ajax betitelt wurde. Die Münchner gingen mit einem erheblichen Nachteil ans Werk. Mittelstürmer Gerd Müller hatte sich, unbemerkt von den Medizinern, eine Fraktur des Wadenbeins zugezogen; zwar war er für das Amsterdamer Treffen gesund geschrieben, doch nie zuvor hatte man den »Bomber« der Nation derart farblos, matt und unsicher gesehen.

Die Bayern hielten in der ersten Hälfte glänzend mit, dem Druck gelassen stand und bedrohten bei gelegentlichen Kontern das Tor von Ajax. In der 53. Minute jedoch nahm das Unheil seinen Lauf. Schlußmann

Maier ließ einen 20-m-Schuß von der Brust abprallen, Haan setzte nach, 1:0. Und Maier leistete sich weitere Fehlleistungen, drei der vier Treffer gingen auf sein Konto. Anschließend sch.niß er seine Fußballstiefel aus dem Kabinenfenster und putzte sich selbst herunter: »Wenn die Bayern einen gescheiten Torwart gehabt hätten, wäre das Spiel nie verlorengegangen.« Ohne Frage waren die Münchner weit unter Wert geschlagen worden, was im Rückspiel auch das Publikum honorierte. 77000 stömten ins Münchner Olympiastadion zum »teuersten Privatspiel der Welt«. 1,7 Millionen Mark Einnahme bei einem Spiel, bei dem der Sieger quasi schon feststand, das hatte es in der Tat noch nicht gegeben.

Obwohl Johan Cruyff wegen einer Verletzung fehlte, bewiesen die Amsterdamer erneut ihre Meisterschaft. Linksaußen Keizer nutzte einen bösen Schnitzer von Paul Breitner zum frühen 1:0, zwei Tore von Gerd Müller ergaben immerhin einen Erfolg der Münchner. Die hatten gekämpft bis zum Umfallen, was dem Präsidenten Wilhelm Neudecker arg imponierte. Er belohnte die Verlierer trotz allem mit einer 5000-Mark-Prämie.

Das Finale von Belgrad erlebte eine schwächer gewordene Ajax-Elf, die gegen Juventus Turin ungewohnt zögernd arbeitete. Selbst Johnny Reps Führungstor nach fünf Minuten gab den Holländern keine Sicherheit, sie gerieten sogar noch in Gefahr, als Juve-Trainer Vycpalek den 33jährigen Ex-Augsburger Helmut Haller endlich nach 63 Spielminuten auf das Feld schickte. »Viel zu spät«, moserte Haller, der Turin nach dem 0:1 gegen Ajax verließ. Enttäuschung herrschte nach diesem Finale besonders im Gastgeberland Jugoslawien. Die Zeitung »Nowosti« fällte ein drastisches Urteil: »Das erwartete große Schauspiel dauerte eigentlich nur einen Augenblick: als der Schiedsrichter anpfiff.« Maßlos übertrieben war das nicht, selbst Italiens Presse ließ kein gutes Haar an dem langweiligen Kick. »Freizeit-Fußball« hatte der Kritiker des »Corriere della Sera« ausgemacht, »bei dem die Spieler Kamillentee getrunken haben.«

Was nichts, aber auch gar nichts daran änderte, daß Ajax Amsterdam zu den wenigen Teams zu zählen ist, die, wie Real Madrid, Benfica Lissabon oder der AC Mailand, dem europäischen Fußball wichtige Impulse gegeben haben. Der dreimalige Europacup-Gewinner hat während seiner »Amtszeit« die gesamte Konkurrenz mit erstaunlicher Mühelosigkeit aus dem Feld geschlagen. Der Schlachtenbummler-Ruf »Ajax wint de Wereld Cup« (»Ajax gewinnt den Weltpokal«) war der Nummer-Eins-Hit auf Europas Fußballplätzen gewesen.

Franz Beckenbauer und seine Bayern (1974–1976)

Deutschlands Fußball befand sich auf der Höhe, die Erfolge von Trainer Helmut Schöns Nationalteam sprachen für sich: 1966 Weltmeisterschaftszweiter, vier Jahre später Dritter und als Krönung des Ganzen der triumphale Gewinn der Europameisterschaft 1972 der besten deutschen Mannschaft aller Zeiten, wenn eine solche Wertung überhaupt erlaubt ist. Um so unverständlicher erscheint das mäßige bis schwache Abschneiden der Vereine in den Wettbewerben der nationalen Titelträger.

In der 18jährigen Geschichte des Landesmeisterpokals war lediglich Eintracht Frankfurt 1960 ins Finale vorgestoßen, noch zu den seligen Zeiten der Feierabendprofis. Für die halbprofessionellen Kicker der Gründerzeit des Europapokals galt durchaus die Entschuldigung, daß sie einfach den spanischen, italienischen und englischen Berufsfußballern nicht gewachsen sein konnten. Bis zur

In einem großartigen Spiel
holte eine großartige Mannschaft
ihren ersten Europapokal:
der FC Bayern München nach dem
4:0 über Atletico Madrid.

**Doppelsieger: Franz Beckenbauer
(mit Meisterschale)
und Trainer Udo Lattek
(mit Europacup)
zeichneten hauptverantwortlich
für den zweifachen Triumph
der Münchner Bayern im Jahre 1974.
Links neben ihnen
Klub-Präsident Wilhelm Neudecker.**

Europapokal-Sieger: Johnny Hansen, Uli Hoeneß, Hans-Georg Schwarzenbeck, Gerd Müller, Paul Breitner und Rainer Zobel (v. li.).

Einführung der Bundesliga lautete die Bilanz der bundesdeutschen Klubs so: Frankfurt im Endspiel, zwei Mannschaften im Halbfinale (Dortmund, Hamburg), drei im Viertelfinale (Dortmund, Schalke, Nürnberg), einer im Achtelfinale (Dortmund); zwei waren in der ersten Runde ausgeschieden (Essen, Köln).

Doch die neue Profiliga brachte nicht den erhofften Erfolg, mit der Bundesliga ging's zunächst bergab. Jeweils drei deutsche Bewerber flogen in der Qualifikation, im Achtel- und Viertelfinale heraus. Das Pech klebte dabei nur den Kölnern (1965) und den Gladbacher Borussen (1971, 1972) an den Stiefeln, ansonsten wurden arg enttäuschende Leistungen geboten.

Trotzdem war es eigentlich nur eine Frage der Zeit, wann der deutsche Fußball auch hier aus dem Schatten treten würde. Die Zeit kam 1974.

Der dreimalige Cup-Sieger Ajax Amsterdam war seiner besten Kräfte beraubt: Johan Cruyff war den spanischen Millionen-Verlockungen erlegen, er ging zum FC Barcelona, Neeskens folgte bald, und Erfolgstrainer Stefan Kovacs hatte sich nach Frankreich abgesetzt. Mit Cruyffs Abschied verlor das Team Herz und Seele, gegen CSKA Sofia kam die amputierte Elf schon in der zweiten Runde nicht mehr an. Das wurde besonders in München aufmerksam und mit klamm-

heimlicher Freude registriert, die Bayern wollten es diesmal endlich wissen. Zweimal schon hatten sie sich mehr oder minder blamiert, 1969 gegen St. Etienne und 1973 eben gegen Ajax. Und beinahe wäre ihnen das gleich wieder passiert, zunächst gegen die braven Kicker aus dem schwedischen Atvidaberg und dann gegen die ehrgeizigen Dresdener von Dynamo. Das Spiel in Atvidaberg, von Trainer Udo Lattek als »Ritt auf der Rasierklinge« apostrophiert, gewannen die Bayern erst nach Verlängerung und Elfmeterschießen, die Schweden zielten den allerletzten Strafstoß am Pfosten vorbei. Ein junger Mann in roten Fußballstiefeln hatte besonders auffällig gespielt und zwei Tore geschossen. Der hieß Conny Torstensson, den Präsident Wilhelm Neudecker für 560000 Mark umgehend nach München holte. Ein Einkauf, der sich bezahlt machen sollte.

Das Los ermöglichte in der zweiten Runde, worauf man 17 Jahre lang vergeblich gewartet hatte; ein deutsch-deutsches Duell feierte Europacup-Premiere. DDR-Meister Dynamo Dresden mußte zuerst ins Olympiastadion, die Sachsen kamen mit der Empfehlung eines Erfolges über Juventus Turin. Und die Bayern befanden sich in einer tiefen Formkrise, gerade waren sie dem 1. FC Kaiserslautern in der Bundesliga nach 4:1-

Führung 4:7 unterlegen. Ein Ende der Durststrecke schien nicht in Sicht, eine Stunde lang waren die Dresdener die deutlich bessere Elf, aus fünf Chancen hatten sie drei Tore gemacht. Quasi mit der Brechstange gelang es den Münchnern gegen Ende, die Partie noch zu kippen (4:3). Trainer Lattek berichtete überzeugt, von nun an würde es wieder bergauf gehen. Ganz am Boden allerdings lag das internationale Ansehen der Bayern anläßlich des Rückspiels, vor dem Präsident Neudecker ein besonderer Scherz eingefallen war. Auf der Anreise ließ er den Bus in Hof, kurz vor der DDR-Grenze, plötzlich stoppen. Die Begründung: Dresden liege 412 Meter tiefer als München, da sei eine Akklimatisierung in zwei Tagen nicht möglich. Die Dresdener Fans standen sich vor dem Hotel »Newa« die Beine in den Bauch, und die ganze Bundesrepublik ärgerte sich über diesen Fauxpas. Später erklärte Neudecker seine diplomatische Ungeschicklichkeit genauer: Der Rummel in der Hotelhalle wäre seinen Spielern gewiß auf die Nerven gegangen, und die überheizten Hotelzimmer hätten der Kondition geschadet. Den Bayern war die Hofer Stippvisite dennoch glänzend bekommen. Nach zehn Minuten lagen sie durch Konter von Hoeneß in Front, am Schluß hieß es 3:3. Im Viertelfinale durfte erstmals Neuling Torstensson mitmachen. Der Schwede feierte einen großartigen Einstand, zweimal war er beim 4:1 über CSKA Moskau unter den erfolgreichen Schützen. Die zweite Begegnung (1:2) gestaltete sich nur insofern problematisch, als die Münchner sich über ein außerordentlich feindseliges Publikum wunderten. »Nie zuvor«, meinte Franz Beckenbauer dennoch hochzufrieden, »hatten wir eine so starke und erfahrene Mannschaft.«

Das sah er zweifellos richtig, die Bayern hatten ihren Rhythmus gefunden, das Spiel lief wie eine gut geölte Maschine. Halbfinalkontrahent Dosza Ujpest Budapest (1:1, 3:0) gab nur einen besseren Trainingspartner. Endspielgegner Atletico Madrid hatte über Galatasaray Istanbul, Dinamo Bukarest, Roter Stern Belgrad und Celtic Glasgow den Weg ins Finale gefunden. Am 15. Mai 1974 sollte, so die Expertenmeinung, erstmals ein deutsches Team den Cup gewinnen. 30000 Mark Prämie waren von Präsident Neudecker ausgesetzt worden, die Spanier gaben sich mit 22000 Mark etwas kleinlicher. Nachdem die Münchner vor der Pause zielstrebiger, geradliniger wirkten, übernahm Atletico in der zweiten Hälfte mehr und mehr das Kommando. Torwart Sepp Maier hatte einige Male Glück, daß die Madrilenen so erbärmlich schlecht schossen.

Das änderte sich in der 24. Minute der Verlängerung: Freistoß für Atletico kurz vor der Strafraumgrenze. Die Bayern wußten, daß der 34jährige Ballkünstler Luis als Spezialist galt, sechs Mann bildeten die Abwehrmauer.

Doch Luis trat das Leder mit Effet darüber hinweg, der Ball saß, das Spiel schien gelaufen.

Als noch wenige Sekunden zu absolvieren waren, niemand mehr auf die Bayern gesetzt hätte, kam Vorstopper Hans-Georg »Katsche« Schwarzenbeck, der nüchterne, höchst wirkungsvolle Adjutant Beckenbauers, in die gegnerische Hälfte gepresst, irgendjemand paßte ihm den Ball zu. »Ich wußte, daß das Spiel in wenigen Sekunden zu Ende sein würde. Deshalb hab' ich einfach draufgehauen. Ich hab' Glück gehabt und voll getroffen.« Aus 30 Metern schlug der Schuß flach in die rechte Torecke ein, Schlußmann Reina warf sich zu spät und vergebens. 1:1. Atletico war das bessere Team gewesen, Bayern das glücklichere.

Zwei Tage später war die Wiederholungspartie angesetzt, und alles lief diesmal anders. Die Bayern waren in jeder Beziehung überlegen, auf die Minute topfit, mit guten Nerven ausgestattet. Uli Hoeneß, einer der besten Konterspieler dieser Zeit, zog nach 28 Minuten mit einer herrlichen Vorlage Breitners von der Mittellinie aus los und schob seelenruhig an Reina vorbei zum 1:0 ins Netz. Den Rest erledigten die Münchner in brillanter Manier. Gerd Müller knallte den Ball aus spitzem Winkel zum 2:0 unter die Latte, sein 3:0 war ein Heber über den Tormann wie ein Lob beim Tennis. Das 4:0, wiederum von Hoeneß, das viele als »Tor des Jahres« betrachteten, entsprang einem Solo von bestechender Schönheit: Der heutige Bayern-Manager sprintete noch in der eigenen Hälfte los, umkurvte Adelardo und Eusebio wie Anfänger, ließ elegant Reina aussteigen und stubste das Leder lässig über die Linie. Atletico hatte das Pech der ersten Begegnung nicht verwunden, die Mannschaft hatte alle Kräfte gelassen, die Bayern dagegen waren erst recht motiviert. »Wenn wir so spielen wie heute, sind wir unschlagbar«, jubelte Gerd Müller. Und das war nicht einmal falsch, die Münchner stellten tatsächlich das überragende Team in Europa. Deutschlands Fußball war endlich auch auf Europacup-Ebene dort, wo ihn die Nationalmannschaft hingebracht hatte. Daß das Ensemble von Trainer Lattek zusätzlich noch den Landesmeistertitel erspielte, unterstreicht die Extraklasse dieser Crew.

Auch die Bayern spielten, ähnlich wie Ajax, einen rationellen Fußball, jedoch nicht ohne Begeisterung und Leidenschaft. Die sogenannte »Achse« von Tormann Maier, Libero Beckenbauer und Strafraumgespenst Müller ist einmalig in der Welt gewesen. Drei so überragende Akteure garantierten den Münchnern den Erfolg. Die anderen ergänzten sich in idealer Weise: Der konsequente dänische Verteidiger Johnny Hansen, der aufstrebende Offensiv-Abwehrspieler Paul Breitner, der »getreue Eckhart« Schwarzenbeck, der dynamische Franz Roth, die fleißigen Mittelfeld-

Ein Experte in Sicherheitsfragen:
Hans-Georg Schwarzenbeck (Bild unten)
in dunkler Spielkleidung lieferte
im Endspiel von 1975 eine
starke Partie gegen Leeds United.

Erschöpft, aber glücklich: das gegen Leeds
siegreiche Team des FC Bayern. Von links Roth,
Dürnberger, Beckenbauer, Wunder, Weiß, Müller,
Torstensson (alle stehend), Kapellmann,
Maier, Zobel, Schwarzenbeck (kniend).

spieler Conny Torstensson, Bernd Dürnberger, Rainer Zobel und Jupp Kapellmann.

Die Bayern, immer schon gute Geschäftsleute, wollten den Triumph vollends auskosten. Sie forderten den Gewinner des Pokalsiegercups, den 1. FC Magdeburg, zu Spielen um den »Supercup« heraus, um die wirklich beste Vereinsmannschaft des Kontinents zu ermitteln. Doch die DDR-Kicker mochten nicht an Prestige verlieren.

Trotzdem kamen die Bayern zu ihrem Duell und der großen Kasse. Wie's der Zufall so will, trafen die beiden deutschen Klubs zu Beginn des nächsten Wettbewerbs aufeinander. Die Voraussetzungen waren grundverschieden: Magdeburg befand sich seit Wochen in Hochform, führte die Tabelle mit 17:1 Punkten an, die Münchner belegten in der Bundesliga nur einen Mittelplatz. Paul Breitner war zu Real Madrid gewechselt, den Bayern fehlte der explosive Verteidiger mehr, als ihnen lieb sein konnte. Wie schon im Jahr zuvor gegen Dresden wurden Beckenbauer und Kollegen auch diesmal wieder kalt erwischt. In der 1. Minute hieß es 0:1, ausgerechnet durch ein Eigentor von Hansen. Als

Jürgen Sparwasser, den Fußballfreunden bestens als Torschütze des 1:0 beim Weltmeisterschaftsspiel gegen die Bundesrepublik bekannt, kurz vor dem Halbzeitpfiff das 0:2 erzielte, waren die Bayern eigentlich schon ausgeschieden. Doch das Glück ließ sie auch diesmal nicht im Stich. Gerd Müller verwandelte einen umstrittenen Elfmeter, nach traumhaftem Doppelpaß mit Beckenbauer glich der Mittelstürmer aus. Die Entscheidung fiel schließlich durch ein Eigentor des Magdeburgers Enge. Die Bayern hatten wie Berserker gekämpft und waren belohnt worden.

Vor dem Rückspiel gab es den üblichen Ärger. Die Bayern mochten zunächst nicht im Hotel speisen, sie nahmen die erste Mahlzeit im Bus hinter zugezogenen Vorhängen ein. In beiden Teilen Deutschlands wurde dieses Verhalten als arrogant, verletzend und dumm bezeichnet.

Auf dem Rasen allerdings stellten sich die Münchner um so intelligenter an, aus der Defensive lösten sie sich immer wieder und brachten Magdeburgs Tor durch präzise Konter in Gefahr. Und vorne im Angriff verließen sie sich auf Gerd Müller, den Rekordschützen, der schließlich auch hier zweimal ins Schwarze traf. Der Cleverness der Bundesligaprofis hatten die DDR-Fußballer nur den Willen zum Sieg, nicht aber die Fähigkeit dazu entgegengesetzt, Bayerns 2:1-Erfolg wurde auch von ihnen als verdient anerkannt.

So eindrucksvoll sie international auftraten, daheim liefen inzwischen den Münchnern andere den Rang ab; Borussia Mönchengladbach dominierte die Bundesliga eindeutig. Das hatte Folgen, besonders für Trainer Lattek. Ihn nämlich machte Präsident Neudecker für die sich häufenden Mißerfolge verantwortlich, Lattek mußte gehen, Dettmar Cramer, der »Fußball-Professor«, kam. Ihm gelang es, die satten Stars für große Begegnung zu motivieren, zu konstant guten Leistungen aber war das Team nicht mehr fähig. Das Finale erreichten die Bayern durch Kraftakte gegen Ararat Eriwan (2:0, 0:1) und AS St. Etienne (0:0, 2:0).

Der englische Meister Leeds United galt für das Endspiel in Paris als hoher Favorit. In der Vorschlußrunde hatten die Briten den FC Barcelona mit seinen Niederländern Cruyff, Neeskens und Trainer Michels ausgeschaltet, womit nicht unbedingt zu rechnen war. 13 Nationalspieler aus England, Wales, Schottland und Irland bildeten ein schlagkräftiges, selbstbewußtes Team. Die Bayern standen unter höchstem Druck. Im DFB-Pokal waren sie vorzeitig gescheitert, Platz 10 in

der Bundesliga ließ nicht einmal die Teilnahme am UEFA-Cup zu. Ohne die Einnahmen aus den großen Wettbewerben jedoch wäre die teure Riege kaum zu halten gewesen, ein Sieg mußte her.

Trainer Cramer hatte, der Not gehorchend, ein striktes Defensivkonzept erstellt. Eine besondere Rolle sollte der Schwede Björn Andersson einnehmen als Bewacher des überragenden Spielmachers Billy Bremner. Der Plan war nach wenigen Minuten zerstört, United-Mittelfeldspieler Yorath trat dem am Boden liegenden Schweden mit voller Wucht gegen das Knie. Andersson wälzte sich schreiend vor Schmerzen im Gras, Innen- und Kreuzbänder waren gerissen, nach der Operation war längere Zeit zu bezweifeln, ob er je wieder Fußball spielen könne. Sein hohes Niveau jedenfalls hat Andersson nie wieder erreicht. Das brutale Foul wurde nicht einmal mit der Gelben Karte geahndet.

Die Engländer spielten weiter mit rücksichtslosem, fast gemeingefährlichem Einsatz, ihr nächstes Opfer war Uli Hoeneß, der in der 42. Minute nach einer Attacke von Gray vom Feld humpelte. Auch er hatte einen Knieschaden erlitten, der letztlich das relativ frühe Ende seiner Karriere nach sich zog. Für Hoeneß war der ehemalige Duisburger Klaus Wunder eingewechselt worden, für Andersson der junge, unerfahrene Sepp Weiß. Er, von dem man am wenigsten erwarten durfte, sollte zur Schlüsselfigur dieses unattraktiven Kampf- und Krampfspiels werden. Weiß folgte Bremner auf Schritt und Tritt, engte die Kreise des United-Kapitäns immer mehr ein, bis der giftige Rotschopf entnervt aufsteckte. Das geschah genau nach 65 Minuten, als Bremner völlig frei vor Maier zum Schuß kam, der Bayern-Schlußmann aber mit einer unglaublichen Reflexbewegung abwehrte.

Auch in anderen Szenen erwies sich Glücksgöttin Fortuna als ständige freundliche Begleiterin der Münchner, Franz Beckenbauers Strafraumfoul an Lorimer zum Beispiel übersah Schiedsrichter Kitabdjian (Frankreich) großzügig. Ständig drohten die Bayern dem ungeheuren Druck von United zu erliegen, Maier und Beckenbauer, beide absolute Weltklasse an diesem Abend, stemmten sich mit aller Macht gegen die unablässig rollenden Angriffe. Mittelfeld und Angriff der Münchner kamen nicht einmal zu einer planvollen Aktion, weil alle Spieler durchweg in der Abwehr aushelfen mußten.

Erst nach der Pause gelangen einige durchdachte Züge, auch wenn Leeds nach wie vor hoch überlegen war. Das system- und erfolglose Anrennen ihres Teams aber brachte die englischen Fans, die den Tag über schon randalierend und prügelnd die französische Hauptstadt unsicher gemacht hatten, vollends in Zorn. Als der Unparteiische in der 66. Minute einen Treffer von Lorimer wegen angeblichen Abseits nicht anerkannte, nahm das Unglück seinen Lauf. Die britischen Anhänger rissen die Plastiksitze aus ihrer Verankerung und warfen sie über den Zaun hinweg in Richtung Spielfeld. Flaschen folgten, auf den Rängen herrschte Chaos.

Natürlich blieb das Spiel davon nicht unberührt, die Hektik wurde noch größer. Allerdings nur bei Leeds, die Bayern wurden ruhiger, kühler. Und dann ereignete sich das kleine Wunder. Bei einem der ganz seltenen Gegenangriffe bekam Franz »Bulle« Roth den Ball, wagte von der linken Seite aus etwa 14 Metern einen Flachschuß, den der unglücklich postierte Torwart Stewart verpaßte. 1:0, der Spielverlauf war völlig auf den Kopf gestellt. Und wieder einmal war es Roth gewesen, jener Mann, der so viele entscheidende Tore für seine Mannschaft erzielt hat. Das 2:0, von Gerd Müller in seiner unnachahmlichen Art ins Netz gezirkelt, war gegen die restlos verbitterten und ausgepumpten Briten nur noch eine Dreingabe. Es war übrigens Müllers einziger Schuß auf das Tor, was zeigt, wie hoffnungslos die Bayern in die Defensive gedrängt waren.

Die Freude der Münchner über ihren zweiten Europapokal-Sieg hielt sich in Grenzen. »Wir dürfen nicht vergessen, daß wir sehr viel Glück hatten«, bemerkte Franz Beckenbauer. Daneben aber hatten sie eine bis ins Detail ausgeklügelte Taktik befolgt, die Leeds letztlich scheitern ließ. Trainer Cramer: »Wir wußten, daß die Briten die stärkere Mannschaft sind. Deshalb bestand unsere einzige Chance in dem Versuch, aus der Defensive mit überfallartigen Kontern zum Erfolg zu kommen.« Die Mannschaft hat sich später nicht umsonst ganz herzlich bei ihm bedankt, selten hat ein Trainer wohl so hohen Anteil an einem Sieg gehabt.

In der britischen Presse stand hinterher zu lesen, daß Leeds vom Schiedsrichter um den verdienten Lohn betrogen worden sei. Ebenso haben die Zeitungen das Benehmen der Fans gerügt, die wie moderne Vandalen über Paris hereingebrochen waren. Die Bilanz des Wütens war schrecklich: 33 Verletzte, Diebstähle, Sachbeschädigung, Körperverletzung. Der britische Botschafter entschuldigte sich tags darauf via Fernsehen bei den Franzosen: »Ich habe mich geschämt, britischer Bürger zu sein.« Und Franz Beckenbauer äußerte sich nahezu prophetisch: »Leeds war die unfairste Mannschaft, gegen die ich je gespielt habe. Sie und ihre unmöglichen Fans passen zusammen. Die sollen künftig auf ihrer Insel bleiben und uns nicht mehr belästigen.« Exakt zehn Jahre später sprach die UEFA den Bann gegen englische Fußball-Supporter aus.

Die Bayern, daheim bis dato verlacht und verhöhnt, hatten erneut bewiesen, daß sie schon allein deshalb ein großes Team bildeten, weil sie sich am eigenen Schopf aus dem Sumpf ziehen konnten. In ihrer bei weitem schlechtesten Saison waren sie zum zweitenmal Cupgewinner geworden, eine wahrlich stolze Leistung.

Erstmals mit zwei Mannschaften des Deutschen Fußball-Bundes (DFB) begann der Cup-Wettbewerb 1975/

**Zu ernsthaften Ausschreitungen
führte die Enttäuschungswut der Anhänger
von Leeds United während des Finales
in Paris. Szenen wie diese
gehören inzwischen zum Alltag.**

76. Titelverteidiger FC Bayern hatte sein altes Leistungsvermögen, wie die Niederlagen im »Supercup« gegen Dynamo Kiew (0:1, 0:2) bewiesen, noch nicht ganz zurückgefunden, aber er befand sich auf dem Weg zur Besserung. Ein junger Spieler mischte sich unter die etablierten: Karl-Heinz Rummenigge.

Die Fachwelt traute den Mönchengladbacher Borussen mehr zu, für deren temperamentvollen Offensiv-Fußball sich ganz Europa begeisterte. Zum Beispiel Mario Causio, der Mittelfeldstar von Juventus Turin, das den Borussen im Achtelfinale unterlegen (0:2, 2:2) war: »Gladbach ist eine echte Spitzenmannschaft, die derzeit beste in Europa. Da stimmt einfach alles, in der Abwehr, im Mittelfeld und im Angriff.« Viele verglichen die Borussia mit dem Real Madrid von einst.

Die nächste Runde erlebte genau diese Konfrontation. Mit aller Macht wollten die Madrilenen ihre alte Vormachtstellung zurückerobern, sie glaubten, mit den beiden Deutschen Günter Netzer und Paul Breitner Anschluß an glorreiche Zeiten zu finden. Das sah im Düsseldorfer Rheinstadion, wo Mönchengladbach sich bei 68000 Zuschauern über eine 1,5-Millionen-Einnahme freuen durfte, zunächst gar nicht so aus. Schon nach 70 Sekunden führte die Borussia durch ein Tor des Dänen Henning Jensen 1:0, nach 27 Minuten stand es durch einen Kopfball von Libero Jürgen Wittkamp 2:0. Das Rheinstadion bebte vor Begeisterung, die Borussia geriet in einen wahren Spielrausch. Aber vor allem Jupp Heynckes, heute Trainer der Mannschaft, ließ die

besten Chancen aus. Nach der Pause kam die kalte Dusche, Torwart Kleff griff am Ball vorbei, Real-Stürmer Martinez köpfte ihn ins leere Gehäuse. Der schon einigermaßen betagte Pirri glich nach Doppelpaß mit Netzer aus, der zunächst ausgepfiffen, dann aber wegen seiner traumhaften Vorlagen stürmisch beklatscht worden war.

Heißen Herzens traten die Gladbacher in Madrid vor 120000 Zuschauern an, geschickt trugen sie ihre Angriffe aus einer massierten Deckung vor, Reals Abwehr geriet immer wieder ins Schwimmen. Heynckes köpfte nach 26. Minuten das 1:0, die Borussia schien das Weiterkommen doch noch zu erzwingen. Allerdings hatten mehrere dubiose Entscheidungen des holländischen Schiedsrichters Leo van der Kroft Unruhe in ihre Reihen gebracht. So gab er zu Unrecht einen Freistoß, der zum 1:1 durch Santillana führte. Aber das brach der Mannschaft vom Niederrhein noch lange nicht das Genick. Dazu mußte van der Kroft zu anderen Mitteln greifen.

Nach knapp 70 Minuten profitierte die Borussia endlich von ihrer überlegenen, reiferen Spielweise. Jensen gelang nach Doppelpaß mit Klinkhammer ein sehenswertes Tor. Der Linienrichter machte keine Anstalten, den Treffer anzuzweifeln, wohl aber van der Kroft. Er hatte Abseits gesehen. Neun Minuten vor Schluß gingen die beiden Niederländer umgekehrt vor. Van der Kroft zeigte nach Wittkamps Tor schon zum Anstoßkreis, als seinem Linienrichter etwas mißfiel. Er wollte ein »Handspiel am entgegengesetzten Ende des Strafraums« beobachtet haben. Es blieb beim 1:1, die Borussia war von elf Madrilenen und zwei »unparteiischen« Helfern eliminiert worden. Daß Real-Trainer Miljanic die Gladbacher Leistung als »sensationell« einstufte, nützte herzlich wenig. Miljanic: »Da kommt sogar die deutsche Nationalmannschaft nicht mit. Ein Spiel fürs Lehrbuch.« Der üblicherweise beherrschte Borussen-Kapitän Berti Vogts äußerte sich voller Zorn. »Der Europapokal ist käuflich, also von keinem großen sportlichen Wert.« Die gesamte europäische Presse, selbst spanische Zeitungen, bedauerte den Verlierer, zumal die Fernsehbilder eindeutig bewiesen hatten, wie falsch der Referee mit seinen Pfiffen lag.

Von der deutschen Öffentlichkeit waren die Münchner Bayern, die in der nächsten Runde gegen Real ausgelost wurden, als »Borussen-Rächer« ausersehen. Die Münchner hatten ihr Selbstbewußtsein zur rechten Zeit wiedergefunden, der Erfolg über Benfica Lissabon

**Ein glorreiches Trio:
Libero Franz Beckenbauer,
der Trainer-Fuchs Dettmar Cramer
und Torschützenkönig
Gerd Müller (von links).**

löste Verkrampfungen, die übliche Saisonkrise, eine Folge diverser Verletzungen, war überwunden. Das 0:0 in Lissabon war bestimmt noch keine Glanzleistung gewesen, und auch nicht die erste Hälfte im Olympiastadion vor 74000 Zuschauern. Aber dann legten die Münchner los und überfuhren die Portugiesen regelrecht: Dürnberger mit zwei Toren, Rummenigge und zweimal Müller sorgten beim 5:1 für eine Stimmung, wie man sie lange vermißt hatte unter den Anhängern. Die Partie gegen Real stand also unter besonderen Vorzeichen. Doch Trainer Dettmar Cramer tat alles, um unnötige Aggressionen tunlichst zu vermeiden.

»Wir wollen keine Vorurteile gegen Real aufkommen lassen. Hier geht es um internationales Fußballgeschäft, nicht um Rache für eine Mannschaft.« So emotionslos, wie ihr Trainer sprach, agierte die Mannschaft im ersten Treffen des Halbfinales. 20 Minuten lang ließ sie Real den Vortritt und die 1:0-Führung, dann übernahmen Beckenbauer, Schwarzenbeck und Dürnberger die Kontrolle des Spiels. Dürnberger setzte dabei Madrids Spielmacher Günter Netzer matt. Und wie wertvoll ein Gerd Müller war, zeigte sich kurz vor der Halbzeit, als er seinen Widerpart Benito versetzte und zum Ausgleich verwandelte. Ohne den verletzten

Breitner besaß Real nicht mehr die Kraft zur Wende. Und in München hatten die Spanier nicht die geringste Chance, obwohl Breitner wieder dabei war. Nach 31 Minuten lagen die Münchner in einem Spiel, in dem sich die Höhepunkte nahtlos aneinanderreihten, 2:0 in Front. Und alle lobten die wiedererstarkten Bayern in den höchsten Tönen. Bundestrainer Helmut Schön meinte: »Über den Kampf haben sie die Schönheit des Fußballspiels wiedergefunden.« Den einzigen Wermutstropfen in den Freudenbecher gossen die Zuschauer. 90 Minuten lang pfiffen sie Netzer und Breitner gnadenlos aus.

Bekanntlich leben Totgesagte länger, die Bayern waren also wieder im Endspiel. Im Glasgower Hampden-Park trafen sie auf AS St. Etienne. Den Franzosen hatte man allgemein nur eine Außenseiterrolle zugebilligt, wenngleich sie immerhin so prominenten Gegnern wie die Glasgow Rangers, Dynamo Kiew und dem PSV Eindhoven das Nachsehen gegeben hatten. Fast alle Mannschaftsmitglieder waren Nationalspieler, als herausragende Akteure galten Tormann Curkovic, der dunkelhäutige Verteidiger Janvion, Spielmacher Larque, die Gebrüder Hervé und Patrick Revelli sowie der langmähnige Außenstürmer Dominique Rocheteau, der wegen einer Verletzung jedoch erst spät eingewechselt wurde. Die Bayern vertrauten ganz auf ihre Routiniers, nur Linksverteidiger Udo Horsmann und Karl-Heinz Rummenigge hatten zuvor noch nie an einem Cup-Finale teilgenommen.

Nach einem Abseitstreffer von Gerd Müller gleich zu Beginn riß St. Etienne die Initiative an sich. Dettmar Cramer, der Sicherheitsapostel, hatte die Seinen wie üblich defensiv eingestellt. Zweimal benötigten sie die Hilfe von Latte respektive Pfosten, als Bathenay und Santini allzu genau zielten. Es entwickelte sich eine flotte, spannende Partie, bei der spielerische Feinheiten aber großenteils ausblieben. Das schwungvollere Team stellten die Franzosen, die jedoch gegen die Abgebrühtheit der Münchner Profis nicht ankamen. Die Entscheidung fiel nach 57 Minuten: Gerd Müller war von dem argentinischen Stopper-Riesen Piazza geschubst worden, den Freistoß führte Franz Beckenbauer aus. Seinen kurzen Querpaß jagte Franz Roth wuchtig an der Abwehrmauer vorbei ins Netz. Wieder einmal hatte der »Bulle« aus dem Allgäu seine Bayern nicht verkommen lassen, Roth ist häufig der Retter in der Not gewesen. Auch der einzige Treffer im Pokalsieger-Endspiel 1967 gegen die Rangers aus Glasgow

entsprang einem seiner kraftvollen Vorstöße. Obwohl Trainer Herbin schließlich doch noch den angeschlagenen Publikumsliebling Rocheteau aufs Feld schickte, änderte sich am Ergebnis nichts mehr. In Führung liegend, ließen sich die Bayern selten noch die Butter vom Brot nehmen. Zum drittenmal in Folge gehörte ihnen der Europapokal. Und auch wenn das vielen Leuten nicht gefiel, hatten sie sich damit unter die großen Teams wie Real Madrid, Benfica Lissabon, Inter Mailand und Ajax Amsterdam eingereiht.

Anschließend wurde ausgiebig das Glück zitiert. St. Etiennes Trainer Herbin meinte bitter enttäuscht: »Den Bayern stand das Glück Pate«; und selbst Franz Beckenbauer machte sich nichts vor. »Wir hatten Glück, das auch dazugehört, wenn man den Europacup gewinnen will.« Gehässig äußerte sich vor allem die britische Presse, der die Niederlage von Leeds im Jahr zuvor noch schwer im Magen lag. »Daily Mail« nannte die Bayern »Parasiten«, und »The Sun« bezeichnete sie als »Diebe«, die den Cup geklaut hätten. Ausgewogenheit bewiesen Frankreichs Blätter. Der »Quotidien de Paris« zog folgendes Fazit: »Es wäre eine Beleidigung für St. Etienne, wenn man sagen wollte, Bayern habe schlecht gespielt.« »Aurore« traf den Nagel auf den Kopf: »Liegt der Erfolg nicht auch in der Geschicklichkeit, seine Chancen auszuwerten? Und genau auf diesem Gebiet schienen die Deutschen den Spielern aus St. Etienne überlegen zu sein.« Dank der Fähigkeit, sich im rechten Moment zu konzentrieren, die vorhandenen Möglichkeiten konsequent zu nutzen, hatten die Münchner dreimal Europas Fußball-Thron bestiegen. Die hohe Ballschule vorzuführen, war ihnen freilich nur beim ersten Pokalgewinn gelungen.

Aufs engste verknüpft waren die Triumphe natürlich mit den Namen Maier, Beckenbauer und Müller, von denen jeder auf seinem Posten und seine Weise als Weltbester galt. Doch das Trio war nicht jünger geworden. Gerd Müller plagten Verschleißerscheinungen, die operativ behoben werden mußten. Franz Beckenbauer bekam private Probleme, Eheschwierigkeiten und Steuerrückstände nervten ihn so, daß er sich im folgenden Jahr nach New York zu Cosmos absetzte. Als die Dreierachse langsam zerfiel, bröckelte das ganze Team, der Nachwuchs, angeführt von Karl-Heinz Rummenigge, besaß noch nicht das Format, um den FC Bayern in der europäischen Spitze zu halten. Das jedoch ist das Schicksal gewesen, das alle bedeutenden Mannschaften getroffen hat.

Daneben – geht mancher Schuß im Leben.
Liverpools Stürmer-As Kenny Dalglish
verfehlt hier das Tor des
FC Bayern München.
Dieter Hoeneß (links) und Udo Horsmann
(Mitte) brauchen nicht eingreifen.

Das britische Empire (1977–1982)

Drei Jahre lang hatten die Bayern dank taktischer Spitzfindigkeiten und enormer Willensanstrengung regiert, das spielerische Fundament aber war mit der Zeit gebröckelt. Die großen Darsteller wie Maier, Beckenbauer und Müller sahen sich in einem Ensemble, dem zuviele Statisten angehörten, allmählich überfordert. Das Ende war programmiert, ein vierter Europacup-Erfolg undenkbar. Das Aus kam rasch, undramatisch, konsequent: Im Duell mit dem Viertelfinale-Kontrahenten Dynamo Kiew fehlten Gerd Müller – wegen einer Bandscheibenoperation – und Bernd Dürnberger, dessen Meniskus herausgenommen worden war. Uli Hoeneß kämpfte weiterhin mehr mit seinem Knie, das im Finale gegen Leeds einen bösen Schlag erhalten hatte, als mit seinen Gegenspielern. Gegen die stabilen, sicheren Ukrainer mit dem dribbelgewandten Sprinter Oleg Blochin waren diese Probleme zu groß, nach einem 1:0 in München folgte die logische Niederlage (0:2) in Kiew.

Danach zerfiel das Team. Franz Beckenbauer gab bald seinen Wechsel nach New York bekannt, Gerd Müller hatte sich in ungezählten Strafraum-Auseinandersetzungen verbraucht, der Aufbau eines neuen Teams brauchte seine Zeit.

Doch der deutsche Fußball, dessen allerbeste Jahre freilich vorbei waren, hatte noch ein zweites Eisen im Europacup-Feuer. Die Mönchengladbacher Borussen, die das Pech stets angezogen hatten wie das Licht die Motten, polierten ihren ohnehin schon hervorragenden Ruf im Verlauf des Wettbewerbs 1977 noch auf. Als erster DFB-Mannschaft gelang ihr beim AC Turin ein Sieg (2:1) in Italien, den sie allerdings teuer erkaufen mußte. Denn in der zweiten Partie liefen die Turiner Amok, trampelten alles nieder, was sich ihnen in den Weg stellte. Als »Schande für den Fußball« bezeichnete Schiedsrichter Delcourt aus Genf die Norditaliener, nachdem er drei der übelsten Treter ausgeschlossen hatte. Die Borussen erwarben sich trotz des mageren 0:0 besondere Anerkennung, weil sie nicht mit gleicher Münze zurückzahlten.

In der Runde der letzten Vier mußten sich die Kicker vom Niederrhein mit Dynamo Kiew messen, nur knapp (0:1, 2:0) setzten sie sich über diese Hürde hinweg. Endlich schienen sie sich jenen Rang zu erobern, der ihnen nach Meinung der Experten gebührte. »Was haben wir in all den Jahren im Europacup nicht schon alles erlebt. Wir wurden betrogen, wir hatten manchmal Riesenpech, wir waren vielleicht zum Teil noch zu unerfahren. Aber jetzt hat es endlich mal hingehauen«, freute sich Nationalspieler Rainer Bonhof über das Erreichen des Endspiels. Kollege Berti Vogts war etwas weniger zum Jubeln zumute, er hatte einen heißen Tanz mit dem Fußballstar der UdSSR hinter sich. »Nach Cruyff ist Blochin der stärkste Stürmer, gegen den ich

Einer Übermacht unterlegen war Allan Simonsen ebenso wie seine Mönchengladbacher Borussia dem FC Liverpool im Endspiel 1977. Der kleine Däne erzielte den einzigen Treffer beim 1:3.

bisher gespielt habe«, stöhnte »der Terrier« voller Anerkennung.

Für den guten Berti sollte es im Finale noch viel schlimmer kommen. Ein stämmiger Wirbelwind namens Kevin Keegan bereitete dem Nationalverteidiger am 25. Mai 1977 in Rom eine Art sportliches Waterloo. Keegan, den sie daheim in Liverpool »Mighty Mouse« getauft hatten, war Englands Stürmer Nummer eins, ein antrittsschneller, quirliger Kerl mit einem unwahrscheinlichen Bewegungsdrang. Das Duell zwischen Vogts und Keegan entschied die Partie schließlich zugunsten des FC Liverpool, der kleine Engländer (1,70 m) führte den kleinen Deutschen (1,68 m) regelrecht vor. Das Gladbacher Mittelfeld erstarrte in Ehrfurcht vor den bissigen Briten, der Däne Allan Simonsen stand gegen die Abwehrgarde der Engländer allein auf weiter Flur. Sein Tor in der 51. Minute genügte nicht, der FC Liverpool siegte hochverdient 3:1. Die Borussia hatte an diesem warmen römischen Abend nur einen matten Abglanz ihrer sonstigen Klasse geboten und wieder einmal erfahren müssen, daß sie im entscheidenden Moment meist Angst vor der eigenen Courage bekommt. Die britische Presse feierte den Cupgewinner in groteskem Überschwang: »Heil Liverpool – die Könige von Europa und Eroberer von Rom. Unsere Gladiatoren zermalmten den Deutschen Meister«, jauchzte der »Daily Mirror«.

Im FC Liverpool war ein Team an die Macht gekommen, das auf den ersten Blick das Rüstzeug für eine epochale Beherrschung des europäischen Fußballs zu besitzen schien. Denn die Mannschaft war, ähnlich wie Manchester United in den fünfziger Jahren, langsam gewachsen, trotz aller Erfolge auf dem Teppich geblieben. Der Verein wurde geführt wie ein Familienbetrieb, Seriosität und Kontinuität galten als oberstes Gesetz. Der Platzwart zum Beispiel versah über 50 Jahre getreu seinen Dienst, sein Vater hatte den Rasen 41 Jahre lang gemäht. Und Manager Bob Paisley hatte mehr als ein halbes Leben an der Anfield Road, dem berühmt-berüchtigten Stadion, zugebracht. Vom Spieler war er über den Schuhputzer und Zeugwart zum »Big Boss« aufgestiegen. Der FC Liverpool ist nie ein reicher Verein gewesen, war vielmehr immer darauf angewiesen, aus billigen Talenten teure Stars zwecks Weiterverkauf zu formen. Darin allerdings betrieben die Liverpooler einen immensen Aufwand. »Wir haben 38 Spione, die täglich das ganze Land nach den Stars von morgen absuchen«, erklärte Paisley. Die Späher

wurden in außergewöhnlichem Maße fündig. Selbst auf der Ersatzbank drängelten sich die Nationalspieler; renommierte Leute wie der walisische Torjäger John Toshack mußten oft genug den Triumphen der Kollegen von außen zusehen. Alle Jahre wieder hat Liverpool seinen Etat durch den Verkauf von »Eigengewächsen« gesichert. Kevin Keegan ging für eine Ablöse von 600 000 Pfund (etwa 2,4 Millionen Mark) gleich nach dem Erfolg von Rom zum Hamburger SV. Daß die Liverpooler trotz der hervorragenden Voraussetzungen dem Europacup-Geschehen kaum Glanzlichter aufsteckten, mag eine Folge des britischen Spielstils gewesen sein. Konditionell und athletisch waren sie den Kontrahenten bei weitem überlegen, ihre technischen Fähigkeiten gingen jedoch nicht über das Mittelmaß hinaus.

Fußball in Liverpool ist harte Arbeit, die Fans wollen

erstmals in der Vereinsgeschichte übrigens, hohe Summen investierte, konnte die Mannschaft den Verlust von Keegan verschmerzen. Kenny Dalglish, sein Nachfolger, erwies sich als vollwertiger Ersatz. Und Graeme Souness, der Spielmacher des FC Middlesbrough und der schottischen Nationalelf, sollte die mangelnden spielerischen Akzente setzen. 3,6 Millionen Mark hatten die Engländer auf dem Transfermarkt ausgegeben, um das sportliche Niveau zu halten. Auf europäischer Ebene gelang dies zweifellos, wie der härteste Konkurrent, die Borussia aus Mönchengladbach, gleich wieder erfahren mußte. Ohne den verletzten Simonsen, Europas Fußballer des Jahres, erreichten die Borussen

ihre Lieblinge für gutes Geld hart arbeiten sehen, möglichst jeder Quadratmeter des Rasens muß während der 90 Minuten umgepflügt werden. Und dann besitzt dieser Sport in der häßlich, grauen Hafenstadt am Mersey-Fluß einen anderen Stellenwert als anderswo. »Für mich«, hat der legendäre Manager und Vorgänger Paisleys Bill Shankly einmal gesagt, »ist Fußball eine Religion. Das Stadion hat die Kirche ersetzt. Die Fans sind die Kultträger, die hier die Spieler und ihre Mannschaft vergöttern.« Vielleicht liegt darin der Grund, daß die Liverpooler Anhängerschaft Treffen mit ausländischen Klubs als eine Form des »Religionskrieges« betrachtet. Die Fans dort neigen stärker zu gewalttätigen Exzessen als andernorts, was schließlich grausame Folgen haben sollte. Weil der FC Liverpool für die Saison 77/78,

57

zunächst einen glücklichen, unverhofften, weil in der
letzten Minute per Freistoß von Bonhof herausgeschos-
senen Sieg. Im Rückspiel an der Anfield Road kam der
Deutsche Meister dann böse unter die Räder und kaum
einmal aus der eigenen Hälfte heraus. Am Ende
mußten die Gladbacher heilfroh sein, daß es nur 0:3
hieß. Besonders in Italien formulierten die Zeitungen
herbe Kritik. »Die Deutschen wurden von den Engländern zerquetscht«, schrieb »La Stampa«. Und das
Mailänder Blatt »Giornale« meinte: »Borussia hat mit
ihrer Darbietung die gegenwärtige Krise des deutschen
Fußballs bestätigt.«

Umgekehrt bewiesen die Liverpooler, daß nicht
zwangsläufig die Nationalmannschaft den Leistungsstand der Vereine spiegelt. Denn für die Weltmeisterschaft 1978 hatten sich die Engländer nicht qualifizieren
können. So mußte wenigstens der Europapokal her.
Der FC Brügge, als erster belgischer Finalist überhaupt, hielt sich in einem eher mäßigen Spiel vor 92 000
im Londoner Wembley-Stadion wacker, der öster-
reichische Trainer Ernst Happel hatte seine Mannen
geschickt auf die aggressiven Liverpooler »Bulldoggen«
eingestellt. Das knappe 1:0 mußten sich Torschütze
Dalglish und seine Kollegen schwer erkämpfen.

Auch in der englischen Meisterschaft hatten die
Liverpooler erhebliche Schwierigkeiten bekommen.
Daheim an der Anfield Road war noch alles in Ordnung, da wurden die Gegner meist kurzerhand abgefer-
tigt, aber mit jedem Kilometer, der sie vom Mersey
wegbrachte, schwand das Selbstbewußtsein der Star-

Auf der Flucht vor begeisterten Fans des FC Liverpool: Herbert Wimmer und die Borussia wurden von den Engländern regelrecht eingewickelt.

Am Boden zerstört war Verteidiger Berti Vogts, der das Duell mit Kevin Keegan (unten) eindeutig verlor. Das war für die Niederlage der Bundesliga-Kicker entscheidend.

Liverpools Erbe traten die Mannen von Nottingham Forest an (unten rechts). Tony Woodcock (kniend, Zweiter v. li.) machte sich später beim 1. FC Köln in der Bundesliga einen Namen.

kicker. Als sie in der ersten Runde des Ligapokals gegen den Aufsteiger FC Chelsea versagten, tobte der sonst so ruhige Paisley. »Meine Burschen spielten mit Sägemehl statt mit Hirn im Kopf.« Landesmeister wurde mit riesigem Vorsprung Nottingham Forest vor den Liverpoolern.

Das war keine Zufallserscheinung, sondern ein Ausdruck der spielerischen Krise. Den Cup von 1978 konnte der FC Liverpool nicht verteidigen, das Los führte ihn gleich mit Nottingham zusammen. 0:0, 0:2, Liverpool war draußen, kurz und schmerzlos. Nachfolger Nottingham trat selbstverständlich das Erbe an, eckte auf seinem Weg ins Endspiel nur einmal an. Im Semifinalspiel von Nottingham trotzte ihnen der 1. FC Köln ein 3:3 in England ab, Forest schien ausgeschaltet. Das Rückspiel in Köln war für die Anhängerschaft des Bundesliga-Meisters nur noch eine Formsache; Hun-

derte hatten sich schon ein Quartier im Endspiel-Ort München besorgt. Leider ging die Sache ein wenig daneben, Trainer Hennes Weisweiler war durch das 0:1 wieder einmal an seinem großen Ziel, dem Landesmeister-Pokal, gescheitert.

Das Endspiel entwickelte sich zu einer äußerst tristen Angelegenheit, die Halbprofis von Malmö FF gaben einen tapferen, aber unzulänglichen Gegner ab. »Das war das schlechteste Meistercup-Finale des letzten Jahrzehnts«, zeterte die holländische Zeitung »De Volkskrant«. »Nicht zu glauben, daß sich zwei derart schwach spielende Mannschaften für das Endspiel qualifizieren konnten.«

Unter allen Cup-Siegern ist Nottingham Forest der farbloseste gewesen, ein Emporkömmling in den Kreisen des Fußball-Adels. Der Klub hatte zwar eine lange, aber wenig aufregende Tradition aufzuweisen, die

Stadt Nottingham ebenso wenig. Bekannt ist sie im Grunde nur durch Robin Hood, den Räuber aus dem Wald, der den reichen Bürgern ihr Geld abzuknöpfen pflegte. Die Forest-Kicker spielten so, wie Robin klaute. Möglichst ohne großen Aufwand nahmen sie den großen, arrivierten Teams die Punkte ab, unauffällig, ohne großes Geschrei. Es ist gewiß kein Zufall gewesen, daß Nottingham fast immer genau die Ergebnisse erzielte, die nötig waren, um eine Runde weiterzukommen. Da gab es keine hohen Zu-Null-Triumphe, häufig reichte ein dürftiges 1:0. Wie gegen Köln, wie gegen Malmö.

Diese Taktik entsprang den Überlegungen von Manager Brian Clough, einem früheren Stürmer, der nach dem Ende seiner Karriere eine Vorliebe für gepflegtes Abwehrspiel entdeckte. Clough's System erinnerte stark an Helenio Herreras Catenaccio und war ähnlich verhaßt unter den Liebhabern des »guten, schönen« Fußballs. Nahezu alle elf Mannschaftsmitglieder hielten sich in der eigenen Hälfte auf, sie ließen die Gegner anrennen, bis sich irgendwann einmal die Möglichkeit zu einem Gegenschlag ergab. Und der führte in der Regel zum Erfolg. Brian Clough, ein starrköpfiger, zungenfertiger Mensch, hatte sich eine wirklich starke, funktionierende Gemeinschaft ausgesucht und zusammengekauft. Peter Shilton genoß den besten Ruf der britischen Torleute. Dem Abwehrspieler Burns dagegen sagte man nur Schlechtes nach, vor allem, daß er saufe wie ein Loch. Als Clough ihn nach Nottingham holte, wurde er sanft wie ein Lamm, nur nicht auf dem Spielfeld. Stars duldete der knallharte Manager nicht, auch herausragende Spieler wie der farbige Offensiv-Verteidiger Viv Anderson, der 4,4-Millionen-Mark-Einkauf Trevor Francis oder die Stürmer Gary Birtles und Tony Woodcock, der für 2,5 Millionen zum 1. FC Kön ging, durften nicht aufmucken. Sie alle hatten sich brav unterzuordnen, was schon allein deshalb dringend geboten war, weil sonst der taktische Einheitsbrei verdorben worden wäre.

Der war jedenfalls gut genug, um Nottingham Forest auch einen zweiten Europapokal zu bescheren. Obwohl alle Welt den Endspielgegner Hamburger SV favorisiert hatte. Dem HSV nämlich mit seinen Assen Kaltz, Magath und Hrubesch war im Halbfinale gegen den einigermaßen wiedererstarkten Real aus Madrid ein seltenes Kunststück gelungen. Nach einer 0:2-Niederlage in Spanien boten die Hanseaten im Volksparkstadion eine 90-Minuten-Schau der Superlative, 5:1 hieß

es beim Abpfiff. »Real wirkte wie ein Papierhaus in einem Tornado«, schwärmte die Madrider Tageszeitung »El Diario«. HSV-Manager Günter Netzer geriet vollends aus dem Häuschen: »Ich habe überhaupt noch nie eine Mannschaft gesehen, die so gut war wie der HSV an diesem Abend.« Genau deshalb war Nottingham für das Endspiel in Madrid krasser Außenseiter.

Die Partie am 28. Mai 1980 lief am Anfang wie erwartet ab. Der HSV griff an, stürmisch, aber auch ein wenig hektisch, weil das verletzte »Ungeheuer« Horst Hrubesch nur auf der Bank saß. Nottingham verbarrikadierte sich im Strafraum. Nach 20 Minuten bekam Linksaußen John Robertson den Ball zugespielt, erstmals in dieser Partie trabte er über die Mittellinie. Traben beschreibt die Gangart von Robertson ziemlich genau, denn Rennen konnte man von ihm nicht erwarten: Robertson besaß einen ansehnlichen Bierbauch und volle, runde Hüften. So einen nahm natürlich auch Gegenspieler Manfred Kaltz nicht ernst, der paßte sich dem Tempo an und trabte nebenher. Als sich das gemächliche Duo dem Tor näherte, gab der Dicke mit der Nummer 11 den Ball ab und tat etwas, was Kaltz ihm offenbar nicht zutraute; mit einem Ruck setzte sich Robertson in Bewegung – Masse mal Kraft ist Beschleunigung – drückte sich am HSV-Verteidiger vorbei, hatte plötzlich auch das Leder wieder und schoß es an den Innenpfosten, von wo es ins Netz prallte.

Das war's dann auch nach Art von Nottingham. Kevin Keegan kämpfte wie ein Berserker in seiner letzten Partie für den HSV, Horst Hrubesch wurde eingewechselt, die Hamburger Chancen häuften sich, aber das Bollwerk um Torhüter Shilton hielt. »Grabenkrieg« nannte der damalige Bundestrainer Jupp Derwall das Rückzugsgefecht, »die Engländer buddeln sich einfach hinten ein.« Und Stürmer-Idol Uwe Seeler hatte »nicht den Eindruck, daß diese Mannschaft unbedingt Fußball spielen will«. Mag sein, aber sie gewann.

Hinterher gab's einen Mordskrach bei den Hanseaten, Trainer Branko Zebec schickte die Spieler ins Bett, die jedoch ließen sich lieber an der Bar vollaufen. »Mit Betrunkenen trainiere ich nicht«, sagte Zebec am nächsten Tag; die Mannschaft war hellauf empört. Gerade Zebec hatte schon mehrfach wegen Trunkenheit Aufsehen erregt, wegen Alkoholismus verlor er schließlich seinen Posten beim HSV.

Nottingham freilich gab den gerade gewonnenen Cup gleich wieder ab, ZSKA Sofia war in der ersten Runde der folgenden Saison Endstation (0:1, 0:1). Inzwischen

Man muß die Feste feiern, wie sie fallen:
1981 gewannen die Kicker des FC Liverpool
den Europacup zum drittenmal. Der 0:1 unterlegene
Gegner war Real Madrid gewesen,
mit dem Deutschen Uli Stielike als Libero.

hatte sich ein alter Bekannter wieder an die Spitze gepirscht, der FC Liverpool, der alte und neue englische Meister. Liverpool und Nottingham, einen großen Unterschied machte das nicht her, die Spielstile glichen sich wie ein Ei dem anderen: Safety first, Ballhalten und abwarten. Wenn die Mersey-Kicker selbst die Initiative ergreifen mußten, gerieten sie oft in Schwierigkeiten. So zum Beispiel gegen den FC Bayern im Halbfinale. Die Münchner hatten wieder eine Klasse-Elf beisammen, das Tandem »Breitnigge«, also Breitner und Rummenigge, beherrschte virtuos die Bundesliga. In Liverpool jedoch kamen sie nie dazu, planvoll vorzugehen, da standen sie mit dem Rücken zur Wand, dort mußten sie fighten, um dem britischen Orkan standzuhalten. Völlig erschöpft verließen sie mit einem wertvollen 0:0 die Anfield Road. Und sie waren ihrer Sache sicher. Kein Wunder, in 21 Europapokalbegegnungen waren 21 Siege im Olympiastadion herausgesprungen. Doch ausgerechnet der clevere Paul Breitner beging einen groben Fehler. Ausgesprochen dumm hätten die Briten gekickt, sagte er, und brachte die Liverpooler damit auf die Palme. »Liverpool entwickelte den Geist der britischen Bulldogge«, schrieb das Massenblatt »The Sun« nach dem Münchner 1:1, das Brian Paisleys Burschen den Weg ins Finale ebnete. Noch einmal hatte der Behauptungswille der Elf triumphiert, wenn auch Breitners Spruch erst für die rechte Motivation gesorgt hatte.
Endspielgegner war Real Madrid, geführt von dem

Deutschen Uli Stielike, Endspielort Paris. Und dort herrschte Angst. Nackte Angst vor den Liverpooler Fans. Die schlimme Nacht von vor sechs Jahren war nicht vergessen, als der Anhang von Leeds nach der Niederlage gegen den FC Bayern wie ein Rollkommando durch die Stadt gezogen war. Die Europäische Fußball-Union sprach damals eine zweijährige Sperre für den Klub aus. Und die Liverpooler galten als noch brutaler als die »Kollegen« aus Leeds. Selbst der Vereins-Sekretär Robinson hatte Bedenken: »Ich kann nur beten, daß nichts passiert.«
Daß es letztlich »nur« zu rund 100 Festnahmen, einigen Diebstählen und Raufereien kam, ist der Tatsache zu danken, daß dem Team um Keegan-Nachfolger Dalglish ein schmuckloser 1:0-Erfolg gelang.
Der FC Liverpool erlitt das gleiche Schicksal wie Nottingham. Wieder erwies sich ZSKA Sofia als sperriger, unangenehmer Gegner, der den Engländern ein Schnippchen schlug (0:1, 2:0). Der Fußball in Europa rollte nicht recht – Stagnation. Doch das Reservoir der englischen Klubs schien unerschöpflich, Landesmeister Aston Villa rückte augenblicklich an die Stelle des FC Liverpool. In der Bundesrepublik hatte der FC Bayern kurzfristig die Führungsrolle des Hamburger SV übernommen und sich durch einen ungefährdeten Erfolg über Liverpool Bezwinger Sofia (3:4, 4:0) eine hervorragende Ausgangsposition für das Finale in Rotterdam geschaffen. Doch hier erging es den Bayern nicht anders als zwei Jahre zuvor dem HSV. Die Münchner

Kalte Dusche für die Münchner Bayern:
Ray Kennedys Treffer (links) versperrte ihnen 1981
den Weg ins Finale. Zwar erzielten sie noch
den 1:1-Ausgleich, was wegen der doppelt zählenden
Auswärtstore jedoch ohne Belang war.

Noch im Hinspiel hatten Wolfgang Dremmler
(am Boden) und seine Abwehr-Kollegen
ihre Kontrahenten deutlich beherrscht.
Selbst Torschützenkönig Kenny Dalglish
rannte sich immer wieder fest.

waren hoch überlegen, besaßen Chancen in ausreichender Zahl, das schwächere, aber geschicktere Team jedoch eroberte den Cup. Wie gewöhnlich – auch in den letzten vier Endspielen hatte es nur einen mickrigen Treffer gegeben – reichte ein 1:0. Der Verlierer war hauptsächlich dafür verantwortlich gewesen, daß die Partie auf höherem Niveau stand als die vorhergegangenen, wenngleich Breitner und Rummenigge nur mittelprächtige Form erreichten. Selbst Trainer Pal Csernai war mit seinen Stars nicht zufrieden: »Sie haben schon bessere Spiele gemacht.« Csernai war über die unglückliche und unerwartete Niederlage so erbost, daß er tags darauf einem Empfang der Stadt München fernblieb, was ihm Kapitän Breitner und die Öffentlichkeit übel ankreideten. Der Ungar zeigte sich untröstlich, selbst die guten Kritiken in den englischen Zeitungen (»Die Deutschen sahen bis zum Gegentreffer wie der sichere Sieger aus«, schrieb der »Guardian«) besänftigten ihn nicht: »Diese Saison hätte kein bösartiger Regisseur gegen uns schlimmer gestalten können.« Denn außer dem Europapokal hatte der FC Bayern auch noch die Landesmeisterschaft verschenkt. An den Hamburger SV.

Glücklos blieben die Münchner auch 1982, die vorher unterschätzte Mannschaft von Aston Villa schnappte ihnen den Pokal weg. Enttäuschung bei Dieter Hoeneß und Paul Breitner.

Happel und der Hamburger SV (1983)

Aston Villa, der noble Klub aus Birmingham, trieb nur eine Scheinblüte. Schon im Viertelfinale ließ der Landesmeister-Sieger von 1982 den Kopf hängen. Allerdings war den Briten auch die denkbar schwerste Aufgabe zugeteilt worden, Juventus Turin. Nie zuvor hatte man ein Team derartig mit Vorschußlorbeeren bedacht wie dieses. Giovanni Agnelli, der Inhaber des riesigen Fiat-Konzerns, hatte sich ein Starensemble zusammengekauft, das seinesgleichen auf der Welt suchte. Sechs Spieler jener Mannschaft, die das Endspiel in Spanien 1982 gegen die Bundesrepublik Deutschland klar 3:1 gewonnen hatte, nämlich Zoff, Scirea, Gentile, Cabrini, Tardelli und Rossi gaben Juve weltmeisterlichen Glanz, Michel Platini, der große französische Spielmacher und Vollstrecker, und Zbigniew Boniek, der Windhund aus Polen, vervollständigten dieses Schmuckstück des internationalen Fußballs. Wer sollte Juventus besiegen?

Aston Villa jedenfalls nicht. Die Engländer unterlagen selbst auf eigenem Platz 1:2. In Italien besaßen sie nicht den Hauch einer Chance. Platini, der Maître unter Europas Kickern, traf beim 3:1 gleich zweimal. Der Hamburger SV, der sich über Dynamo Berlin (1:1, 2:0) Olympiakos Piräus (1:0, 4:0), Dinamo Kiew (3:0, 1:2) und Real San Sebastian (1:1, 2:1) ins Finale vorgekämpft hatte, nahm sich gegen diese Super-Elf wie eine graue Maus aus.

Dementsprechend waren die Positionen für das Athener Finale bezogen. In der italienischen Presse herrschte keine Frage über den Sieger, die deutschen Blätter stimmten düstere Moll-Töne an. Den HSV-Spielern hatte Manger Günter Netzer die beachtliche Prämie von 30 000 Mark für den Erfolgsfall geboten, ein besseres Trinkgeld im Vergleich zu den Italienern. Denen stellte Fiat-Boß Agnelli die Rekordsumme von etwa 115 000 Mark, einschließlich kostbarer Sachwerte, in Aussicht. Und schließlich gingen 6000 Hamburger Fans im Gewimmel von 40 000 fröhlichen Juve-Anhängern völlig unter. Die waren mit Bussen, Schiffen, 163 Charterflugzeugen und sogar per Fahrrad in die griechische Hauptstadt eingefallen, um nun auch mitzufeiern, wie den Deutschen nach der Weltmeisterschaft dieser Europapokal entwunden wird. Aber wie das so ist im Leben, es kam alles ganz, ganz anders.

Vielleicht war es der merkwürdigste Trauerzug, den Athen je gesehen hat, mit Sicherheit jedoch der gewaltigste: Eine kilometerlange Schlange verdunkelter Busse, vollgepfropft mit dumpf-schweigenden Massen italienischer »Tifosi« schlich nach dem Finale durch die nächtlichen Straßen, die noch wenige Stunden zuvor ein großartiges Szenario südländischer Vor- und Lebensfreude geboten hatte.

Da hatten auf denselben Wegen zum Olympiastadion, nur in umgekehrter Richtung, Tausende jubelnder – »Juve, Juve« und »Viva Italia« – sowie fähnchenschwingender Enthusiasten Spalier gestanden. Die Fahrer der buntbehängten Busse sorgten für ein ohrenbetäubendes Hupkonzert und die Insassen legten mit bettlakengroßen Flaggen in Schwarz-Weiß ein eindeutiges Bekenntnis ab. Und nun *grande miseria*, Ende der Fahnenstange. Hinter sich ließ die trostlose Prozession der um den Sieg und das *Finale furioso* einer rauschenden Ball-Nacht Geprellten ein verlassenes Stadion, in dessen Kabinengewölbe ein Dutzend halbnackter Turiner Millionenkicker vergeblich um Fassung rang.

Derweil spendierte der piekfeine Hamburger Vereinspräsident Wolfgang Klein ein paar Kilometer weiter in der Bar des Interconti-Hotels Champagner für alle Anwesenden: Der Hamburger Sport-Verein hatte Juventus Turin 1:0 (1:0) bezwungen und damit erstmals in seiner 96jährigen Geschichte den Europapokal der Landesmeister gewonnen, als zweites bundesdeutsches Team nach dem Dreifach-Sieger Bayern München.

Der hanseatische Triumph ist gewiß auch dem Umstand entsprungen, daß der HSV von vornherein zum krassen Außenseiter gestempelt war. »Das war wirklich einmal angenehm«, befand der kleine Angriffswirbler Jürgen Milewski. »Zum Beispiel war es eine zusätzliche Motivation, als wir gehört haben, daß die Italiener schon ihre Siegesfeier arrangiert hatten.« Und die phantastische Prämie von 115 000 Mark machte ungeahnte Kräfte frei, dummerweise für Agnelli auf der falschen Seite.

Zu Geld und Ruhm kamen in diesem gutklassigen Finale allein die Hamburger, hauptsächlich deshalb, weil sie besser bestückt waren, was Einfälle und Variationsmöglichkeiten betraf. Wenn die Niederlage nur einen Vater hat, der Sieg aber wirklich viele, dann

Happel und der Hamburger SV (1983)

hatten auf jeden Fall Trainer Ernst Happel und Regisseur Felix Magath den größten Anteil an diesem Überraschungs-Coup. Happel, der selbst in der Stunde seines größten Triumphes aussah wie einer, dessen Gesicht durch den ständigen Verzehr von Zitronen auf ewig geprägt ist, hatte seinem Team eine simpel-geniale Taktik auf den Leib geschneidert.

»I hob Juventus zweimal g'sehn«, erzählte der Wiener Griesgram. Das reichte, um exakt den vielleicht einzigen Schwachpunkt des Gegners freizulegen, ein Gemisch aus Mann- und Raumdeckung (Felix Magath: »Nix Halbes und nix Ganzes, genauso wie vor einiger Zeit in unserer Nationalmannschaft.«). Happels Rezept: Man nehme einen wie den Dänen Lars Bastrup, der zwar fast alle Zweikämpfe verlor, aber brav seinen Kontrahenten Claudio Gentile auf die rechte Seite herüberzog. Gentile, das wußte Happel, pflegt seinem Gegenspieler zu folgen, wohin auch immer der sich bewegt. Weil Linksaußen Bastrup diesmal – Gentile im Schlepptau – auf der ungewohnten rechten Seite kickte, hatte Juve plötzlich zwei linke Verteidiger. Dort, wo Manfred Kaltz gewöhnlich seine Offensivattacken reitet, herrschte ziemliches Gedränge. Der Raum war so beengt, daß Cabrini, das Juve-Gegenstück zu Kaltz, nie zu seinen gefürchteten Vorstößen kam. Auf der anderen Seite des Spielfeldes nun fand der HSV reichlich Lücken. Dort stand allein der Mittelfeld-Dynamiker Tardelli herum, den Jürgen Milewski hinreichend beschäftigte. Und die anderen, Magath, Rolff und besonders Bernd Wehmeyer, schwärmten hier ungehindert umher, wie Bienen um den Stock.

Happel, Spielernatur und harter Arbeiter zugleich, hatte wieder einmal den richtigen Dreh gefunden. Manager Günter Netzer bezeichnete ihn nicht umsonst als »Glücksgriff für den deutschen Fußball«. Jener Mann, der das, was Happel im Kopf hatte, an diesem Tag mit den Füßen umsetzte, war Felix Magath, der im reifen Sportleralter von 29 Jahren erstmals auf einer bedeutenden internationalen Bühne die Hauptrolle spielte. Bisweilen zerschnitten seine Pässe die Turiner Abwehr wie ein Messer das weichgekochte Ei. Zwei Bewacher, so Juve-Trainer Trapattoni, habe er auf Magath angesetzt, einen links, einen rechts. Nur an die Mitte, wo der Hamburger immer wieder hindurchlief, hatte er nicht gedacht. Trotz seiner phänomenalen Leistung absolvierte Magath nachher eine Übung, die auch seine hanseatisch-unterkühlten Kollegen perfekt

Happel und der Hamburger SV (1983)

Voll im Griff hatte HSV-Vorstopper Ditmar Jakobs Turins Mittelstürmer Paolo Rossi, den Torschützenkönig der Weltmeisterschaft 1982.

Das entscheidende Duell: Von zwei Spielmachern war der Hamburger Felix Magath (rechts) klar der bessere. Der Franzose Michel Platini kam nicht wie gewohnt zum Zug. Wohl deshalb unterlag Juventus Turin mit 0:1.

beherrschten, sozusagen ein Trockentraining in Bescheidenheit: »Ich wurde von den Italienern kaum beachtet und hatte somit viel Spielraum. Das habe ich halt ausgenutzt.« Und sein fulminantes Tor (9. Minute) in den äußersten, oberen Winkel, bei dem er den ergrauten Nationalspieler Bettega aussteigen ließ wie einen Anfänger? »Ich habe aufs Tor geschossen und glücklicherweise recht gut. Dazu gehört etliches Glück.« Froh war er vor allem deshalb, weil er es seinen Kritikern einmal gezeigt habe, namentlich denen, die an seinen Auftritten in Bundestrainer Jupp Derwalls Auswahl herumgemäkelt hatten. »Ich habe mich selber

für vieles entschädigt, was mir in der Nationalmannschaft nicht gelungen ist.«
Natürlich unterstand dem Chefdirigenten an diesem Tag auch ein glänzend aufgelegtes Orchester, in dem allein Manfred Kaltz, Horst Hrubesch und Bastrup gelegentlich danebengriffen. Die anderen aber spielten ihren Part mit Glanz und Gloria: Wolfgang Rolff deckte Michel Platini völlig zu, Ditmar Jakobs entzauberte Paolo Rossi, dem sie nach seinen WM-Toren die Nase vergoldet hatten, Jürgen Groh wäre bei Bezahlung nach Kilometergeld wohlhabend geworden und Torwart Uli Stein hielt meisterlich. Er, der ebenso gut

siegen wie reden kann, traf mit seiner Analyse genau ins Schwarze: »Wir hatten eine Supermannschaft, die anderen nur Super-Einzelspieler.« Und selbst die waren auf Hamburger Seite besser. Denn was war schon von den Weltmeisterschaftshelden Cabrini, Scirea, Tardelli, Rossi zu sehen gewesen? Nur Claudio Gentile, der den treffenden Beinamen »Schlächter« trägt, fiel auf. Durch einen brutalen Faustschlag gegen Lars Bastrup nämlich, der sich dabei eine doppelte Kieferfraktur zuzog. Uli Stein: »Es gibt einige Italiener, die für ihre Härte eingelocht gehörten. Der Gentile zählt bestimmt dazu.«

In Italien war die Enttäuschung abgrundtief, zu hart kam die Tifosi der jähe Sturz ihrer Lieblinge an. Die Presse giftete in Balkenlettern: »Juventus, du hast uns verraten«. In diesem Sinne äußerte sich auch Trainer Giovanni Trapattoni, dem Happels taktischer Kniff 90 Minuten lang verborgen blieb: »Man hat mich verraten. Auch Platini hatte Leerlauf.« Selbst die griechischen Zeitungen, ursprünglich auf Seiten Juves, hatten für den Verlierer nur Spott übrig. »Die Tanks überrollten die Stars«, schrieb »To fos ton Spor«. »Hamburgs große Mannschaft siegte über die alte Dame. Die Deutschen, eindeutig überlegen, besiegten mit Recht die alternde Juventus. Man kann sogar sagen, daß das 1:0 den Deutschen nicht gerecht wird, denn außer dem einzigen Treffer hatten sie auch andere sichere Torchancen. Die Italiener, verblichene Stars, konnten den rasanten Rhythmus der Gegner nicht stoppen, die eine in Homogenität, Tempo, Kraft und Ausdauer verblüffende Mannschaft bildeten.«

Der HSV hatte zwar nicht gleich den Olymp, aber immerhin Europas Fußballhimmel gestürmt. Und dies hochverdient, auch wenn Schiedsrichter Reinea (Rumänien) bei Steins Eingreifen gegen Platini einen Elfmeter hätte pfeifen können, und Trapattoni seinen Torhüter Dino Zoff den entscheidenden Einschuß ankreidete. Aber damit lag der Trainer völlig daneben, ebenso wie mit seiner Meinung, es sei das schlechteste Spiel des gesamten Wettbewerbs gewesen. Nichts da, die Partie besaß durchaus Klasse, und Zoff hätte schon »eine Mütze gebraucht, um diesen Schuß zu halten« (Happel).

Die HSV-Kicker flippten trotz des einzigartigen Triumphes nicht aus, Genugtuung aber war doch deutlich herauszuhören. Bei Horst Hrubesch zum Beispiel: »Vor zwei Jahren in Madrid, da kamen wir angereist in feschen Anzügen, als haushoher Favorit. Und die

Jeans-Typen aus Nottingham haben dann gewonnen. Aber jetzt, jetzt gehört der Pott dir. Und unten stehen die Millionäre aus Turin als Verlierer.«

Der Gewinn dieses Cups ist sowohl die Verkettung glücklicher Umstände wie die Folge weitsichtiger Planung gewesen. Nach den Zeiten eines Uwe Seelers fiel der Hamburger SV zunächst in die Mittelmäßigkeit zurück. Zu bieder, zu seriös gebärdete sich die Klub-Führung, der Fußball an der Alster wurde schlicht langweilig. Bis 1973 ein kregeler PR-Manager namens Dr. Peter Krohn auftauchte, der den Mitgliedern versprach, die Mannschaft wieder an die Spitze zu führen. Und das tat er mit lautem Tamtam, witzigen Sprüchen, teuren Transfers, komischen Gags. Was ehrbaren hanseatischen Kaufleuten sauer aufstieß, hatte Erfolg: 1977 gewann der HSV den Europacup der Pokalsieger.

Krohn übertrieb das Ballyhoo. Als er den gerade erst verpflichteten Trainer Rudi Gutendorf schaßte, war auch für ihn der Abschied bald gekommen.

Nachfolger als Manager wurde Günter Netzer, auch er ein Glücksfall für die Hamburger. Netzer hatte vor allem bei der Trainersuche einen guten Riecher. Nach Branko Zebec, der Disziplin und Ernst bei der Arbeit schätzte, verpflichtete er Ernst Happel, der zu diesen Merkmalen noch die Liebe zur Offensive pflegte. Happel ist kein Kopfmensch, er hat stets aus dem Bauch heraus gehandelt, und immer richtig. Seine Spieler hassen ihn, aber gleichzeitig mögen sie ihn. Er weiß, wann er die Peitsche zu schwingen hat und wann Streicheleinheiten notwendig sind.

Und Günter Netzer hielt ihm stets den Rücken frei. Der Manger wiederum genießt das volle Vertrauen des Präsidenten Wolfgang Klein, eines jungen, gepflegten Rechtsanwalts, früher Deutscher Meister im Weitsprung. Klein läßt Netzer auf seinen Gebieten schalten und walten, wie er will. »Ich habe keine Ahnung vom Fußball«, hat er einmal gesagt und die Konsequenz daraus gezogen.

Einen Fehler, einen einzigen Fehler jedoch muß sich die HSV-Spitze anlasten. Nach dem größten Erfolg der Vereinsgeschichte verkaufte sie Mittelstürmer Horst Hrubesch an Standard Lüttich, aus kaufmännischen Erwägungen. Damit nahm sie ihrer Mannschaft nicht nur den besten Kopfballspieler der Welt, sondern vor allem das Herz, die Seele des Ganzen. Und das konnte selbst ein so großartiges Team nicht verkraften.

Die englisch-italienischen Schlachten (1984–1985)

Auch der Hamburger Sport-Verein entpuppte sich nur als Eintagsfliege. Hrubeschs Weggang, als geschickter Schachzug gefeiert, erwies sich schnell als Bumerang. Der neue Mittelstürmer Dieter Schatzschneider bekam Probleme mit den bewährten Spielern; auch Linksaußen Wolfram Wuttke war nicht in das Team zu integrieren. Schon bei seinem ersten Auftritt wurde die Zerstrittenheit des Cup-Verteidigers offensichtlich: mit 0:3 Toren setzte es eine empfindliche Niederlage gegen die stark unterschätzten Rumänen von Dinamo Bukarest. Im Rückspiel, vor 45 000 Zuschauern im Volksparkstadion, rissen sich die Hanseaten noch einmal zusammen; nach 62 Minuten hatten sie den Vorsprung durch Treffer von Jakobs (zwei) und von Heesen aufgeholt. Schatzschneider ging bei etlichen Möglichkeiten leer

aus, einmal vergab er kläglich, freistehend vor Torwart Moraru. Die Strafe folgte auf dem Fuß: Dinamo setzte die Lederkugel zweimal in Steins Tor. »Mit Hrubesch wären wir weitergekommen«, moserte Schatzmeister Kallmann über seinen neuen Mittelstürmer. Und das Volk auf den Rängen rief »Hrubesch, Hrubesch!«. Am Ende der Saison gab der HSV Schatzschneider, den umstrittenen Torjäger mit Ladehemmung, frohen Herzens an Schalke 04 ab.

Das Finale 1984 hatten die Organisatoren der UEFA nach Rom vergeben. Ausgerechnet – denn somit hatte der eine Endspiel-Kontrahent, AS Rom, Heimrecht gegen Liverpool, das sich mal wieder im erlauchten Kreis des Fußball-Adels einfand. Was sich in und um die Partie herum abspielte, zeugte jedoch absolut nicht von Noblesse. Die Begegnung war verkrampft, beiden Seiten war der Einsatz zu hoch, um sich ungehemmter Spielfreude hinzugeben. Phil Neal, jener Mann, der sieben Jahre zuvor schon im Finale gegen Borussia Mönchengladbach als Torschütze geglänzt hatte, traf zum 1:0 in der 14. Minute. Stürmer Pruzzo glich nach 43 Minuten per Kopfstoß aus. Danach schoben sich die 22 Kicker wie Schachfiguren über das Spielfeld, nirgends gab es ein Durchkommen im Dschungel der Taktik. Auch eine Verlängerung brachte keinen Sieger. Das Elfmeterschießen, die ungerechteste aller Entscheidungen, mußte Schicksal spielen.

Und so lief der Film ab: Nicol: daneben. – Di Bartolomei: Tor. – Neal: Tor. – Conti: daneben. Souness: Tor. – Righetti: Tor. – Rush: Tor. – Graziani: daneben. – Kennedy: Tor. – Endstand: 5:3 für Liverpool.

Grazianis Fehlschuß hatte den »Reds« einen überaus glücklichen Erfolg beschert, über den sich nicht einmal Coach Joe Fagan so recht freuen mochte: »Es tut mir jede Mannschaft leid, die ein Endspiel durch Elfmeter verliert. Es war nicht Schuld von Romas Unvermögen, sondern unser Verdienst. Es ist uns gelungen, Falcao hinter Gitter zu setzen«. In der Tat wurde AS seiner spielerischen Potenz beraubt, weil der brasilianische Regisseur in seiner Wirkung völlig eingeschränkt war. Pechvogel des Abends aber war Francesco Graziani, der schlampige Schütze. »Die Welt ist über mir zusammengebrochen«, heulte er in der Kabine. »Nur Gott weiß, wieviel Wert ich auf diesen Europacup-Titel gelegt habe. Ich hätte aus eigener Tasche bezahlt, um unseren Tifosi einen Sieg schenken zu können.« Italiens

Presse jammerte nicht weniger. »Roma verhöhnt«, hieß es da. Oder: »120 Minuten Herzklopfen – dann der Schmerz.« Der »Corriere dello Sport« schrieb: »Roma vom Gott des Unglücks verspottet.«

Die enttäuschten Tifosi rächten sich bitter. Liverpools Fans wurden wie Wild durch die nächtlichen Straßen Roms gehetzt. Bei Straßenschlachten wurden 40 Menschen zum Teil schwer verletzt, ein 23jähriger Römer stürzte von einem vollbesetzten Kleinbus auf einen Randstein und war sofort tot.

Durch seinen grausamen Abschluß ist die Europapokal-Saison 1985 zur sportlichen Farce geworden. Um der Chronistenpflicht zu genügen, sei angemerkt, daß der bundesdeutsche Titelträger VfB Stuttgart einen denkbar schlechten Eindruck hinterließ. Gegen Levski/Spartak Sofia, denselben Gegner, der schon im UEFA-Cup-Bewerb des vorigen Jahres zu stark gewesen war, schieden die Schwaben gleich zu Beginn aus. Und damit war der Traum des VfB-Präsidenten Gerhard Mayer-Vorfelder, den VfB zu einer Mannschaft erster europäischer Güte zu formen, auch schon ausgeträumt.

Das Brüsseler Finale war angesichts der tödlichen Krawalle auf den Rängen völlig belanglos. Nur um noch Schlimmeres zu verhüten, ließen die Herren der Europäischen Fußball-Union die Teams von Titelverteidiger FC Liverpool und von Juventus Turin überhaupt auf den Rasen. Durch ein Elfmeter-Tor von Michel Platini gewannen die Italiener den wertlosen Pokal. Ob das Ergebnis manipuliert war, wie man vielfach hören konnte, oder nicht, spielt nicht die geringste Rolle. 38 Tote lassen solchen Spitzfindigkeiten keinen Platz.

Drei große Italiener können einen kleinen Engländer nicht stoppen: Neals Tor für Liverpool gegen AS Rom.

Zwei Kontrahenten, die Kollegen wurden:
1976 trafen Paul Breitner (Nummer 8)
und Karl-Heinz Rummenigge (Nr. 11)
mit verschiedenen Teams aufeinander.
Rummenigges Bayern besiegten Breitners Real Madrid.
Später bildeten die beiden ein gefürchtetes Duo.

Zwei Spiele benötigte der FC Bayern München, um als erste deutsche Mannschaft den Europapokal der Landesmeister zu gewinnen. Nach einem 1:1 bezwangen Beckenbauer und Co. Spaniens Meister Atletico Madrid schließlich mit 4:0. Als Torschütze vom Dienst glänzte wie so oft Gerd Müller (links), der sich selbst gegen drei Spanier klar durchzusetzen wußte. Paul Breitner (unten links im Kopfball-Duell) verrichtete wie gewohnt Schwerstarbeit, während sich Hans-Georg Schwarzenbeck (unten Mitte) in einer ganz neuen Rolle präsentierte: Der Vorstopper erzielte wenige Sekunden vor dem Abpfiff der ersten Partie den Ausgleich und machte somit erst den Triumph der Bayern möglich. Stolz liefen Torhüter Sepp Maier und der ausgezeichnete dänische Verteidiger Johnny Hansen mit dem Pokal die Ehrenrunde (unten rechts). Mit dem Erfolg in Brüssel, wo die Zuschauer eines der hinreißendsten Finals überhaupt sahen, begründeten die Münchner eine dreijährige Herrschaft im Europacup der Landesmeister.

Ihren wohl härtesten und bisweilen brutalen Gegner fanden di
Münchner Bayern in Leeds United, dem Endspielgegner von 1975
Obwohl ständig in die Defensive gedrängt, gewannen die Deutsche
2:0. Das ganz auf Abwehr zugeschnittene Konzept von Traine
Dettmar Cramer war gegen die ungestüm attackierenden Briten vo
aufgegangen. Letztlich war das Resultat nicht einmal unverdient.

Wenig Glück hatte Boruss[ia]
Mönchengladbach im Cup-F[i]
nale von 1977 gegen den F[C]
Liverpool. Nur selten kam e[in]
Borusse einmal an seinem Ko[n]
trahenten vorbei wie Klink[e]
hammer an Hughes (obe[n]
links). Das entscheidende Du
ell verlor Berti Vogts (wei[ße]
Spielkleidung) gegen Kev[in]
Keegan, den er auch dur[ch]
Festklammern nicht halt[e]
konnte. Mönchengladbach u[n]
terlag 1:3. Nach Liverpool ho[l]
te sich Nottingham Forest 19[79]
den begehrten Cup. Trev[or]
Francis, der Schütze des einz[i]
gen Treffers gegen Malmö F[F,]
wählte ihn als außergewöhn[li]
che Kopfbedeckung.

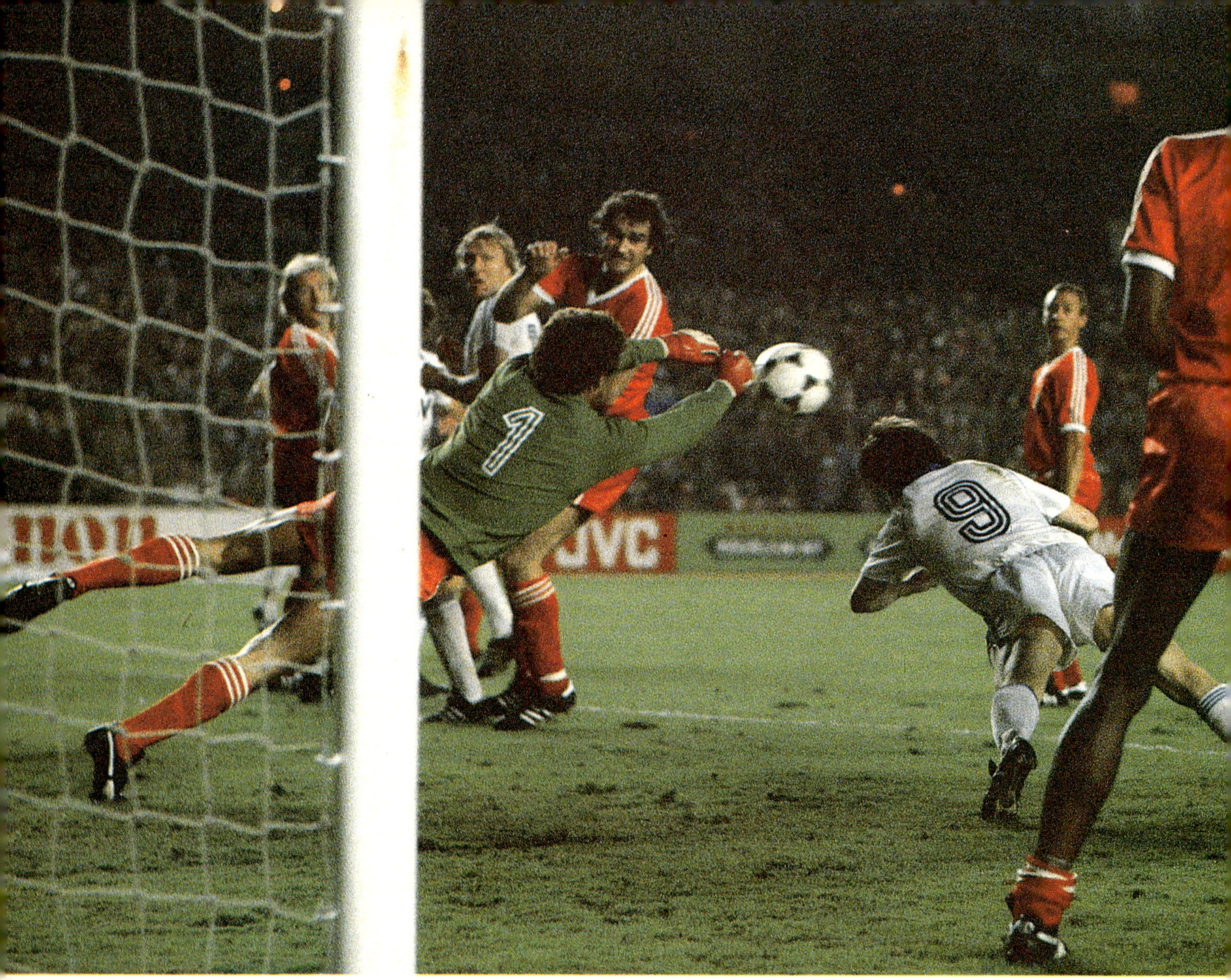
JVC

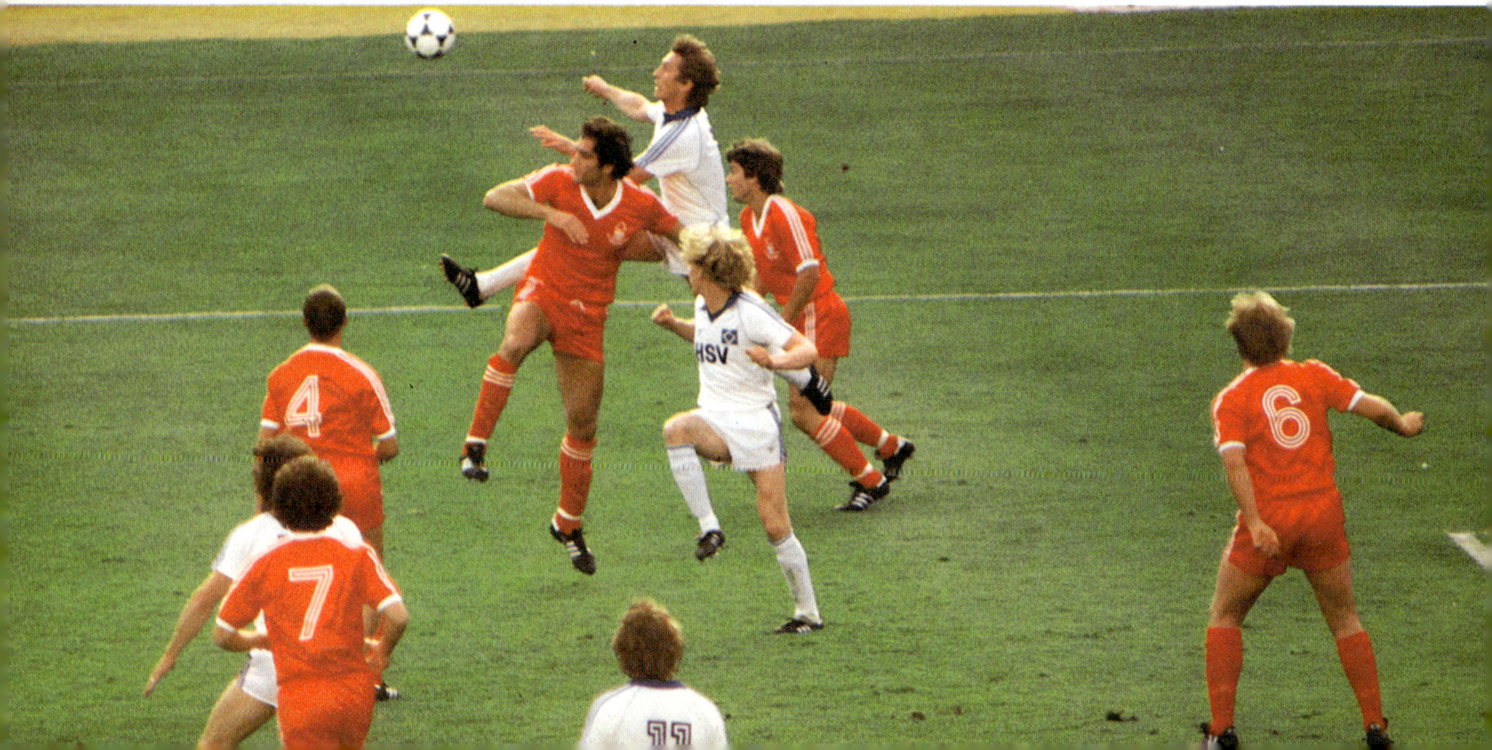
HSV

Als hoher Favorit scheiterte der Hamburger Sport-Verein 1980 an Titelverteidiger Nottingham Forest. Gegen die massierte Abwehr der Engländer (unten) gab es kein Durchkommen. Überragender Spieler war Torwart Shilton, hier bei einer Rettungsaktion gegen Jürgen Milewski.

Ein sogenannter Angstgegner für die Münchner Bayern ist der FC Liverpool. Auch 1981 kamen sie über die englische Hürde nicht hinweg. Der britischen Härte, die in diesem Fall Money an Del'Haye (oben rechts) demonstriert, waren die Deutschen nicht gewachsen, auch wenn Rummenigge (rechts) manchmal gleich drei Gegenspielern entwischte.

Nicht immer äußerte sich britische Siegesfreude so harmlos wie beim Erfolg von Nottingham über Malmö 1979 im Münchner Olympiastadion.

Kopfstände machten Dieter Hoeneß und die Bayern im Endspiel 1982, um Aston Villa zu bezwingen. Trotz großer Überlegenheit zogen die Münchner am Ende den kürzeren.

Nur selten gestattete die Abwehr von Aston Villa dem Bayern-Star Karl-Heinz Rummenigge derartige Freiheiten.

Das Spiel seines Lebens lieferte Felix Magath beim Europapokal-Endspiel 1983 in Athen. Torschütze Magath war von der Turiner Abwehr nie zu bremsen (oben). Manfred Kaltz (unten) machte mit italienischer Rauhbeinigkeit Bekanntschaft, am Ende aber war der Jubel der HSV-Kicker grenzenlos, Hrubesch und Jakobs (rechts) hatten endlich den Cup.

Einmarsch der Gladiatoren
im Schein der Leuchtraketen.
Der Europapokal ist halt in jeder
Beziehung ein Spektakel.

Muse küßt Fußballer,
Fußballer küßt Pokal.
Mit viel Glück,
nämlich im Elfmeter-Schießen,
gewann der FC Liverpool den
Europacup 1984 gegen AS Rom.
Torhüter Grobelaar
hat sich schnell mit dem
Gold-Stück angefreundet.

Das Massaker von Brüssel

Es begann eigentlich wie immer, wenn britische Fan-Horden im europäischen Festland einfallen. Furcht und Schrecken, Tränen und Blut gehören zum Europacup-Alltag bei englischer Beteiligung. So wie 1970 in Mailand, 1972 in Barcelona, 1974 in Rotterdam, 1975 in Paris, 1977 in Luxemburg, 1980 in Turin, 1984 in Wien und Rom, so verbreitete die Invasion von der Insel diesmal in Brüssel den Gestank von Alkohol und Aggression. Passanten wurden niedergeschlagen, Polizisten bedroht, Schaufenster eingeworfen, Läden geplündert, schließlich spielte ja der FC Liverpool im Endspiel der Landesmeister. Und dessen jugendliche Fans sind mächtig stolz auf ihren Ruf, unter den Schlägerklubs einen der brutalsten zu bilden.

Die belgische Polizei unter Innenminister Nothomb hatte sich eine besondere Taktik gegen die rotgewandeten Rowdys einfallen lassen: Ganz im Hintergrund bleiben, nur nicht auffallen, nicht provozieren, die Jungs werden es schon danken, wenn man sie nicht behelligt. Taten sie aber nicht. Randale war angesagt, also gab es auch Randale. Ihre Waffen, Fahnenstangen, Messer, Pistolen, Fahrradketten, Totschläger und Steine gaben sie artig bei den Kontrollen an den Stadiontoren ab. Allerdings nicht an die Ordner, sondern an die nachfolgenden Kollegen. Die warfen das gesamte Arsenal über den Zaun, wo es die ursprünglichen Besitzer wieder auffingen. So einfach ging das.

Daß dieser 29. Mai 1985 als »Todesnacht von Brüssel« in die Europacup-Geschichte einging, kam durch einen absurden Fehler zustande. Die Organisatoren hatten geplant, das Kartenkontingent für Block Z des Heysel-Stadions ausschließlich an belgische Fußballinteressierte zu verkaufen. Die sollten eine Art Puffer zwischen den »feindlichen Lagern« bilden, im Grunde ein kluger Gedanke. Doch auf irgendwelchen dunklen Wegen waren die Tickets an Turiner Tifosi geraten. Im benachbarten Block Y aber hockte die wütende Meute aus England.

Um 19.15 Uhr regneten die ersten Feuerwerksraketen auf die Italiener herab, doch die Ordnungshüter griffen nicht ein. Sie, völlig unterbesetzt und unzureichend ausgerüstet, hatten sich gerade in der entgegengesetzten Ecke des Ovals gesammelt, weil dort ein Scheinangriff der Liverpool-Fans gegen die eigentliche Juve-Kurve erfolgte.

Damit war der Weg frei für die Gewalttäter von Block Y. Sie rissen den kümmerlichen Maschendraht in Stücke und brachen in die Gruppe der nichtsahnenden

Italiener ein wie die Wölfe in die Schafsherde. Die Tifosi gerieten in Panik, versuchten zu fliehen. Unten, nahe am Spielfeldrand, wurde die Welle der Flüchtenden von einer alten, baufälligen Mauer gebrochen. Unter dem Druck der nachdrängenden Massen stürzte das Mäuerchen in sich zusammen, das Chaos nahm seinen Lauf. 39 Menschen wurden zertrampelt, zerquetscht, von Eisenpfosten aufgespießt, totgeschlagen, gesteinigt. Mehr als eine Stunde lang übertrug das Fernsehen die Bilder entfesselter Gewalt in Millionen Haushalte, ein grausames Szenarium irrer Aggressivität, die entsetzliche Live-Studie eines Massakers, Krieg im Stadion.

Mit 90minütiger Verspätung ließ die Europäische Fußball-Union (UEFA) die Partie schließlich anpfeifen. »Um noch Schlimmeres zu verhüten«, wie es durchaus plausibel hieß. Als Michel Platini das 1:0 für Turin erzielte, stapelte sich nur ein paar hundert Meter entfernt ein Leichenberg. Der Fußball hat schon Katastrophen mit noch mehr Toten erlebt, aber noch nie hat ein Millionen-Publikum daheim am TV das qualvolle Sterben von Menschen derart drastisch vor Augen geführt bekommen.

Anderntags zitterte ganz Europa vor Entsetzen, Wut und Rachegedanken. Die UEFA reagierte erwartungsgemäß. Alle englischen Klubs wurden auf unbestimmte Zeit von den Wettbewerben ausgeschlossen, der FC Liverpool muß nach Aufhebung der Sperre noch einmal drei Jahre warten. Die Strafe träfe natürlich Unschuldige, erklärte die UEFA, 39 Tote seien jedoch genug. Ist damit der Gerechtigkeit Genüge getan? Verhindert dieser Bann zukünftige Ausschreitungen? Haben der Fußball im allgemeinen und die UEFA im besonderen damit schon ihre Pflicht getan? Wird das Verdikt gegen die Engländer abschreckende Wirkung haben?

Wohl kaum, denn mit der Aussperrung gewalttätiger Menschen sind die Ursachen der Gewalt noch nicht beseitigt. Wer einen Dieb ins Gefängnis steckt, kann nicht damit rechnen, daß hinfort nicht mehr gestohlen wird. In Brüssel hat die UEFA erkennen müssen, daß ein immer schärferer Strafenkatalog kaum Konsequenzen nach sich zieht. Denn von Jahr zu Jahr erlegte sie den Klubs härtere Bußen auf, von der Geldstrafe bis zum kurzfristigen Bann. Aber Brüssel konnte doch geschehen.

Beispiele aus der Vergangenheit beweisen, daß es an schrecklichen Vorzeichen nicht gefehlt hat. Nur richtig

**Die Szene, die Europas Fußball
für immer veränderte:
Unter einer bröckelnden
Betonmauer wurden flüchtende
italienische Fans begraben.
39 Menschen fanden den Tod.**

**Ein makabres Schauspiel:
Vor den verwüsteten Tribünen
des Heysel-Stadions spielten
zwei Mannschaften
Fußball,
als sei nichts gewesen.
Angeblich nur, um die aufge-
brachten »Massen« zu beruhigen.**

ernst genommen wurden sie nicht. 1972, als die bundesdeutsche Elf, ebenfalls in Brüssel, erstmals den Euro-
pameistertitel gewann, erinnerten sich die Einwohner
der belgischen Hauptstadt schaudernd drei Jahrzehnte
zurück. Auch damals hatten deutsche Heere fahnen-
schwingend, mit festem Gleichschritt und dumpf grö-
lend in den nächtlichen Straßen einen Sieg gefeiert; aus
völlig anderem Anlaß zwar, aber die Angst vor den
singenden Marschierern kam wieder hoch. Doch das
war »nur« ein seelischer Schaden, der den Belgiern
angetan wurde. Anders ging es 1975 in Paris zu, als
Leeds United das Cup-Finale gegen Bayern München
verloren hatte. Die krakelende Anhängerschaft der
Engländer hatte, wohl mehr aus glücklichem Zufall,
keine Toten hinterlassen in der französischen Hauptstadt, aber gebrochene Nasen, blaue Augen, zerstörte
Autos und geplünderte Geschäfte. Diese Schäden sind
schnell repariert worden, die Nasen eingerenkt, Autos
und Ware ersetzt. Ein bißchen Kosmetik, bis zum
nächstenmal. Appelle und Drohungen verpufften stets
wirkungslos. Auch die Politiker hatten keinen Erfolg
mit ihren Maßnahmen. Die Abschreckungsmethoden
der britischen Premierministerin Margaret Thatcher,
die englische Stadien am liebsten zu Polizeifestungen
ausbauen möchte, haben noch keinen Fan zur Besin-
nung gebracht.
Wie auch, denn die Ursachen für die enthemmte
Brutalität liegen tiefer als in einer schlechten Kinder-
stube, wie die »eiserne Lady« gerne glauben möchte.
Die Gewalttätigkeit ist im Sumpf der Großstädte entstanden, in der Hoffnungslosigkeit der seelenlosen
Slums und Vororte, in denen die Jugendlichen ein
monotones, zermürbendes Leben fristen. Hohe
Arbeitslosigkeit ist ein wesentliches Moment der allmählichen inneren Verwahrlosung. In unserer Welt
wird der soziale Status des einzelnen vor allem durch
den Anteil am Arbeitsgeschehen festgelegt. Wer einen
guten Job hat, der gilt etwas, der kann sich auch was

leisten – in doppeltem Sinn. Der Erwerbslose, von staatlicher Zuwendung Abhängige, besitzt keine Möglichkeit, gesellschaftliches Ansehen, seinen persönlichen Platz in der Gesellschaft zu finden. Er ist ein Außenseiter. In einigen Vororten Liverpools herrscht bis zu 90prozentige Jugend-Arbeitslosigkeit, meist über lange Zeiträume, auch eine Folge der rigiden Wirtschaftspolitik der Mrs. Thatcher.

Viele Betroffene sehen einer ausweglosen Zukunft entgegen, ihr ödes Leben spielt sich in einer unfreundlichen Umgebung zwischen Fernseher, Kneipe und Stadion ab. Und nur dort, auf dem Fußballplatz, können sie selbst die Handlungsabläufe bestimmen. Dort beherrschen sie eine Umwelt, die ihnen sonst keine Chance bietet, die eigene Rolle und somit einen Sinn im Leben zu entdecken. Wie unartige Kinder, die sich von den Eltern vernachlässigt fühlen, so richten diese Jugendlichen ihre Aggression gegen eine Gesellschaft, die sich nicht um sie kümmert, die keinerlei Anstalten macht, ihnen aus der verzweifelten Lage zu helfen.

Da geht es den jungen Leuten kaum anders als den Alten, die ebenfalls von der mittleren, der produktiven Generation im Stich gelassen werden. Wie man die einen in Seniorenheime steckt, so beläßt man die anderen im Getto ihrer sozialen Bedeutungslosigkeit. Ernst genommen, beachtet werden sie schließlich nur, wenn sie mit – im wahrsten Sinn des Wortes – schlagenden Argumenten im Stadion Aufmerksamkeit erheischen. Besonders rechtsradikale Gruppen haben sich dies zunutze gemacht. Die englische »National Front«, eine Gruppierung, die gute Kontakte auch zur bundesdeutschen Fan-Szene unterhält, verschafft den Unterprivilegierten schnell ein spezifisches Renommée, innerhalb dieser Gemeinschaft sind sie angesehen und gebraucht. Es ist deshalb auch kein Wunder, daß unter den »Totschlägern« von Brüssel Mitglieder der »National Front« ausgemacht wurden. Der Fußball und seine Bosse fühlen sich nach wie vor nicht verantwortlich, das Rowdytum habe nichts mit dem Sport an sich zu tun, das sei das Problem der Politik. Tatsächlich aber stellt der Fußball immerhin die Bühne bereit, in dem sich das Aggressionspotential bestens entladen kann. Und somit ist der Sport, ob er will oder nicht, mitschuldig. Darüber hinaus tragen die Fußballchefs durchaus ihr Scherflein bei zur Emotionalisierung der Massen. In ihrer Sprache wiederholen sich Begriffe wie »Schlacht« oder »Krieg«, das bloße Spiel wird von außen zusätzlich angeheizt. Die als schicksalhaft apostrophierte Begeg-

nung – Sein oder Nichtsein zum Beispiel im Abstiegskampf – führt zur verstärkten Identifikation des Fans mit der eigenen Partei. Das regt den Kartenverkauf enorm an, und meist gelingt der verbale Trick der Vereinsmanager. Vom Zuschauer jedoch zu verlangen, er solle sich nun mäßigen angesichts des künstlich aufgeputschten Ereignisses, ist ein Widerspruch in sich. Wer Feindbilder in Fußballspiele hineinredet, wer zwecks besserer Vermarktung Emotionen schürt, der steht mit in der Verantwortung.

Gleichwohl hat der Lauf der Lederkugel keinen britischen Fan zum lebensverachtenden Schläger gemacht. Und folglich kann der Fußball auch nicht den Hauptanteil zur Lösung des Problems leisten. Da sind die Politiker gefragt, die durch passive Haltung den Konflikt jedoch erst möglich gemacht haben. Lange Jahre war ihnen der Fußball als Ventil für die Unzufriedenen, Benachteiligten gerade recht, im tristen Grau der englischen Bergarbeiter-Viertel ist er denn auch entstanden. Kräfte, die auf dem Platz und der Tribüne gelassen wurden, konnten sich nicht gegen die Regierenden richten.

Inzwischen lassen die radikalen Anhänger nicht mehr nur Dampf ab, in Brüssel ist der Kessel geplatzt. Die Politiker sind plötzlich erschrocken, Margaret Thatcher war nach der Katastrophe im Heysel-Stadion außer sich »vor Wut und Entsetzen«.

Sie, die sich ihrer Landsleute wegen geschämt hat, stellte 1982 einen explosiven Zusammenhang her, indem sie Falkland-Krieg und Fußball-Weltmeisterschaft in einen Topf warf: »Unsere Fans sollen gute Vertreter unseres Landes sein, genau so wie unsere Streitkräfte im Südatlantik.« So wird der Boden bereitet für das Überschwappen nationaler Gefühle, die in den europäischen Wettbewerben ihre natürliche Tradition besitzen, in blanken Haß gegen Fremde.

Die Strafen der UEFA, die strengen Sicherheitsmaßnahmen in britischen und sonstigen Stadien bleiben nur eine Scheinlösung, ein Herumdoktern an den Symptomen, auch wenn sie möglicherweise notwendig sind, um weiteres Blutvergießen zu vermeiden. Wer die Fußballfans einzäunt, im Polizeigewahrsam zu den Arenen führt, wer sie nur noch mehr isoliert, der verstärkt das Klima der Gewalt und schließt den Kreislauf endgültig: Gewalt erzeugt Gegengewalt, Gegengewalt wieder Gewalt.

Seit Brüssel trägt der Europapokal ein blutiges Gewand. Er wird es kaum jemals ablegen können.

Die Superstars des Europa-Cup

Alfredo di Stefano

Sie nannten ihn Don Alfredo, Herr Alfr[edo].
Nie hätten sie gewagt, ihn einfach Alfre[do]
oder gar Alfredito zu nennen. Alfredo [di]
Stefano saß oben auf seinem Thron, w[eit]
über den anderen, und die Fans respekti[er]-
ten seine Unnahbarkeit. Don Alfredo. K[ei]-
ner, dem das Volk begeistert auf die Sch[ul]-
tern schlug, keiner, der das Bad im Enth[u]-
siasmus der Menge liebte. Der Maestro le[gte]
Wert auf die Distanz, er pflegte die Aura d[er]
Verschlossenheit, und die Anhängersch[aft]
verhielt sich entsprechend.

In seiner Mannschaft, dem fünfmaligen E[u]-
ropacup-Sieger Real Madrid, zeigte sich [das]
noch ausgeprägter. Da war der Blonde [mit]
dem schütteren Haar ein Diktator, nur na[ch]
seiner Pfeife wurde getanzt. Widerspru[ch]
gab es nicht. Oder, wenn doch, dann n[ur]
einmal, das letztemal. Di Stefano dulde[te]
keine fremden Stars neben sich. Große N[a]-
men des Fußballs wie Didi aus Brasilie[n],
Kopa aus Frankreich oder Simonsson a[us]

Schweden mußten gehen, wenn es dem kühlen Superstar gefiel. Selbst ein Fußballer von Weltruf wie der Ungar Ferenc Puskas erkannte die außergewöhnliche Stellung des königlichen Spielmachers an und ordnete sich geflissentlich unter. Zu seinem Nutzen und Frommen.

Für die Fans wie für die Kollegen ist Don Alfredo niemals »einer wie du und ich« gewesen, Zuneigung und Wärme brachte ihm kaum jemand entgegen. Dafür ist er viel zu sehr Fisch gewesen, zu elitär, zu intellektuell. Auch seine Art, Fußball zu spielen, entsprang – bei aller Kreativität und Improvisation – dem Kopf, nicht dem Bauch. Das Spiel hat er beherrscht wie ein Gelehrter seine wissenschaftliche Disziplin, gedanklich und praktisch. »In Vollendung ausgeübt«, dozierte er einmal vor einem Reporter der englischen Zeitung »News of the World«, »ist Fußball eine Kunst – genau wie die Malerei. Und jede echte Kunst befähigt Männer zum Außergewöhnlichen. Sonst hätten Rembrandt und Picasso auch nur ›Landschaft mit Kühen‹ gemalt.« Keine Frage, der Don hat Fußball in Vollendung gespielt, seine Linien und Kreise auf dem Feld waren Kunst.

Di Stefanos Außergewöhnlichkeit lag in seiner Vollkommenheit, sein Arbeitsgebiet war das ganze Karree des Platzes. Er war ein starker Verteidiger, ein brillanter Mittelfeldherrscher, ein überragender Stürmer und Torschütze. »Er war einer der Allerbesten, die je den Fußball getreten haben«, sagte der verstorbene Bundestrainer Sepp Herberger, »er war einer der komplettesten Fußballer, die ich je gesehen habe. Er schuf in der Abwehr Ordnung, war Ankurbler und Spielmacher und schoß auch noch die Tore.«

Doch der Diktator war auch Diener seiner Mannschaft. Wenn es zum Erfolg beitrug, verrichtete er Sklavenarbeit, scheute keinen Zweikampf. Messungen haben ergeben, daß er mehr Kilometer abspulte als irgendeiner seiner Kameraden. Und dieses Perpetuum mobile war getrieben von geradezu brennendem Ehrgeiz. Niederlagen betrachtete er als persönliche Verletzung, der Sieg gab ihm höchstens Genugtuung, Überschwang war seine Sache nicht. Don Alfredo galt als hart und herrisch, wortkarg und unfreundlich, lächeln sah man ihn selten. »Wenn ich auf dem Spielfeld sehr ernst bin, dann deshalb, weil ich dort eine Funktion ausübe. Ich bin Professioneller, genau wie der Künstler in seinem Atelier oder der Schlosser am Schraubstock.«

Sein abweisendes Verhalten wurde ihm insgeheim zum Vorwurf gemacht. Nur, solange di Stefano als Denker und Lenker der vielleicht besten Vereinsmannschaft aller Zeiten galt, hat sich keiner getraut, am Denkmal zu rütteln. Als Real jedoch in der sechsten Europacup-Saison ausgerechnet am spanischen Erzrivalen FC Barcelona scheiterte, gaben die Madrider Zeitungen

Feuer frei. »Nun sollte Don Alfredo erkennen, daß er seinem Verein mehr schadet als nützt. Er könnte sich den Abgang eines wahren Caballero verschaffen, wenn er freiwillig zurückträte«, schrieb eine Zeitung. Das Blatt »Pueblo« ergoß sich in Häme. »Di Stefano hat sein Waterloo bereits hinter sich. Er befindet sich jetzt auf dem Weg nach St. Helena.« Der Vergleich mit Napoleon, so gehässig er auch gemeint war, ist durchaus angebracht. Wie der Korse war auch di Stefano ein genialer Feldherr, seinem strategischen Geschick verdankte Real die Oberherrschaft des europäischen Fußballs. Und mit seiner Kraft ging auch Madrid im Mittelmaß verloren.

Alfredo di Stefano wurde nicht als Sonntagskind des Fußballs geboren, anders als bei vergleichbaren Helden des runden Leders waren ihm die überragenden Fähigkeiten nicht in die Wiege gelegt. Zu Beginn seiner Karriere, bei River Plate in Buenos Aires, wo sein Vater, ein Viehzüchter italienischer Abstammung, schon gekickt hatte, fiel er erst nur durch enorme Schnelligkeit und Torgefährlichkeit auf. »La saeta rubia«, den blonden Pfeil, tauften die Anhänger den jungen Mann, dem es noch an Technik und Übersicht mangelte. Di Stefano war der Erfüllungsgehilfe, der von den Vorlagen der Mannschaftskameraden profitierte, nicht mehr. Vielleicht wären seine wahren Möglichkeiten unentdeckt geblieben, wenn ihn nicht eine Verkettung unglücklicher Umstände aus der argentinischen Heimat verschlagen hätte. 1949 brach dort ein Generalstreik aus, dem sich aus Solidarität auch die Profifußballer anschlossen, denen es nun wahrlich nicht schlecht ging. Weil die Gehälter reduziert wurden, floh di Stefano, wie ein Großteil der argentinischen Cracks, nach Kolumbien, wo clevere Geschäftsleute gerade eine lukrative »wilde Liga« gegründet hatten, die nicht dem Internationalen Verband FIFA unterstand. Bei den »Millonarios de Bogota« wurde aus dem Angriffsspezialisten der Universalspieler di Stefano. Der »Saeta rubia« hatte beobachtet, gelernt und nachgeahmt, unzählige Stunden im Training geackert, um der Größte seiner Zeit zu werden. Und nichts anderes war sein Ziel.

Das verfolgte er mit zäher Beharrlichkeit und größter Disziplin. Nicht umsonst war sein zweiter Spitzname »El Aleman«, der Deutsche, ein Muster an Fleiß, Zuverlässigkeit und Arbeitswillen.

Seine Entwicklung wurde auch im Ausland mit großer Aufmerksamkeit registriert. Der FC Barcelona und Real Madrid stritten sich um ihn, die Katalanen überwiesen den pleite gegangenen »Millonarios« 350000 Mark, Reals Präsident Bernabeu schrieb für River Plate, di Stefanos alten Verein, einen Scheck in Höhe von 300000 Mark aus. Nach den FIFA-Regeln war der blonde Pfeil nämlich noch Angestellter des argentini-

schen Klubs. In den Streit um di Stefano soll sogar Generalissimo Franco eingegriffen haben, entschieden wurde er durch den ersten Trainingstag bei Real. Der Mittelstürmer kam den Beobachtern aus Barcelona zu dick und träge vor, sie verzichteten dankend. Im ersten Meisterschaftsspiel gewann Real gegen Barcelona 5:0, vier Treffer hatte Don Alfredo markiert.

Gewiß sind ihm die Gegebenheiten des spanischen Fußballs damals sehr entgegengekommen. Santiago Bernabeu, dem allmächtigen Real-Präsidenten, war die Überlegenheit des Lokalrivalen Atletico schon lange ein Dorn im Auge. Also setzte er nahezu bedingungslos auf seinen neuen Star, der damit von vornherein alle Insignien der Macht innehatte. Und noch wichtiger war, daß die iberischen Teams in der taktischen Zwangsjacke zu ersticken drohten, weil den Trainern nur daran gelegen war, Niederlagen zu vermeiden statt die Attraktivität des Spiels zu fördern. Alfredo di Stefano als Mann der Offensive löste die Fesseln der schematischen Spielweise, er revolutionierte den Stil von Real geradezu. Auf dem Rasen war er bald mehr als der Dirigent, dessen bester »Paukenschläger« der Ungar Puskas wurde, Don Alfredo wurde zu einer Art Technischer Direktor auf dem Rasen.

Seine Erfolge beweisen, wie ideal er diese Rolle ausfüllte: Di Stefano erzielte in 565 Partien für Real 466 Tore, in den ersten sieben Jahren fehlte er in lächerlichen drei Spielen. Fünfmal war er Europapokalsieger, einmal gewannen die Königlichen den Weltcup. Der Don trat 28mal in der spanischen Nationalmannschaft auf (31 Tore) und siebenmal in der argentinischen Landesauswahl. Zweimal, 1957 und 1959, wählte die Fachpresse ihn zu »Europas Fußballer des Jahres«. 1965 verlängerte Real den Vertrag des fast 39jährigen nicht mehr. Alfredo di Stefano beendete seine Bilderbuch-Karriere ein Jahr später bei Español Barcelona. Anschließend versuchte er sich als Trainer. Trotz gelegentlicher Erfolge – argentinischer Landesmeister mit den Boca Juniors, spanischer Titelträger mit dem FC Valencia – brachte die zweite Karriere dem blonden Pfeil kein Glück. Sein introvertiertes Wesen stand ihm im Weg; das Verhältnis zu den Spielern war stets durch gegenseitiges Mißtrauen belastet. Und sein fiebriger Ehrgeiz stellte zu hohe Anforderungen. Seine Schützlinge sollten mindestens so gut sein wie – logisch – Alfredo di Stefano. Der aber war einmalig auf dem Spielfeld gewesen.

So unwirsch und unterkühlt Don Alfredo sich meist benahm, den Fußball, der ihn zu Reichtum und Ruhm geführt hatte, liebte er beinahe zärtlich. Im Garten seines Madrider Hauses hat er seinen tiefen Dank verewigt. Dort steht ein schlanker Marmorsockel, auf dem ein lorbeerbekränzter Ball ruht. Darunter steht gemeißelt: »Gracias, vieja«, »Dank dir, Alter«.

Eusebio

Zwei Spiele hätten eigentlich ausreichen müssen, um Eusebio Ferreira da Silva, kurz Eusebio, zu einem Mann von Ansehen und Reichtum zu machen. Das erste fand am 2. Mai 1962 in Amsterdam statt; Di Stefanos Real Madrid gegen Eusebios Benfica Lissabon. Es wurde das brillanteste, witzigste, das einzig geniale Europapokal-Endspiel. Die Partie wogte hin und her, Ferenc Puskas, mit Don Alfredos Vorlagen gefüttert, konterte jeweils die Treffer von Aguas, Cavem und Coluna. Beide Teams hatten alles geboten, was Fußballer nur bieten können. Als nichts mehr ging, kam Eusebio. Wie ein Hexenmeister aus seiner afrikanischen Heimat umtanzte er die königlichen Abwehrrecken aus Madrid, wie der Blitz sausten die Bälle in Reals Tor. 5:3 stand es am Ende, und Eusebio war der fassungslose Held, der nicht wußte, wie ihm geschehen war. Rotz und Wasser heulend, ekstatisch, mit Schaum vor dem Mund, brach der gerade 20jährige zusammen. Europas Presse feierte die Sternstunde eines neuen Superstars, Portugals Zeitungen schlugen Salti in ihren Überschriften. Doch hinterher stießen sie ihn wieder zu Boden; der Mensch Eusebio war genau so viel wert, wie die Kraft in seinen Fußballerbeinen. Und kein bißchen mehr.

Nichts anderes geschah 1966 bei der Weltmeisterschaft in England. Portugals stolze Kicker lagen gegen die kleinen, wieseligen Männer aus Nordkorea 0:3 zurück. Eine Blamage nach den glorreichen Erfolgen über Ungarn, Bulgarien und Brasilien. Doch wieder riß Eusebio die Kastanien aus dem Feuer; viermal traf er hintereinander mit Urgewalt, Portugal siegte 5:3. Die »schwarze Perle« wurde WM-Torschützenkönig. Und wieder einmal wurde das alte Lied gesungen: »Eusebio, der größte Spieler dieser Weltmeisterschaft, ist jetzt größer als Pelé«, schrieb der »Sunday Express«. Aber auch diesmal waren die Elogen nur Makulatur. Eusebio ist nie wie Pelé gewesen, Eusebio blieb stets der naive schwarze Junge aus dem afrikanischen Busch.

Der Brasilianer machte in seiner Heimat das große Glück, Bankkonto und soziales Ansehen wuchsen im selben Maß. Pelé war der König, Brasilien sein Reich. Eusebio haben die Herren von Benfica aus Laurenzo Marques geholt – aus der portugiesischen Kolonie Mozambique – für einen Apfel und ein Ei, und sie sorgten dafür, daß der Junge immer ein Fremder blieb, ein Farbiger unter Weißen. Er mochte noch so sensatio-

nelle Tore schießen, seine Hautfarbe hat er nie verloren. Die Benfica-Bosse behandelten Eusebio mehr oder minder als Leibeigenen.

Unter allen Weltstars des Fußballs wurde Eusebio am knickrigsten bezahlt. Gegen das, was Pelé, di Stefano oder Beckenbauer einsackten, ist sein Gehalt nur ein besseres Almosen gewesen. Eusebio hat das gewußt, aber er hat nie wirklich dagegen aufbegehrt, weil die Furcht vor den hellhäutigen Herren immer noch in ihm steckte.

Wenigstens einmal hat er versucht, seine Einkünfte in eine Höhe zu treiben, die seinem Können entsprach. Eine Million Mark Handgeld wollte er haben für einen Dreijahres-Vertrag. Benfica bot 350000 und blieb hart wie Stein. Eusebio dagegen wurde weich und ging auf 700000 Mark herunter. Daraufhin sagten ihm die Bosse mit Eiseskälte, er könne gehen, wohin er nur wolle. Genau das konnte er eben nicht, denn geschickt hatte man Ablösesummen vor ihm aufgetürmt, so hoch wie Gefängnismauern. Also blieb Eusebio und füllte durch sein bloßes Mitwirken die Stadien und die Kassen seines Klubs. Ein Fußball-König, der in seinem eigenen Reich zu dienen hatte. Mit Pelé jedenfalls hat er nicht das geringste gemein.

Auch auf dem Spielfeld wurde das deutlich. Der Brasilianer malte Ornamente und Arabesken auf das Spielfeld, seine Tore waren die feinen Produkte der hohen Fußballkunst, leicht und von unnachahmlicher Eleganz. Eusebio ist die geballte Ladung Kraft gewesen, sein Ausdrucksmittel war die gerade Linie zum Tor, ohne Schnörkel. Florett und schwerer Säbel, so muß die Unterscheidung heißen, wenngleich der Portugiese seine Waffen ebenso grazil und effektiv zu handhaben wußte.

Als Eusebio das miese Spiel um seine Person bemerkte, ließ er Dampf ab, indem er sich dem süßen Leben widmete. Gewehrt hat er sich nicht, und das Dolce vita verbesserte seine Leistungen nicht. Heute ist er ein wohlhabender, aber beileibe kein reicher Mann. Seine Großtaten werden unvergessen bleiben. Er, Eusebio, hat die Herrschaft von Real und di Stefano gebrochen. Deshalb ist er ein ganz Großer des europäischen Fußballs. Sein Reich aber hat er in Afrika, wo er lange nach seinem Rücktritt noch geliebt und geehrt wird. Doch der König lebt ja bei den Weißen im Exil.

Die Superstars des Europa-Cup

**Da geht's lang,
bedeutete Eusebio seinen
Mannschaftskollegen
von Benfica Lissabon.
Der Stürmerstar aus Afrika
garantierte für die
Erfolge seines Klubs und
der portugiesischen Nationalelf.**

Bobby Charlton

In aller Stille, wie das so seine Art war, wollte Bobby Charlton Abschied nehmen. Danke, meine Herren, das war's. Statt dessen haben sie eine Pressekonferenz anberaumt mit unzähligen Reportern, vielen Mikrophonen und Fernsehkameras. Das Spektakel um seine Person hat Robert Bobby Charlton verlegen gemacht. »Pressekonferenzen sind für Premierminister da, nicht für Fußballer«, erklärte er bescheiden. Bedeutendes hat er den Journalisten folglich nicht in ihre Stenoblöcke diktiert. »Dank euch allen«, lautete die Quintessenz aus einem über 20jährigen Fußballerleben.

Bobby Charlton hat genau das repräsentiert, was man gemeinhin den Star ohne Allüren nennt, keineswegs jedoch einen Mann ohne Eigenschaften. »Der beste Fußballer, den es je auf unserer Insel gegeben hat«, wie Billy Wright, mit 105 Länderspielen sein Vorgänger als Rekordnationalspieler, einmal gesagt hat, ist die Inkarnation des berühmten britischen Sportgeistes gewesen, ein Gentleman vom Scheitel bis zur Sohle. In den 17 Jahren seiner Profikarriere hat er ein einziges Mal eine Verwarnung erhalten. Trotz märchenhafter Angebote aus Italien ist ihm in 20 Jahren bei Manchester United nie der Gedanke gekommen, seinen Klub zu verlassen.

Charltons Geschichte ist auch die von Manchester United. Mit 15 entdeckte ihn Matt Busby, der legendäre Manager von Old Trafford, bei einem Schüler-Länderspiel. »Ich wollte immer nur für Manchester United spielen, Mr. Busby«, hat Bobby artig gesagt und einen Diener gemacht. Zuerst aber, so wollte es der Manager, mußte die Mechanikerlehre beendet werden. Schließlich muß der Mensch was gelernt haben.

Daß United Bobby war und Bobby United, das hatte seine Ursache in jenem 6. Februar 1958, als auf dem Münchner Flughafen Riem die Maschine mit der gesamten Mannschaft abstürzte. Acht Spieler starben in den Trümmern, der 20jährige Charlton und einige andere überlebten wie durch ein Wunder. Aus dem schüchternen Bobby wurde ein verantwortungsbewußter, ernster junger Mann. Von da an stellte er sein ganzes Denken und Handeln in den Dienst seines Klubs. Für Busby wurde sein gelehrigster Schüler zu einem zweiten Gehirn: Was Busby dachte, führte Charlton aus. Gemeinsam hatten sie nach der Münchner Tragödie einen Pakt geschlossen, der den Gewinn des Europapokals als unverrückbares Ziel vorsah. Zehn Jahre später stand der Cup in der Glasvitrine in Old Trafford. Bobby war für das 4:1 über Benfica Lissabon mit zwei Treffern und einer brillanten Leistung hauptverantwortlich gewesen.

So zurückhaltend Bobby Charlton im Privaten ist, so allgegenwärtig präsentierte er sich auf dem Platz. Als Busby aus seinem flinken Linksaußen einen zurückhängenden Mittelstürmer mit Spielmacheraufgabe machte, hatte der Mann, dessen wenige, dafür aber langen Haarsträhnen auf dem fast blanken Schädel zu einer Art Markenzeichen wurden, seine Idealrolle gefunden. Keiner schlug Pässe über enorme Entfernungen mit derartiger Präzision; sein Blick für die Anfälligkeiten des Gegners war hochentwickelt und sein gewaltiger Schuß aus dem Hinterhalt gefürchtet. Am wichtigsten aber war Charlton für seine Kollegen bei United und in der englischen Nationalmannschaft als Vorbild, als Integrationsfigur, die ein Team zusammenhält. Geradezu exemplarisch dafür steht das Weltmeisterschaftsspiel gegen die Bundesrepublik bei den Titelkämpfen in Mexiko 1970. 2:0 lagen die Engländer bequem in Führung, der große Regisseur hatte eine wunderbare Vorstellung inszeniert. Wohl um den erschöpften 32jährigen zu schonen, nahm ihn Teamchef Ramsey aus dem Spiel. Mit dem Resultat, daß die englische Einheit zerbröckelte, auseinanderfiel und die Deutschen ein lange verloren geglaubtes Spiel doch noch gewannen. Es war Charltons letzte Partie für England. Ebenfalls gegen die Deutschen hatte Charlton vier Jahre vorher seine bedeutendste Begegnung absolviert. Der Zweikampf mit dem blutjungen Franz Beckenbauer zählt heute noch zu den packendsten Duellen der Fußballgeschichte. Charlton gewann ihn knapp, die Engländer wurden mit 4:2 glücklicher, aber verdienter Sieger.

Den Menschen und Fußballer Bobby Charlton würdigte der britische Journalist James Lawton einmal so: »Mit seinem Können hat Bobby Charlton die Herzen berührt, wo immer Fußball gespielt wird. Sein Spiel war eine berauschende Mischung aus Grazie und Gewalt. Die Bedeutung eines Bobby Charlton übertrifft die bloße Fußballtechnik. Es ist vielmehr Lebensstil und Geisteshaltung, die die bloßen Zweikämpfe, den Streit des Profifußballs übersteigen.« Vermutlich hat Bobby beim Lesen dieser Eloge einen hochroten Kopf bekommen.

Englands Sport hat durch Bobby Charltons Abschied den letzten Garanten einer noch heilen Fußball-Welt verloren. Wie sehr einer wie er auf der Insel vermißt wird, macht eine Karikatur des »Daily Express« deutlich, die nach seinem letzten Spiel – in dem er übrigens Manchester United vor dem Abstieg rettete – erschien. Auf dem Bild blickt ein Elternpaar bekümmert auf den Säugling in der Wiege: »Was für ein Pech für unser Baby. Es wird niemals sagen können, es habe Bobby Charlton fußballspielen sehen«, klagt der Vater. Man kann getrost davon ausgehen, daß Bobby Charlton darüber nur den Kopf geschüttelt hat.

Der Fußball-Weise aus Manchester:
Bobby Charlton, der erfolgreichste, beste und
gewiß auch einer der klügsten Kicker,
die je auf der britischen Insel gespielt haben.
Dynamik, Technik, Schußkraft
und außergewöhnliche Fairneß
zeichneten diesen großen Sportsmann aus.

Johan Cruyff

Damals, 1974, ging es um mehr als Fußball. Das Weltmeisterschaftsendspiel hieß nicht nur Deutschland gegen Holland, dort fand auch die Suche nach dem größten Kicker auf Gottes Erdboden statt, nach dem Superstar. Holland und wahrscheinlich der Rest der Welt identifizierte sich mit »König« Johan, die Deutschen hielten es mit »Kaiser« Franz. Die Sache ging unentschieden aus, Franz Beckenbauer wurde Weltmeister, Johan Cruyff mit überwältigender Mehrheit zum besten Spieler des Turniers gewählt.

Johan Cruyff ist dieses merkwürdige Duell vermutlich egal gewesen. Als Identifikationsfigur hat er ohnehin nicht getaugt, als Vorbild für die Jugend oder so erst recht nicht. Für ihn hat im Grunde nur gezählt, was sich auf dem Bankkonto und weniger was sich in den Köpfen der Leute bewegte. Johan Cruyff ist ein Profi in des Wortes Bedeutung gewesen, eiskalt, wenn man so will, ohne jedes Pathos. Er ist Sportler gewesen, um gutes Geld zu machen, basta.

So hat er's gelernt, von Kindesbeinen an. In Betondorp, einem öden Amsterdamer Vorort, ist klein Johan aufgewachsen, ein bleistiftdünnes Kerlchen, nur Haut und Knochen. Der Vater starb, als Johan gerade zwölf war. Die Mutter mußte das Gemüselädchen verkaufen und arbeiten gehen. Gleich in der Nähe lag das Ajax-Stadion, dort suchte man eine Putzfrau. Also machte Frau Cruyff Küche und Kantine sauber, und Johan wieselte um sie herum. Und besonders gern hielt er sich in den Kabinen auf, wo die Fußballer sich nach dem Training umzogen.

Zwei Dinge trafen nun zusammen: Einmal sah Johan mit eigenen Augen, daß die Mutter ganz schön schuften mußte, um mittags einen gedeckten Tisch präsentieren zu können, und zum anderen bekam er mit, daß die Profis über nichts anderes sprachen als Geld, wovon sie augenscheinlich nicht eben wenig besaßen. Mit 13 ging er von der Schule, Fußball stand schließlich nicht auf dem Stundenplan. Nun blieb nichts anderes übrig, als Profikicker zu werden, denn womit will einer, der keinen Abschluß, keine Ausbildung hat, schon sein Brot verdienen in Betondorp?

Der englische Trainer Vic Buckingham hat das einzigartige Talent erkannt und gefördert. Was bedeutete, daß er den untergewichtigen Knaben an die Kraftmaschine schickte, damit er ein bißchen Muskeln zusetzte. Alles andere nämlich war dem Johan Cruyff in überreichem Maße mitgegeben: Schnelligkeit, Reaktionsvermögen, Ballgefühl, diese ganz spezielle Fußball-Intelligenz, die Geschmeidigkeit der Muskulatur. Das mußte nur noch behutsam reifen, gut Ding will Weile haben. Und Johan wollte 'raus aus dem Arme-Leute-Mief, weg von der Margarine, hin zu fetter Butter. Mit 17 spielte er in der ersten Mannschaft, mit knapp 19 war er Nationalspieler.

Johan Cruyff hat den Fußball im kleinen Holland geprägt wie kaum jemand in irgendeinem anderen Land. Die Niederländer schwammen bis dahin ganz gern in der Zweitklassigkeit herum, ab und zu mal ein Sieg gegen den Nachbarn Belgien, das war doch schon was. Johan wollte mehr, er wollte der beste und der reichste sein. Er zwang die anderen zum Umdenken, trieb die Satten und Zufriedenen mit seinem Hunger nach Aufstieg und Geld an. Ajax Amsterdam wurde dreimal Europapokalsieger der Landesmeister (1971 bis 1973), Hollands Nationalelf 1974 WM-Zweiter.

Auf den ersten Blick ist es gar nicht so leicht zu erkennen gewesen, was Cruyff aus seinen Mannschaften himmelhoch heraushob. Es war wohl die Gesamtheit seiner Fähigkeiten, das perfekte Zusammenspiel aller Talente. Er konnte hart und plaziert schießen wie ein Kunstschütze im Zirkus, hatte die Kondition eines Rennpferdes, spielte das fleißige Lieschen zwischen den Strafräumen und gab Vorlagen, wie mit Lineal und Zirkel entworfen. Seine Kollegen hatten sich unterzuordnen, was sie, wenn auch oft widerwillig, taten. Denn mit Johan war Erfolg da, folglich stimmte der monatliche Scheck, und der ließ einen Neid und Antipathie gegen den Superstar schon mal vergessen. Deshalb fügten sie sich in die Rolle der Wasserträger oder einer Prellwand, die den Ball umgehend dorthin wieder zurückspringen ließ, woher er kam: Von Johan Cruyff, der seine Mitspieler quasi als Bande benutzte, um seine Tore zu erzielen.

Es ist häufig darüber gerätselt worden, welchen Anteil

König Johan am holländischen »Fußballwunder« der Siebziger-Jahre nun tatsächlich hatte. Die Antwort erfolgte spät, nämlich erst, als er Ajax verlassen hatte und 1973 aus finanziellen Gründen nach Barcelona gegangen war. Der dreimalige Europacupsieger schied gleich in der ersten Pokal-Runde aus, während der FC Barcelona vom letzten Tabellenplatz aus an die Spitze raste, um überlegen spanischer Meister zu werden. Dank Johan. Nun hatten die Ajax-Bosse wieder eine ganz normale, biedere Durchschnittself, aber immerhin die Erkenntnis gewonnen, daß Cruyff nicht nur ein sehr guter, sondern ein phänomenaler Spieler war.

Johan Cruyff hat sein Ziel erreicht, er ist reich geworden durch den Fußball. Der FC Barcelona zum Beispiel zahlte ihm ein jährliches Handgeld von 1,85 Millionen Mark, was jedoch nur noch ein Bruchteil dessen war, was der »fliegende Holländer« tatsächlich einsteckte. Denn er warb so ziemlich für alles, wofür einer Reklame machen kann: Für Gebäck, Alkoholika, Unterwäsche, Farbe, Kosmetika und Luxusautos. Regelrecht vermarktet wurde er durch Cor Coster, einen Diamantenhändler, der die glückliche Eigenschaft besitzt, aus Tausendern Millionen machen zu können. Zu Coster übrigens kam Cruyff durch seine Eheschließung. Mit Gattin Danny hat er ein Schätzchen geheiratet, mit Schwiegervater Coster aber einen Schatz. Beide wachten über das wachsende Vermögen wie Kettenhunde über den Bauernhof. Und Cruyff ist geizig gewesen, wie halt Leute, die in der Jugend jeden Pfennig umdrehen mußten. Als ausgesprochen starker Raucher, der pro Tag bis zu zwei Schachteln qualmte, hat er es fertiggebracht, sich seinen Nikotinkonsum zusammenzuschnorren.

1978, mit 31 Jahren, glaubte Johan, genug gegen den Ball getreten und genug für den eigenen Wohlstand getan zu haben. Er könne den Gedanken nicht ertragen, daß seine Gegenspieler über den alten Mann mit dem verblaßten Ruhm spotteten, hat er erklärt. Doch durch den Rückzug ins Private entstand ein gähnendes Loch, das durch nichts auszufüllen war. Ohne das runde Leder rollte nichts mehr richtig in Cruyffs Leben, einen Sinn ergab nur das, was von Kindheit an seine einzige ernsthafte Beschäftigung gewesen war, das Fußballspiel. Also spielte er wieder. Über Cosmos New York, die Los Angeles Aztecs und die zweite spanische Liga kehrte er nach Holland zurück, an die Ursprünge, um sich zum Abschluß seiner großartigen Laufbahn noch einmal zu beweisen. Und genau wie Franz Beckenbauer, der Rivale der alten Tage, kommt auch Johan Cruyff nicht vom Fußball los. Demnächst wird er Teamchef der niederländischen Nationalelf. Vielleicht können König Johan und Kaiser Franz doch noch untereinander ausmachen, wer denn nun der größte Fußballgenius auf Gottes Erdboden ist.

Franz Beckenbauer

Als der beste, erfolgreichste und verdienstvollste Fußballer, der je das Trikot der deutschen Nationalelf trug, seiner Heimat den Rücken kehrte, haben sie ihm Kübel voller Dreck, Spott und Hohn nachgeworfen. Die Zeitungen breiteten genüßlich seine Liaison mit der Pressefotografin Diane Sandmann und die Trennung von Ehefrau Brigitte aus und gruben sich tief in die Berge seiner Steuerschulden ein. Die Person des Franz Beckenbauer wurde ausgeschlachtet bis ins Intimleben, seziert bis auf die Knochen. Selbst seine fußballerische Kompetenz und Größe wurde in Zweifel gezogen. »Beckenbauer ist vergessen«, tönte Hermann Neuberger, der Präsident des Deutschen Fußball-Bundes, der spiele ja nun in den USA, in einer »Operettenliga« und genüge hinfort den gesteigerten Anforderungen der Nationalauswahl nicht mehr.

Die Quittung folgte ein gutes Jahr später, bei der Weltmeisterschaft 1978 in Argentinien. Der kleine Nachbar Österreich kegelte Titelverteidiger Deutschland mit seinem neuen Libero Kaltz aus dem Turnier, die »Schmach von Cordoba« hat man den Absturz einer in sich zerstrittenen, führungslosen DFB-Elf genannt. Erst da, am Ende eines glänzenden Kapitels der bundesdeutschen Fußballgeschichte, dämmerte manchem, daß die beispiellose Erfolgsserie nicht vom Zufall herrührte, sondern von Franz Beckenbauer.

Es muß etwas am deutschen Wesen sein, das Verdrossenheit, Neid, bisweilen sogar Haß gegenüber dem Außergewöhnlichen hervorbringt. Fast überall auf der Welt wird der Star geliebt, meist ohne jede kritische Distanz verehrt. Brasilien lag seinem Pelé zu Füßen, Italien vergötterte Paolo Rossi, die Niederländer bejubelten ihren Johan Cruyff. Die Deutschen aber pfiffen Franz Beckenbauer aus, freuten sich diebisch über die seltenen Eigentore des »Kaisers« und nahmen im Wesentlichen übel, daß da einer das geschafft hat, was jeder gerne schaffen würde. Nämlich dank einer speziellen Begabung einen schwindelregenden Aufstieg zu vollziehen.

Franz Beckenbauer stammt aus dem Stadtteil Giesing, den die Münchner gern ein wenig verächtlich »Glasscherbenviertel« nennen. Dort wuchs er als Sohn eines biederen Postobersekretärs auf, besuchte die Hauptschule und wäre ein ebenso biederer Versicherungsangestellter geworden, wenn ihn Mutter Natur nicht mit einem ungewöhnlichen Geschenk bedacht hätte. Sie gab ihm nämlich eine Sensibilität in beiden Füßen mit, die ihn von all den anderen Buben, die dem Ball nachjagten, von Anfang an gewaltig unterschied. Schon als der Franzl mit 17 in der Ersten Mannschaft der Münchner Bayern mitspielen durfte und knapp zwei Jahre später in der Nationalmannschaft, wurde ihm ausgerechnet seine Begabung zum Vorwurf gemacht. Was er auf dem Spielfeld tat, sah nie nach Arbeit aus, nach harter Maloche, das wirkte stets wie ein sanftes Ineinandergreifen harmonischer Bewegungen, wie eine zufällig dahingeworfene, kunstvolle Zeichnung. Gerade der Künstler aber ist dem Deutschen suspekt, sogar auf dem Fußballrasen. Seinen Uwe Seeler, seinen Berti Vogts, den hat der Fan heiß geliebt, weil das Trikot nach dem Abpfiff vor Dreck stand. Die Seelers und Vogts hatten ihr Eigenheim am Stadtrand mit harter, ehrlicher Arbeit verdient, genauso wie der Wirtschaftswunder-Germane seinen Einbauschrank aus Teakholz, Brüder im Schweiße ihres Angesichts. Mit einem, der sein Pensum scheinbar ohne jede Anstrengung, leichtfüßig und elegant erledigt, mit dem kann ja was nicht stimmen.

»Der geht schon anders«, hat sich der Libero-Kollege Willi Schulz mokiert, der den Prototyp des deutschen Fußballers darstellte: Knorrig, athletisch, krummbeinig, ohne große technische Begabung, aber stets bereit, bis zum Umfallen zu kämpfen. In Schulz' Bemerkung steckten Vorurteil und Mißgunst einer ganzen Nation gegenüber dem Beckenbauer'schen Genies. Und weil dies so war, konnte es Franz keinem recht machen. Folglich hielt der Kaiser auf Distanz zu seinem Volk.

Als er sich bei den Bayreuther Festspielen in Gala-Garderobe neben Politgrößen und Wirtschaftskapitänen zeigte, wurden in unzähligen Artikeln und Leserbriefen die Leisten erwähnt, bei denen der Schuster gefälligst zu bleiben habe. Ein Fußballer hat kurze Hosen zu tragen und keinen Smoking. Sogar als er sich einen Schnauzbart stehen ließ, schrie das Land empört auf. Daß sich die Prominenz aller Couleur darum riß, sich mit seiner Anwesenheit zu schmücken, das wurde ihm verübelt. Nicht der Prominenz. Und daß Beckenbauer es mit Hilfe seines Freundes und Managers Robert Schwan auch noch wagte, sein Vermögen durch rege Werbeaktivitäten zu mehren, wurde als degoutantes Aufsteiger-Verhalten gegeißelt. Selbst auf dem Rasen durfte Franz lange nicht so sein, wie er halt nun mal war. Bei den Münchner Bayern hatte er eine neue

111

Variante des Fußballspiels entworfen. Als Libero, als freier Mann in der Abwehr, übernahm er die Funktion eines Regisseurs für das gesamte Spiel. Bis dato war der Libero einfach nur Abwehrorganisator gewesen, Stabilisator und Zusammenhalt der Deckung. In Deutschland bezeichnete man ihn auch als »Ausputzer«, also einen, der mit Besen und Schaufel den Strafraum sauber hält. Der Aufbau des Spiels begann weiter vorne, im Mittelfeld, damit hatten die Herren aus den hinteren Reihen nichts zu tun. Franz Beckenbauer jedoch begnügte sich nicht damit, den bloßen Toreverhinderer zu mimen, er nahm schon am eigenen Sechzehnmeter-Raum Einfluß auf die Gestaltung und Planung der Gegenoffensive. Als letzter Mann hatte er das ganze Spiel vor sich, naturgemäß also den besten Überblick. Sein sechster Sinn, seine brillante Ballbehandlung und ein Gerd Müller als ideale Anspielstation deckten die Lücken des Gegners schonungslos auf. Der FC Bayern eilte von Meisterschaft zu Meisterschaft.

Nur in der Nationalmannschaft durfte Beckenbauer seine Fähigkeiten nicht entwickeln. Dort hielt Bundestrainer Helmut Schön an seinem Willi Schulz fest, der mit granitener Härte für Ruhe und Ordnung sorgte. Den Franz Beckenbauer schickte Schön ins Fegefeuer des Mittelfeldes, wo sich die Kontrahenten auf den Füßen stehen, gegenseitig verschleißen, wo gekämpft, duelliert und gerannt wird. Beckenbauer hat auch dort eine hervorragende Figur abgegeben, Weltklasse war er allemal, als Libero jedoch schwebte er weit über all den anderen. Es dauerte bis 1971, ehe Schön der Kunstfertigkeit den Vorzug gegenüber solidem Handwerk gab. Ein Jahr später wurde das Nationalteam mit berauschendem Traumfußball Europameister, 1974 Weltmeister. Bei den Titelkämpfen in der Bundesrepublik gab Beckenbauer erstmals zu erkennen, welche starke Persönlichkeit er mit der Zeit geworden war. Nach der 0:1-Niederlage in Hamburg gegen die DDR drohte die Mannschaft zu zerfallen, der Kapitän haute damals mit der Faust auf den Tisch und zog die Kollegen mit zum Cupgewinn. Und er hatte gezeigt, daß er kein träger, fauler Kerl war, wie ihm vorgeworfen wurde, sondern notfalls auch mit dem Knüppel um sich schlagen konnte, wenn das Florett nicht genügte. Kampf, bedingungsloser Einsatz Beckenbauers prägten auch die Europapokalsiege des FC Bayern München. Beim ersten Erfolg über Atletico Madrid besaß das Team noch genügend spielerische Substanz, gegen Leeds United und AS St. Etienne bedurfte es schon der Energieleistungen Franz Beckenbauers.

Im Mai 1977 wechselte der »Gentleman am Ball« nach New York zu Cosmos, auch weil mit den nachlassenden Bayern kein Staat mehr zu machen war. In der Anonymität der Riesenstadt vollzog sich die endgültige Wandlung des Münchner Vorstädters. Hier konnte er sich frei bewegen, ohne auf Schritt und Tritt von einer neugierigen Öffentlichkeit begafft zu werden, nun konnte er Bekanntschaften schließen, mit wem er wollte, ob mit dem russischen Tänzer Nurejew oder dem amerikanischen Außenminister Kissinger. Niemand warf ihm Großmannssucht vor. Und mit Cosmos wurde er dreimal US-Meister.

Als der sportliche Ehrgeiz den inzwischen 35jährigen zurück nach Deutschland, zum Hamburger SV trieb, trat ein selbstbewußter, charmanter Weltmann auf, dem das Gekläffe der Meute nichts mehr anhaben konnte. Selbst die Tatsache, daß sein Comeback aufgrund verschiedener Verletzungen von andauerndem Pech begleitet war, störte seine Souveränität nicht im mindesten. Und auch DFB-Präsident Hermann Neuberger hat dem »Kaiser« Abbitte leisten müssen. Als Bundestrainer Jupp Derwall bei der Europameisterschaft 1984 in Frankreich jämmerlich scheiterte, wurde Franz als Retter in der Not engagiert. Seitdem der Teamchef Beckenbauer heißt, macht Fußball in der Bundesrepublik wieder Spaß. Und sollten die Erfolge auch ein wenig hinter der neuen Euphorie herhinken, Kübel voller Dreck, Hohn und Spott wird dem besten, erfolgreichsten und verdienstvollsten Fußballer des Landes keiner mehr nachzuwerfen wagen.

Das große Geschäf

Es wäre ein Irrtum zu glauben, daß die Gründerväter des Europapokals nette, gütige Opas waren, blauäugi und rauschebärtig, mit den hehren Idealen des völker verbindenden Sports im Kopf. Die Messieurs Hano und Ukrainczyk waren sich durchaus bewußt, daß si mit ihrer Idee auf eine Goldader gestoßen waren Gabriel Hanot, der Chefredakteur von »L'Equipe« versprach sich eine Auflagensteigerung seines Blattes und Spiele-Agent Julius Ukrainczyk machte gute Geld, indem er unter anderen den fünfmaligen Siege Real Madrid für die stolze Summe von 100 000 Mar und mehr für Freundschaftstreffen vermittelte. Au diese Weise schnitten sich schon die Erfinder ei schönes Stückchen aus dem feinen Kuchen.

Von seinen Ur-Tagen an entwickelte sich das Treffe der besten europäischen Teams zu einem Wettbewer der klingenden Kassen. Zunächst jedoch nur in de romanischen Ländern. Real Madrids Schatzmeiste verkündete 1957 stolz den ersten Rekord, 650 000 Mar hatten 135 000 fußballverrückte Spanier berappt, un den englischen Meister Manchester United im Ber nabeu-Stadion verlieren zu sehen. Die bundesdeut schen Vertreter krauchten damals noch im Gestrüp der roten Zahlen herum. Rot-Weiß Essen empfing 195 zur ersten Partie gegen Hibernians Edinburgh gerade 5000 Zuschauer, mehr als die Reisekosten fürs Rück spiel waren da nicht drin. Insgesamt aber durften di Vereinskassierer in der ersten Cup-Saison schon meh als 900 000 Fans freudig begrüßen.

Das sind heute kleine Fische, inzwischen angelt ma kapitale Hechte. Jährlich strömen rund 5,5 Millioner Menschen durch die Stadiontore, der Pokal hat sich längst zu einem expandierenden Groß-Unternehmer auf europäischer Ebene entwickelt. Insgesamt ver zeichnet er nun, einschließlich des Pokalsieger- und UEFA-Wettbewerbs, etwa 120 Millionen zahlende Gäste in seinen 30 Lebensjahren. Einige Klubs hat e reich gemacht. Der FC Bayern München zum Beispie nahm 1984/85 weit über vier Millionen Mark ein.

nit dem Pokal

kuliert waren 1,5 Millionen. Nur der Europacup ngt solchen Klubs die großen Gewinne, womit ederum neue Spieler eingekauft und die Attraktivität r Mannschaft gesteigert werden kann. Für etliche reine des Kontinents ist die Teilnahme ein finanziel- Muß, eine Existenzfrage, denn aus dem Europa- kal schöpfen sie die Mittel, um ihre Schulden zu gen. Nicht umsonst ziehen die Klub-Manager die enze von Wohl und Wehe genau an der Qualifikation das internationale Dabeisein. Wenn die Vereine iftig einsacken, verdienen sich die Spieler in der gel goldene Nasen. Die wachsende Bedeutung des ltinationalen Kräftemessens und der Ehrgeiz profil- chtiger Präsidenten haben die Prämien für die Kicker lweise in astronomische Höhen geschraubt. Gera- zu bescheiden nehmen sich die 70000 Mark aus, die inchens Bayern-Kicker anno 1976 für das siegreiche schneiden in der Meister-Konkurrenz einsteckten. haben andere schon mit ganz anderen Summen um h geschmissen. Fiat-Boß Agnelli versprach 1983 nen Juventus-Balltretern allein für den Endspiel- olg über den Hamburger SV 115000 Mark, ein bscher Lottogewinn bei 50prozentiger Gewinn- ance. Der Vogel wurde jedoch 1971 abgeschossen, sich Panathinaikos Athen, wie behauptet wurde, ins nale gegen Ajax Amsterdam gemogelt hatte. Ungari- e Zeitungen schrieben damals, der Vorstand des terlegenen Semifinal-Gegners Roter Stern Belgrad be 300000 Dollar auf dem Konto vorgefunden, vier ieler des jugoslawischen Teams noch je 15000. ementiert wurde diese ungeheure Behauptung nie, ter Stern verlor jedenfalls nach einem 4:1 das ickspiel passend mit 0:3 Toren. Danach schloß die chistische Regierung der Junta-Generale einen heiligen Bund mit dem Tanker-Milliardär Aristote- Onassis. Beiden Seiten, Obristen und Kapitalisten, r sehr an guter Stimmung im unterdrückten Land egen. Fußballsiege lassen schließlich Freude auf- mmen, Nationalstolz und Wir-Gefühle, lassen Frei-

heitsentzug und Folter ein wenig vergessen. Also griffen die reaktionären Brüder tief in die Tasche. Onassis setzte 350000 Mark aus, die Generale versprachen jedem Kicker ein Eigenheim und eine Leibrente von 1200 Mark. Trotzdem verlor Panathinaikos.

Wo Geld im Spiel ist, viel Geld, da werden Menschen schwach, dort ist der Manipulation Tür und Tor geöffnet. Opfer oder Nutznießer von Bestechungsversuchen waren immer wieder die Schiedsrichter. Der Jugoslawe Tesanic, der 1964 einen Fußtritt des Mailänder Inter-Spielers Suarez in den Unterleib des Dortmunders Kurrat aus ein paar Metern Entfernung glatt übersah, verbrachte wenige Wochen später einen herrlichen Urlaub in Rimini und besaß obendrein plötzlich eine Brillantuhr im Wert von 6000 Mark. Daß die UEFA ihn später sperrte, hat Borussia Dortmund herzlich wenig genützt.

Doch nicht alles, was nach Geld riecht, stinkt auch. Rund um den Europapokal hat sich eine seriöse Industrie angesiedelt. Das Gastgewerbe in den Cup-Städten profitiert, die Reiseunternehmen melden Rekordumsätze. Die Europäische Fußball-Union verlangt ihren Anteil, das Fernsehen füllt beste Sendezeiten für relativ wenig Eigeneinsatz. Die Münchner Bayern erhielten für das letztjährige Schlagertreffen gegen AS Rom 280000 Mark, nicht gerade unmäßig viel, wenn man an die hohen Einschaltquoten denkt. Indirekt natürlich holen sich die Klubs das kleine Manko auf anderem Weg über die TV-Übertragungen herein. Denn nirgends ist die Schleichwerbung schöner anzuschauen als auf dem Bildschirm in Farbe. Dafür spucken die Aufsteller der sogenannten Reiter und ihre Auftraggeber schon hübsche Brocken aus. Die werbenden Firmen wissen sehr wohl, wieviel ihnen der Cup wert ist. Der Europapokal ist längst ein üppiger Markt, auf dem sich viele prima bedienen. Klubs haben sich dort gesund gestoßen, aus Spielern wurden Millionäre. Daß der Fußball oft genug langsamer rollte als Mark, Franken und Pfund, das ist eine ganz andere Sache.

Der Cup der Pokalsieger

Nachdem der Europapokal der Landesmeister von Beginn ein voller Erfolg war, konnte es eigentlich nur eine Frage der Zeit sein, wann sich die Geschäftemacher und Manager des Fußballs einen neuen Schlager einfallen ließen. Sie kamen schnell auf das Naheliegende, neben dem Meister repräsentiert natürlich der Pokalsieger sein Land am eindrucksvollsten. 1959 setzten die Verantwortlichen der UEFA den Plan in die Tat um, zögernd zunächst. Den ersten Wettbewerb um den Cup der Pokalsieger erklärten sie als nicht offiziell, sozusagen als Probedurchlauf. Das ist für den bundesdeutschen Vertreter Borussia Mönchengladbach ein Glück gewesen, denn derartig ist wohl selten eine Mannschaft des Deutschen Fußball-Bundes abgekanzelt worden wie das Team vom Niederrhein. Den international erfahrenen Rangers aus Glasgow unterlag die Borussia daheim noch relativ mild, 0:3, aber im Hampden-Park gingen die Lichter völlig aus: 0:8. Das sozusagen nicht amtliche Finale verloren die Schotten dennoch gegen Florenz. Aber wie gesagt, gezählt hat das alles nicht.

Richtig los ging es erst 1961, und (fast) alle wollten mitmachen. 22 Klubs aus 22 Verbänden meldeten zum ersten Wettbewerb, den Atletico Madrid gegen AC Florenz als erster Verein für sich entschied. Mit diesen Namen waren die Aussichten der neuen Konkurrenz auch schon vorgezeichnet, die Prominenz gab sich auch hier ein Stelldichein, nicht anders als im Landesmeisterpokal. Wie gewöhnlich trabten die Deutschen auch bei den Cupgewinnern erst einmal weit hinter der Musik her. Mitte der Sechziger Jahre jedoch, als sich die Professionalisierung durch die Bundesliga allmählich auswirkte, flogen dem DFB gerade in dieser Konkurrenz erste internationale Erfolge auf Vereinsebene zu. 1965 machte 1860 München als erster Bundesligist Schlagzeilen. In drei mitreißenden Schlachten mit dem AC Turin hatten sich die Münchner »Löwen« unter dem knochenharten Trainer Max Merkel ins Endspiel gegen West Ham United vorgekämpft. 1860 stellte damals das überragende Team in Deutschland. Der jugoslawische Torhüter Petar Radenkovic, den die Münchner nur »Radi« nannten, galt als einer der besten seines Fachs in der Welt, im Mittelfeld trieb der Gewaltschütze Otto Luttrop (»Atom-Otto«) das Spiel an und die Angriffsreihe las sich wie die Aufstellung der Nationalmannschaft: Weil National-Rechtsaußen Fredi Heiß einen Stammplatz besaß, mußte National-Rechtsaußen Berti Kraus meistens zusehen. Peter Grosser, Rudi Brunnenmeier und Hennes Küppers fanden ebenfalls einige Male Verwendung in Helmut Schöns Elite-Auswahl, später nahm der Bundestrainer auch noch Linksaußen Hans Rebele in seinen illustren Kreis auf.

Und trotzdem fuhren die Sechziger mit durchaus gemischten Gefühlen zum Finale nach London ins Wembley-Stadion, weil »keine Mannschaft in England derzeit schöner und sauberer als West Ham« spielte, wie die Zeitung »Daily Mail« schrieb. Auch die Briten waren reich bestückt mit Nationalkickern, Bobby Moore, der im folgenden Jahr England als Kapitän gegen Deutschland zur Weltmeisterschaft führte, war der bekannteste. Nach anhaltender Gegenwehr unterlagen die »Löwen« 0:2, vor allem unglaubliche Reflexe von Radenkovic hielten die Partie lange Zeit offen. Die Kritiken für die Münchner waren höchst ungewöhnlich für einen Verlierer, überall in Europa wurden die Blau-Weißen für Kampfgeist, Spielkunst und Fairness gelobt. »Das Endspiel von Wembley – ein Triumph des Fußballs«, jubelte die Londoner »Times«. Der »Daily Mirror« erhob das Finale zu einem Augenschmaus: »Ganz Europa sah, was Fußball sein kann!«

Tatsächlich hatten Merkel und seine Mannen dem Fußballsport in der Bundesrepublik durch ihr großartiges Auftreten gehörig an Selbstbewußtsein verliehen, die Bundesliga war nun eine feste Größe im internationalen Geschehen. Und der fast schon legendäre Ruf, den der TSV 1860, obwohl inzwischen in die Amateurklasse abgestiegen, auch heute noch genießt, rührt ganz sicher auch aus dieser denkwürdigen Begegnung her. Die UNESCO, eine Unterorganisation der UNO, stiftete eigens eine Fairness-Auszeichnung für die beiden Mannschaften.

1860 aber war nur Vorreiter einer Entwicklung, an deren Ende die Bundesliga als »stärkste Liga der Welt« bezeichnet wurde. Ob zurecht, sei dahingestellt. Im folgenden Jahr preschte Borussia Dortmund im Sog der Münchner ins Finale vor. Erstmals hatten die Westfalen einem englischen Klub auf der Insel das Nachsehen gegeben. Ausgerechnet Cup-Verteidiger West Ham zog in London mit 1:2 Toren den kürzeren, und die englische Presse taufte das brandgefährliche Stürmerduo Held/Emmerich als »Terrible Twins«, »schreckliche Zwillinge«. Mit den Rochaden der beiden, Mittel-

Otto Luttrop, in München »Atom-Otto« genannt, hatte maßgeblichen Anteil am Halbfinal-Erfolg des TSV 1860 über den AC Turin. Sein Elfmeter-Tor (Bild oben) sicherte den 2:0-Sieg im dritten Spiel. Im Finale gegen West Ham United hatten die »Löwen« keine Chance, zweimal überwanden die englischen Angreifer den großartigen Torwart Radenkovic (Nummer 1).

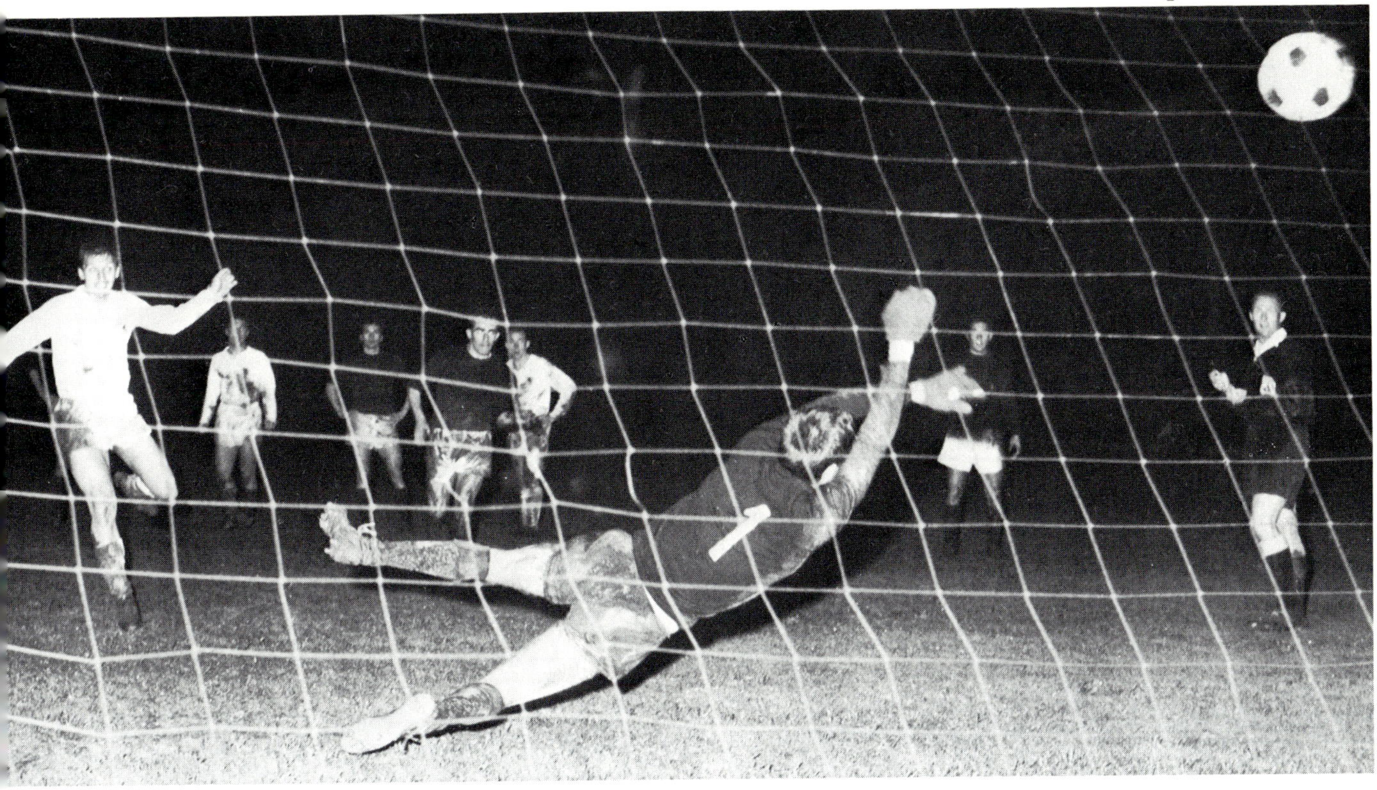

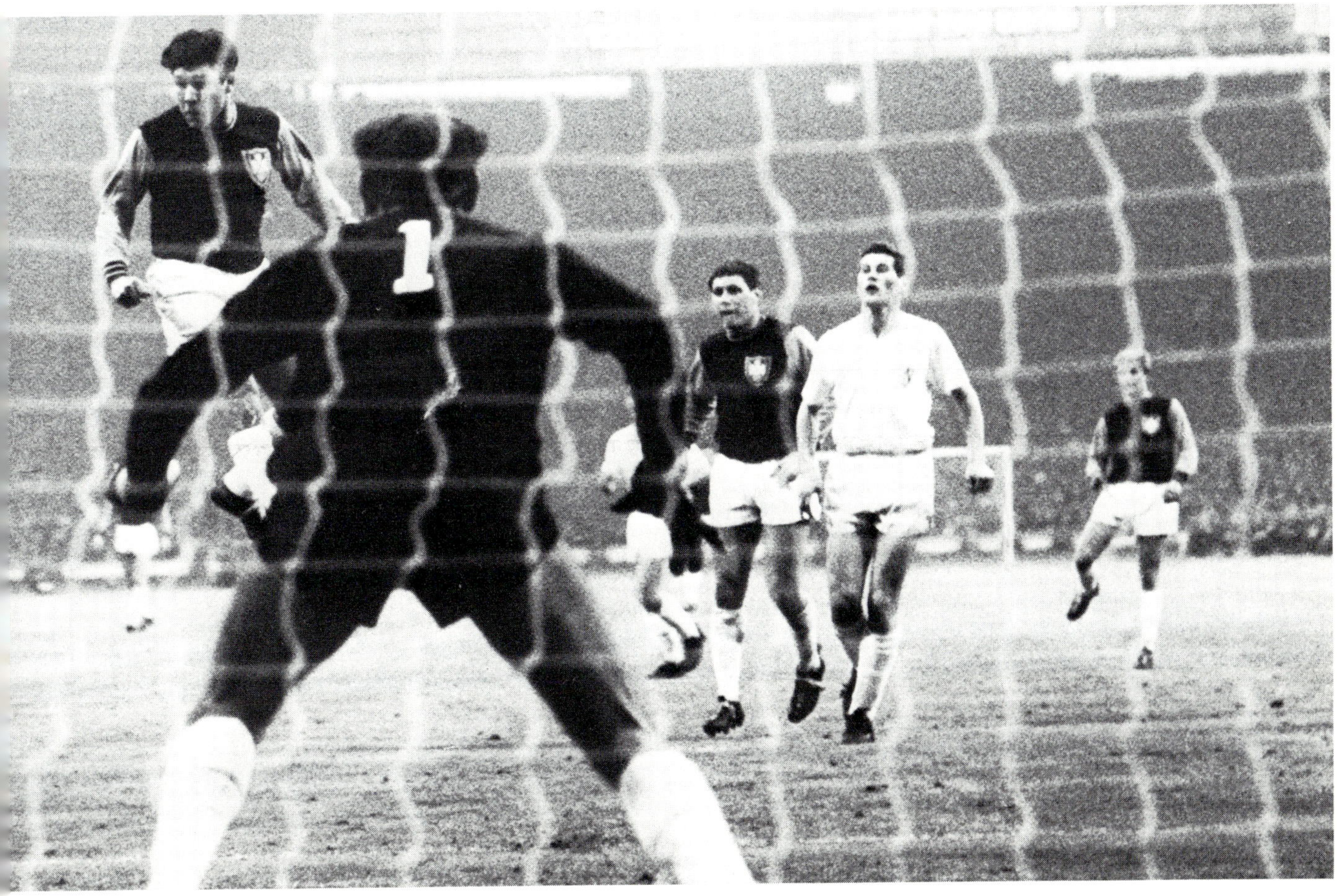

stürmer Sigi Held wich häufig auf die Linksaußenposition aus und bediente Linksaußen Lothar Emmerich in zentraler Angriffsposition, wurden die Briten nicht fertig. Besonders Emmerich, Spitzname »Emma mit der linken Klebe«, verbreitete unter der Gegnerschaft Furcht und Schrecken. Auch im Dortmunder Halbfinal-Rückspiel (3:1) traf der etwas langsam wirkende, technisch keineswegs ausgereifte Emmerich zweimal. Sein »Torriecher« wurde später nur vom Bayern-Serienschützen Gerd Müller übertroffen.

Im Finale gegen den FC Liverpool allerdings ging »Emma« leer aus, für ihn sprang Kompagnon Held ein, der die Borussia in Führung schoß. Der Ausgleich durch Hunt wurde, wie die Fernsehkamera später bewies, nach einer Abseitsposition erzielt. In der Verlängerung schien die konditionelle Überlegenheit des FC Liverpool den Ausschlag zu geben, die Borussen hatten alle Mühe, sich gegen den britischen Ansturm zu behaupten. Für die Entscheidung sorgte schließlich eines der kuriosesten Tore der Europacup-Geschichte. Es geschah in der 107. Minute: Wieder einmal war Held der englischen Abwehr davongerannt, Torhüter Lawrence warf sich dem Dortmunder Mittelstürmer wie dem Ball entgegen, von seinem Körper prallte das Leder in hohem Bogen weit hinüber auf die rechte Spielseite. Dort, in Nähe der Außenlinie, kam Rechtsaußen Reinhold »Stan« Libuda daher und zirkelte die Kugel aus gut 30 Metern auf das Liverpooler Tor, vor dem Held und Lawrence noch ineinander verkeilt lagen. Wie von einer unsichtbaren Hand

Als erster deutscher Europacup-Sieger ging Borussia Dortmund in die Pokalgeschichte ein. Im Finale bezwangen die Westfalen den FC Liverpool 2:1. Kapitän Wolfgang Paul (links oben beim Wimpeltausch mit dem Liverpooler Kollegen Yeats) bewährte sich vor allem in den Kopfball-Duellen mit den starken Briten. Sigi Held (oben rechts) verwirrte Liverpools Deckung mit schnellen Flügelläufen und präzisen Flanken. Trainer Willi (»Fischken«) Multhaup (unten links) wurde samt Mannschaft begeistert empfangen. Die Borussen hatten dem bundesdeutschen Fußball zu seinem ersten Pokal-Erfolgserlebnis verholfen.

Jubelszenen im Hampden-Park von Glasgow: Stolz reckt Stopper Paul die soeben gewonnene Trophäe dem begeisterten Publikum entgegen, das ein hochdramatisches Endspiel erlebt hatte.

gelenkt, senkte sich der Ball, der hoch über die Latte zu fliegen schien, plötzlich nieder ins Tordreieck zwischen Pfosten und Querbalken. Stopper Yeats, der das Schlimmste verhindern wollte, gab der Lederkugel per Kopf den letzten Rest auf dem Weg über die Linie: 2:1, Borussia Dortmund hatte als erster deutscher Klub einen europäischen Pokal gewonnen.

Die Nation, die den Fußball-Abend nahezu geschlossen vor dem Fernseher zugebracht hatte, brach in lauten Jubel aus. Wirtschaftswunder-Deutschland hatte es endlich auch in seiner Lieblingssportart zu etwas gebracht. Im Westfälischen trat die Begeisterung über alle Ufer. Verblüffte Eigenheimbesitzer sahen am nächsten Morgen einigermaßen entsetzt aus der Wäsche. Enthusiastische Borussen-Fans hatten ihrer ungezügelten Freude dadurch Ausdruck gegeben, daß sie den Häusern über Nacht einen Anstrich in den Dortmunder Vereinsfarben Schwarz-Gelb verpaßten.

Und weil's so schön gewesen war, setzten die Bundesliga-Vertreter gleich im folgenden Jahr noch eins drauf. Zwar mußten die Dortmunder diesmal den Glasgow Rangers (1:2, 0:0) schon im Achtelfinale klein beigeben, für sie sprangen jedoch die Münchner Bayern in die Bresche. Mühsam hatte sich die vom jugoslawischen Kugelblitz Tschik Cajkovski trainierte Mannschaft durch den Wettbewerb gezittert. In der Runde der letzten Vier allerdings boten die Mannen um die blutjungen Stars Maier, Beckenbauer und Müller eine Vorstellung von Weltklasse, wie die Experten nach dem 3:1-Erfolg bei Standard Lüttich übereinstimmend meinten. Im Nürnberger Endspiel trafen sie auf die Borussen-Bezwinger aus Glasgow, eine überaus hart und kompromißlos spielende Mannschaft. Dagegen war den Münchnern erst zwei Jahre vorher der Aufstieg in die oberste Liga gelungen, die Himmelsstürmer besaßen mehr Begeisterung als Erfahrung. Franz Roth zum Beispiel, den der Trainer wegen seiner ungeheuren Kräfte »Bulle« nannte, war der C-Klasse noch nicht allzu lange entwachsen. Ausgerechnet er sollte zum spielentscheidenden Mann auf dem Feld werden. Die bewegte Partie brachte beiden Seiten Tormöglichkeiten in reichlicher Fülle, doch bis zum Ende der regulären 90 Minuten stellte sich weder hier noch dort ein Erfolgserlebnis ein. Die Torhüter standen sich in nichts nach, Maier und Martin waren ebenbürtig wie ihre Abwehrreihen. Im Mittelfeld hatten die Schotten leichte Vorteile, dafür sorgten die Steilangriffe der Bayern-Angreifer für etwas mehr Gefahr. Und eine

Ein goldener Schuß war Franz Roths Heber über
Glasgows Tormann Martin hinweg (Bild unten).
Durch diesen Treffer wurden die Münchner Bayern
als Nachfolger von Borussia Dortmund
Europacup-Gewinner der Pokalsieger.

Geteilte Freude ist doppelte Freude:
Bayern-Linksaußen Mucki Brenninger
mit Pokal und Torwart Sepp Maier.

solche Konterattacke bescherte den Münchnern den
1:0-Sieg samt Prämie von 10000 Mark. In der 108.
Minute der Verlängerung flatterte ein Steilpaß Ohlhausers zu Roth, dem »Bullen«, einen Moment lang
zögerte Schlußmann Martin mit dem Herauslaufen,
und in sanftem Bogen segelte der Ball ins Netz. Der
Triumph von Nürnberg kam für das Bayern-Ensemble
im Grunde noch zu früh, den sportlichen Gipfel
erklomm die Mannschaft erst in den siebziger Jahren.
Den Europapokal gaben die Münchner folgerichtig
gleich wieder her, 1968 erwies sich der AC Mailand mit
seinem deutschen Abwehrchef Karl-Heinz Schnellinger als übermächtig, die Bayern verhedderten sich nach
einer 0:2-Niederlage in Italien daheim im Gestrüpp
einer vielbeinigen Abwehrkette (0:0).
Und was die Bayern nicht zuwege brachten, das
schaffte im Rotterdamer Endspiel auch Uwe Seelers
Hamburger Sport-Verein nicht. Zu brav und bieder
kickten die Hanseaten gegen die gerissenen Italiener,

zu deren stärksten Schnellinger gehörte. Mit dem
Namen des »Matchwinners« aber waren für die deutschen Fußball-Anhänger unangenehme Erinnerungen
verbunden: Ziemlich genau zehn Jahre zuvor provozierte der Schwede Kurt Hamrin seinen Gegenspieler
Erich Juskowiak dermaßen, daß sich der Düsseldorfer
zu einem Revanchefoul hinreißen ließ. Mit der Folge,
daß Juskowiak des Feldes verwiesen wurde und die
DFB-Auswahl im Weltmeisterschafts-Halbfinale gegen
die Skandinavier 1:3 verlor. Und eben dieser Hamrin
setzte den Hamburgern diesmal zwei Treffer in die
Maschen des Netzes, Seeler und die Brüder Dörfel aber
kamen nicht zum Zug.
Von da an war es vorbei mit der deutschen Herrlichkeit
im Pokalsieger-Cup, fast zehn Jahre lang tat sich wenig.
Erst 1977 erreichte wieder ein Bundesligist das Finale,
und erneut waren es die Hamburger, die sich gegen
RSC Anderlecht qualifizierten. Der neue HSV mag
eine der seltsamsten Mannschaften gewesen sein, die

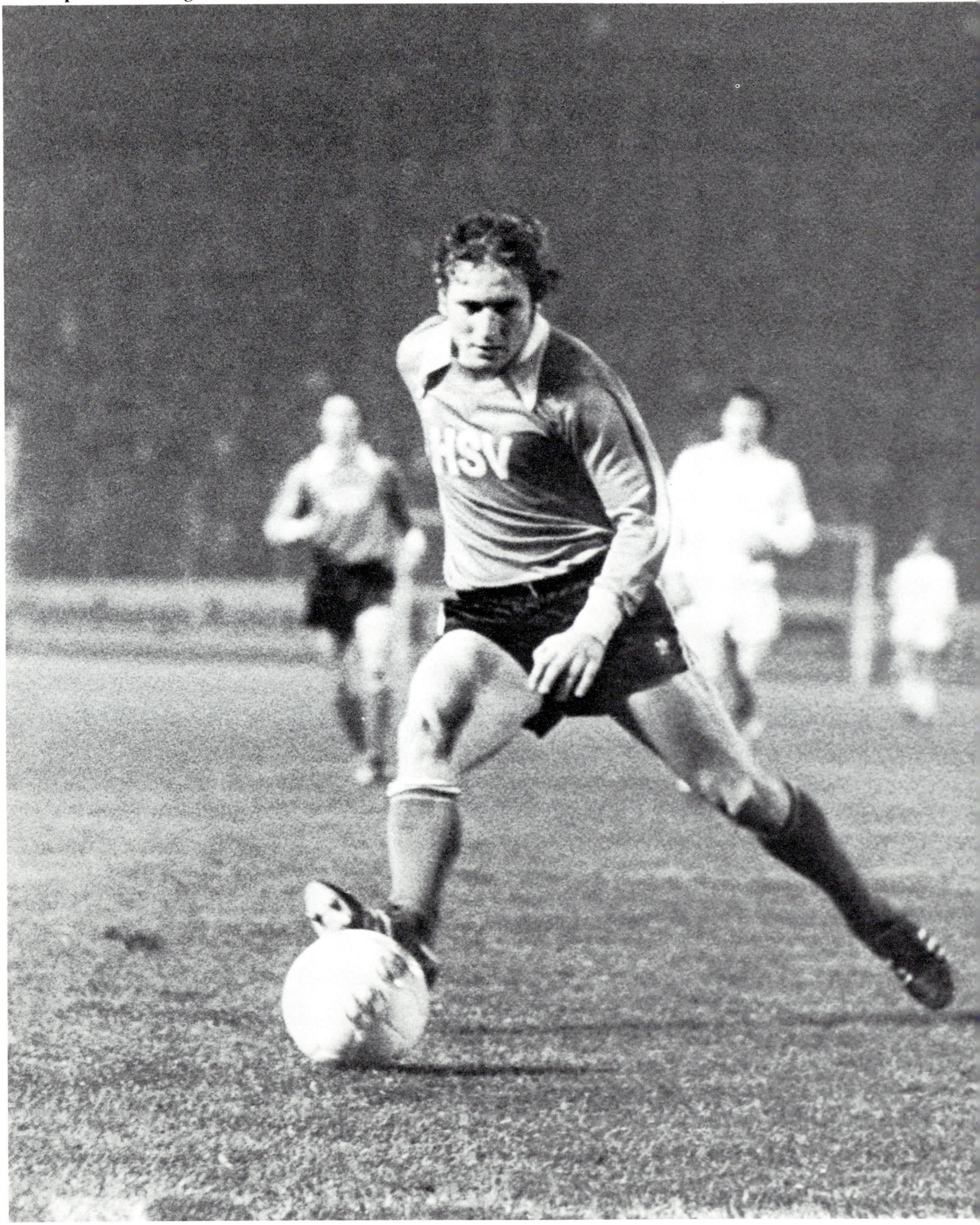
HSV

Die Angst des Schützen vor dem Torwart:
HSV-Mittelstürmer Ferdl Keller
scheiterte an Anderlechts Schlußmann Ruiter.
Später sorgten die Kollegen doch noch für einen 2:0-Erfolg
der Hamburger gegen den belgischen Pokalsieger.

damals zur europäischen Fußball-Creme gehörten. Ihre Motivation bezogen die Spieler aus dem Dauerkrach zwischen Trainer Kuno Klötzer und Manager Peter Krohn. Der solide, artige Klötzer war dem publicity-gierigen Krohn (»Jeden Tag einmal in der Zeitung stehen«) nicht gewachsen. Doch die gesamte Mannschaft, abgesehen natürlich von den Ersatzspielern, stand hinter dem Trainer, vom Manager diktierte Geldstrafen waren an der Tagesordnung für die HSV-Profis. In den Tagen vor dem Finale aber herrschte verdächtige Ruhe. Erst 24 Stunden vor dem Anpfiff klappte es dann doch noch mit der offenbar stimulierenden Auseinandersetzung. Krohn wollte, daß Ripp Vorstopper spielt und Nogly Libero, Klötzer und das Team hatten sich genau umgekehrt entschieden. Froh meldete die »Bild«-Zeitung: »Wunderbar, der Krach ist da.«

In der Tat, der Ärger über Krohn und die Solidarität mit Klötzer setzte enorme Kräfte frei, die Bundesliga-Kicker besaßen größere physische Reserven als ihre belgischen Kontrahenten. Volkerts Elfmeter (80.) nach Foul an Steffenhagen und Magaths Tor in letzter Minute stellten einen hochverdienten HSV-Triumph sicher. Sogar Arie Haan, der niederländische National-spieler in Anderlechts Diensten, erkannte die Überlegenheit der Hamburger an: »Die Kraft der Bundesliga hat uns zermürbt.« Überragender Akteur auf dem Spielfeld war HSV-Linksaußen Georg Volkert gewesen, der für seine brillante Leistung von Bundestrainer Helmut Schön nach neunjähriger Pause wieder in die Nationalelf berufen wurde.

Im kommenden Jahr müssen die Belgier offenbar häufiger an den Hanteln trainiert haben, denn diesmal erwiesen sie sich als stärkere Einheit, der HSV schied durch ein 1:2 und ein 0:0 schon in der Runde der letzten 32 aus.

Eine hübsche Überraschung bereiteten im Cup-Jahr 1979 die Düsseldorfer Fortunen, die stets in den unteren Gefilden der Bundesliga-Tabellen zu suchen waren. Als krasser Außenseiter gestartet, machten die Rheinländer Jagd auf die Favoriten des Pokalsieger-Wettbewerbs. Sogar die kernigen Schotten vom FC Aberdeen drängelten sie aus der Konkurrenz. End-spiel-Gegner FC Barcelona mit seinen ausländischen Stars Neeskens und Krankl schien dann doch eine Nummer zu groß.

Vor der Partie hatte es gewaltigen Wirbel um Mittel-stürmer Hans Krankl gegeben. Der Österreicher war in

Der Mann, der
Fortuna Düsseldorf
Unglück brachte:
Hans Krankl,
Österreicher in Diensten
des FC Barcelona,
schoß zum entscheidenden
vierten Tor ein.

Nur Ergebniskosmetik
war das Anschlußtor
von Wolfgang Seel (rechts),
der sich gegen zwei
Spanier durchsetzte.
Am Ende hieß es 4:3
für Barcelona.

einen schweren Verkehrsunfall verwickelt, bei dem sich
seine Frau Inge lebensgefährliche Verletzungen zuzog.
Krankl, dem man äußerst starke Bindungen zu seiner
Familie nachsagte, stand unter Schockwirkung. Die
Frage, spielt er in Basel oder nicht, beschäftigte Fuß-
ball-Spanien tagelang, bis Inge auf dem Krankenbett
das erlösende Wort sprach: »Spiel!«
Schon nach fünf Minuten lagen die Fortunen in Rückstand, die Abwehr bot den flinken Gegnern zu viele
Blößen. Doch die Düsseldorfer kämpften wie um ihr
Leben, schon kurz darauf erzielten die Brüder Klaus
und Thomas Allofs in Gemeinschaftsarbeit den Ausgleich. Wer der tatsächliche Torschütze war, ist bis
heute ungeklärt. »Wir haben beide das Leder berührt«,
erzählte Klaus anschließend. In der Folge wechselten
sich die Höhepunkte in rasender Geschwindigkeit ab,
beide Teams spielten in Bereichen, die ihnen normalerweise verschlossen waren. Wobei die Düsseldorfer ihr
ganzes kämpferisches Potential auf den Rasen brachten, die Katalanen hingegen etwas eleganter mit dem

Der Cup der Pokalsieger

Pokalsieger von 1979: Prominenteste Akteure beim FC Barcelona waren der Niederländer Johan Neeskens (stehend, dritter von links) und der Österreicher Hans Krankl (kniend, Mitte)

Ball umgingen. In der 81. Minute drehte Fortuna den Düsseldorfern eine lange Nase. Ausgerechnet Gerd Zimmermann, als Vorstopper Krankls Gegner und der härteste Schütze (gemessene 120 km/h) aller Akteure, wurde mit einer Bänderdehnung vom Platz getragen. Zu diesem Zeitpunkt stand es noch ausgeglichen 2:2. Aber von nun an ging's bergab. Rexach traf und schließlich auch Krankl. Wolfgang Seel, der immer noch für den 1. FC Saarbrücken in der Bundesliga kickt, verkürzte mit seinem zweiten Treffer zwar noch auf 3:4, doch zum Unentschieden reichte die Spielzeit nicht mehr aus. In einigen Aspekten, nicht nur das Ergebnis betreffend, erinnerte die Begegnung an die denkwürdige Hitzeschlacht Deutschland–Italien bei der Weltmeisterschaft 1970. So oder so, für die Düsseldorfer war dies der größte Erfolg der Vereinsgeschichte und zugleich der letzte internationale.

Und im Pokalsieger-Cup haben sich die bundesdeutschen Klubs seit jener Baseler Nacht merklich Zurückhaltung auferlegt. Keine Mannschaft hat mehr den Sprung ins Endspiel geschafft. Aber vielleicht hilft demnächst wieder einmal der Zufall, der in dieser Konkurrenz größeren Einfluß hat als in den anderen europäischen Wettbewerben. Wer hier mitmachen darf, bringt nicht, wie die Teilnehmer des Landesmeister-Pokals oder des UEFA-Cups, unbedingt die Empfehlung einer hervorragenden Tabellenplazierung mit sich, sondern hat sich in einem von den Launen des Fußballschicksals geprägten K.-o.-System als Glücklichster erwiesen. Gerade daraus bezieht der Europacup der Pokalsieger seine besondere Spannung. Mit dem Landesmeister-Wettbewerb freilich kann er sich nicht auf eine Stufe stellen. Das wird schon allein daraus ersichtlich, daß die Klubs – im Falle des »Doubles«, also des Gewinns beider Titel – stets den Meister-Pokal vorziehen.

Und manchen Vereinen wäre, wenn sie die Wahl hätten, sogar der UEFA-Cup lieber, weil die Gegner dort meist mehr hermachen, also größere Einnahmen versprechen. So nimmt der Pokalsieger-Cup in der Hierarchie wohl nur den dritten Rang ein. Vielleicht auch deshalb, weil sich in ihm nie überragende Mannschaften über längere Zeiträume festsetzen konnten. Unter den 22 Siegern haben nur drei, AC Mailand, RSC Anderlecht und der FC Barcelona, ihren Triumph wiederholt. Glanzvolle Perioden brillanter Teams mit prägenden Persönlichkeiten hat der Cup der Pokalsieger bis heute nicht vorzuweisen.

Der UEFA-Cup

Auf den Schultern seiner Fans ritt Kevin Keegan, genannt »Mighty mouse«, nach dem UEFA-Cup-Erfolg des FC Liverpool über Borussia Mönchengladbach.

Nicht etwa, weil aller guten Dinge drei sind, hat die Europäische Fußball-Union (UEFA) zu den beiden bereits bestehenden Wettbewerben 1971 einen dritten hinzugenommen. Das heißt, im Grunde bestand ja eine dritte Kraft im kontinentalen Fußballgeschäft; und der »Messepokal« hatte durchaus seine sportlichen und wirtschaftlichen Erfolge vorzuweisen. Zu 1039 Begegnungen waren immerhin genau 18383720 Zuschauer gekommen, also 17694 pro Partie, und schlechter wurde dort auch nicht gekickt. Aber es mangelte irgendwie doch an Attraktivität und Publizität, die Auswahl der teilnehmenden Klubs war wohl einfach zu willkürlich. Außer den Engländern, die große Stücke auf die Auseinandersetzung der Messestädte hielten, möglicherweise weil sie den Pokal viermal hintereinander auf die Insel holten, behandelte ihn ganz Europa stiefmütterlich bis hochnäsig.

Die Idee der UEFA, diesem Mißstand Abhilfe zu schaffen, hatte durchaus etwas Faszinierendes. Allen Klubs, die national zu kurz gekommen waren, die in der Meisterschaft ein wenig Pech gehabt hatten, ein Forum zu bieten, eine Art Trostpreis für entgangene Siegfreuden im eigenen Land auszuschreiben, das war wirklich klug gedacht. Das beachtliche Feld von 64 Startern, doppelt so viele wie bei den Landesmeistern und Pokalsiegern, mit bis zu fünf Mannschaften aus einem Land, garantierte einen besonders guten Überblick über den jeweiligen Leistungsstand, über Spielstile, Systeme und Entwicklungen. Und daß der UEFA-Cup vom ersten Tag an eine erstaunliche Beliebtheit genoß, ist angesichts der großen Namen kein Wunder. Hier gibt sich der europäische Fußball-Adel in der Tat ein Stelldichein. Noch dichter als in den anderen Konkurrenzen ballen sich Europas Spitzenteams.

Deutlich weist die Siegerliste starke Phasen der Landesverbände aus. Die Engländer waren wie gewöhnlich immer vorne mit dabei, die Italiener hatten ihre großen Zeiten, die Holländer und natürlich auch die Deutschen. Die besaßen einen regelrechten UEFA-Cup-Spezialisten, die Borussia aus Mönchengladbach. Viermal in sieben Jahren standen die Kicker vom Niederrhein im Finale, zweimal durften sie den Pokal mit ins Vereinsheim am Bökelberg nehmen.

Zum erstenmal geschah dies 1975, als alle Welt dem Klub den allmählichen, aber unvermeidlichen Niedergang prophezeite. Wie schon andere Stars zuvor, hatte Manager Helmut Grashoff 1973 Günter Netzer, den genialen Spielmacher, verkaufen müssen. Real Madrid

Der UEFA-Cup

Den Anfang vom Ende für Twente Enschede besorgte der Däne Allan Simonsen mit dem 1:0. Simonsen war in den siebziger Jahren einer der besten Fußballer Europas.

zahlte zwar eine ansehnliche Ablösesumme, die den von ständiger Finanznot beengten Gladbachern wieder etwas Luft verschaffte, doch nun stand das Borussen-Ensemble plötzlich ohne Dirigenten da. Natürlich befürchtete das verwöhnte Publikum, statt eines gepflegten Heldenchores plötzlich schrille Dissonanzen zu hören. Aber erstens kommt es anders, und zweitens als man denkt. Zwar schwang niemand mehr mit großer Geste den Taktstock, gewiß. Doch alle, die sich bisher hinter dem breiten Rücken des Meisters versteckt hatten, kamen nun hervor und engagierten sich, dem Auditorium ein schwungvolles Konzert zu bieten. Jupp Heynckes, der Linksaußen und heutige Trainer, schoß Tore wie am Fließband, Herbert Wimmer, bis dahin als Netzers »Wasserträger« geringgeschätzt, entwickelte auf einmal Einfälle en gros, und die beiden Dänen Henning Jensen und Allan Simonsen bildeten ein schreckliches Duo; für den Gegner selbstverständlich. Rainer Bonhof, der Mittelfeld-Kraftbolzen, hatte durch den Gewinn der Weltmeisterschaft mit der Nationalelf erheblich an Selbstvertrauen gewonnen. Und dennoch taten sich die Borussen entsetzlich schwer in der ersten Finalpartie gegen Twente Enschede, die wegen des größeren Fassungsvermögens vom Bökelberg ins Düsseldorfer Rheinstadion verlegt worden war. Die defensiven Niederländer verschleppten das Tempo, was den gewöhnlich flink angreifenden Borussen überhaupt nicht behagte. Am Ende stand die Null-Lösung, keine der beiden Seiten hatte einen Treffer verbucht.

Vor dem Rückspiel hatte Trainer Hennes Weisweiler die Seinen gewarnt. Enschede werde mit Mann und Maus angreifen, sprach der Fußball-Weise, also kühlen Kopf bewahren und bei Gelegenheit schnell kontern. Und so geschah es. Schon nach drei Minuten fetzte Simonsen die Kugel in die Maschen, Heynckes tat es ihm nach neun Minuten nach. Der Rest war die Demonstration jener hohen Fußballschule, die der große Trainer Weisweiler lehrte. Heynckes traf noch zweimal, Simonsen bezwang Twentes deutschen Schlußmann Volkmar Groß erneut – ein wundervoller 5:1-Sieg sprang am Ende heraus. Und es gab nicht wenige Leute, die Mönchengladbach für die beste Mannschaft Europas hielten. Daß die Borussen jedenfalls um einiges stärker spielten als der Gewinner des Landesmeister-Pokals, bedurfte keines Beweises mehr. Denn das war der FC Bayern München gewesen, der in der Bundesliga weit abgeschlagen hinter Meister Gladbach rangierte.

Wie so häufig hatten die Fußballer vom Niederrhein eine tolle Schau geboten, wie so oft aber machte Manager Grashoff hinterher ein langes Gesicht. Denn als er Bilanz zog, blieben aus dem gesamten UEFA-Cup-Bewerb exakt 56000 Mark übrig. Da Grashoff

Vier Mann und keine Chance gegen Jupp Heynckes: Der Serienschütze von Borussia Mönchengladbach war von Twentes Abwehr nicht zu bremsen. Zum 5:1 steuerte der heutige Trainer gleich drei Treffer bei.

jedoch eine Gesamtprämie von rund 200000 Mark zu zahlen hatte, erwies sich die Angelegenheit wieder einmal als schlechtes Geschäft. In diesem Dilemma steckten die Mönchengladbacher Jahr für Jahr fest. Weil das Stadion am Bökelberg nur eine geringe Zuschauerkapazität besitzt, blieb selbst bei Topspielen einfach zu wenig Geld, um eine teure Mannschaft zu unterhalten. Fast in jeder Saison brachten die Borussen einen Kicker der Extraklasse heraus, der mit steigendem Können natürlich auch auf ein höheres Einkommen pochte. Deshalb sah sich Grashoff stets gezwungen, die besten Stücke fast wie im Schlußverkauf auszumustern. Trainer Hennes Weisweiler jedoch war nach dem ersten UEFA-Cup-Triumph einfach deshalb nach Köln gegangen, um einmal eine andere Umgebung zu haben. Er hinterließ seinem Nachfolger Udo Lattek eine einigermaßen intakte Mannschaft, was jedoch nicht lange währte, weil nun die Wanderlust erst

recht begann. Henning Jensen, der Däne, ging nach Spanien zu Real Madrid, Uli Stielike ebenfalls, dann folgte Rainer Bonhof, der sich dem FC Valencia anschloß. Jupp Heynckes, Herbert Wimmer und Jürgen Wittkamp, der Libero, beendeten ihre Laufbahn, das Gesicht der Borussia änderte sich entscheidend. Trotzdem gelang es Lattek über Jahre, das hohe Niveau zu halten. Erst als die Saison 1978/79 anfing, kam es zum Bruch, ausgerechnet durch eine Fraktur des Beins von Kapitän Berti Vogts. Diesen Schlag konnte der Klub nicht verdauen, die Borussia geriet vom Weg des Erfolges ab und heftig ins Schleudern. Allein Allan Simonsen steckte den Spielen bisweilen noch Glanzlichter auf, ansonsten versank die Mannschaft mehr oder minder im Mittelmaß. Auch Ewald Lienen, der nicht nur auf dem Rasen die Linksaußenposition einnahm, sondern auch in der politischen Landschaft und deshalb nicht gut gelitten war im Borussen-Vorstand,

ragte aus dem Einerlei noch heraus. Das reichte nicht, um das einst so glanzvolle Team vor dem allmählichen Verfall zu bewahren, eine Zeitlang schien es sogar, als stünde der freie Fall in die Zweite Liga bevor.

In seiner Ratlosigkeit erinnerte sich Udo Lattek an jenen Mann, der eigentlich nur noch sein eigenes Abschiedsspiel absolvieren wollte. Acht Monate nach der Verletzung, die normalerweise das Ende der Karriere bedeutet hätte, stand Berti Vogts, der »Terrier«, wieder auf seinem Arbeitsplatz, dem Fußballfeld. Und Berti wurde zum Retter der Borussia, zum Messias vom Bökelberg. Als Ausputzer sorgte er für Stabilität in den hinteren Reihen, mit ihm kam der Aufschwung. Denn auch die Stürmer profitierten von der neuen Ruhe, die da Einzug gehalten hatte.

Das Halbfinale des UEFA-Cups erreichte die Borussia als dritte bundesdeutsche Mannschaft, neben dem MSV Duisburg und Hertha BSC Berlin. Während der

Immer wieder Simonsen: Beim Finale gegen Roter Stern Belgrad erzielte der Däne den einzigen Treffer per Elfmeter.

Eine geschlossene Mannschaft mit einem hervorragenden Trainer: Unter Hennes Weisweiler (ganz links) spielten die Mönchengladbacher Borussen frischen Angriffsfußball, der in ganz Europa viele Freunde gewann.

Nationalmannschaft bei der Weltmeisterschaft 1978 bereits die Grenzen gesteckt worden waren, war auf Klub-Ebene deutsch noch die Fußballsprache Nummer eins in Europa. Nach einem 2:2 in Duisburg griff beim Rückspiel erstmals Vogts wieder ein, mit dem Ergebnis, daß die Mönchengladbacher beinahe zu alter Klasse zurückfanden und ein deutliches 4:1 herausschossen. Finalgegner war Roter Stern Belgrad, das sich gegen Hertha nur auf Grund der doppelt zählenden Auswärtstore durchgesetzt hatte. Diesen beiden Partien darf man höchstens statistischen Wert beimessen, ansonsten läßt man sie am besten in der Vergessenheit ruhen. In Belgrad lieferten sich die Teams auf weichem Boden einen müden Kick, der endlich 1:1 ausging, Gores war für die Borussen erfolgreich gewesen. Das Rückspiel war kaum besser anzusehen, ein ungerechtfertigter Elfmeter-Strafstoß brachte nach 17 Minuten durch Simonsen das 1:0, das die Borussia dank der Befreiungsschläge von Berti Vogts bis zum Abpfiff

wacker verteidigte. Der Kapitän behielt auch in der Stunde dieses mühevoll erkämpften zweiten UEFA-Cups die Übersicht: »Daß wir mit dieser Mannschaft Pokalsieger wurden, zeigt doch wohl, wie schlecht es mit dem internationalen Fußball bestellt ist.« Dieser Ansicht hat niemand widersprochen, tatsächlich näherte sich das Niveau allmählich dem Tiefststand. In der allgemeinen Schwäche schnitten zum Abschluß der siebziger Jahre noch die Deutschen am besten ab, was die Breite ihrer Spitzenklubs betraf. Bei den Landesmeistern gaben zwar die Engländer den Ton an, im UEFA-Cup jedoch hatten die DFB-Vereine die Nase vorn. Sie profitierten wohl in erster Linie von ihrer guten Kondition und athletischen Ausbildung, und

Relikte jener spielerischen Fertigkeiten, wie sie die Beckenbauer, Netzer und Overath besaßen, blitzten mitunter noch auf.

Den Beweis, daß Europas Fußball in dieser Zeit in einer Sackgasse steckte, führte die Borussia aus Mönchengladbach im folgenden Jahr, der Europacup-Saison 1979/80. Vogts hatte endgültig seinen Rücktritt erklärt und war DFB-Trainer im Nachwuchsbereich geworden, Allan Simonsen hatte sich wie andere zuvor nach Spanien abgesetzt, und auch Trainer Lattek hatte es nicht mehr am Bökelberg gehalten. Der übrig gebliebene Mannschaftsrest war so farblos wie ein trister Novembernachmittag, eine Elf der Namenlosen, die sich aber immerhin durch Ausgeglichenheit und

Ein rein deutsches Duell brachte der
UEFA-Cup-Wettbeweb 1980. Die Spieler von
Eintracht Frankfurt (dunkle Kleidung) ließen sich von den
Mönchengladbacher Borussen kaum beeindrucken
und gewannen verdient die wertvolle Trophäe.

selten Stürmer Fred Schaub reichte den Frankfurtern zum Gewinn des UEFA-Cups. Bei Torgleichheit zählen bekanntlich die auswärts erzielten Tore doppelt; beim 2:3 in Mönchengladbach hatten die Eintracht-Angreifer immerhin zweimal getroffen. Ein Schuß Tragik mischte sich in die Jubelszenen im Wald-Stadion, als die Kicker sich freudetrunken auf dem Rasen wälzten. Jener Mann nämlich, dem die Eintracht unglaublich viel zu verdanken hatte, stand abseits, allein am Spielfeldrand. Jürgen Grabowski, der Weltmeister von 1974, mußte der ersten und bisher einzigen internationalen Großtat des Klubs, dem er 15 Jahre lang fußballerisch den Stempel aufgedrückt hatte, von der Reservebank zusehen. Ein Bänderriß im Mittelfuß hatte den fast 36jährigen in seinem 441. Bundesligaspiel außer Gefecht gesetzt, Grabowski, der letzte Ballzauberer unter den Fußball-Arbeitern, beendete gezwungenermaßen seine Karriere. Und am Ende mit ihrem Latein waren damit auch die bundesdeutschen Kicker, die fetten Jahre sind bis heute vorbei im UEFA-Pokal. Nur der Hamburger Sport-Verein konnte sich noch einmal ins Endspiel mogeln, das er 1982 gegen die kräftigen Schweden von IFK Göteborg allerdings klar (0:1, 0:3) verlor. Dies war jedoch nur ein kurzes Aufflackern der deutschen Herrlichkeit, die längst Vergangenheit ist. Wie tief der Fußball hierzulande gesunken war, dokumentiert das Datum des 16. März 1983, dem Tag des Viertelfinales in allen drei Wettbewerben. Da flogen bis auf den HSV, den späteren Gewinner des Landesmeister-Pokals, alle DFB-Vertreter raus. Und das große Jammern hub an. »Europa verhöhnt den deutschen Fußball«, war zu lesen. Ernst Happel, der Trainer des Hamburger SV, brachte es auf einen Nenner. »Die große Zeit des deutschen Fußballs ist vorbei.« Gewiß, es gibt keine Borussia aus Mönchengladbach mehr, die den UEFA-Pokal zu einem brillanten Ausstellungsstück im europäischen Fußball erhob. Und auch die dominierenden Persönlichkeiten von gestern vermißt man schmerzlich. Aber immerhin ist Teamchef Franz Beckenbauer dabei, wieder eine Nationalmannschaft zu bilden, von der man mit Respekt spricht. Und eine starke DFB-Auswahl hat stets positive Auswirkungen auf den Leistungsstandard der Klubs und damit das Abschneiden in der sportlichen Auseinandersetzung mit den europäischen Nachbarn gehabt.

inneren Zusammenhalt auszeichnete. Denn sonst hätte sie kaum Inter Mailand aus der Konkurrenz befördern können, Universitatea Craiova ausschalten und schließlich AS St. Etienne stoppen können.

Im Halbfinale erlebte der Europapokal ein absolutes Novum, ein Quartett aus der Bundesliga hatte sich bis hierin durchgespielt: Eintracht Frankfurt, Bayern München, der VfB Stuttgart und eben Mönchengladbach. Nach einem 0:2 bügelte die Eintracht vom Main die Münchner um Breitner und Rummenigge 5:1 nieder, der VfB kam gegen die Borussia (2:1, 0:2) nicht an. Das Endspiel Frankfurt – Mönchengladbach brachte keinen großen Fußball, dafür aber einen ausgesprochen glücklichen Sieger. Ein Treffer durch den eingewech-

**Für eine kleine Sensation
im UEFA-Pokal sorgten die
Fußballer von IFK Göteborg 1982.
Im Hamburger Volksparkstadion
fertigten sie den HSV mit 3:0 Toren ab.
Kapitän Frederiksson setzte
per Elfmeter den Schlußpunkt gegen
Torwart Stein und durfte anschließend
persönlich den Cup in Empfang nehmen.**

Statistik

Ehrentafel – Europapokal der Meister

Saison	Sieger	Finalist	Halbfinalist 1*	Halbfinalist 2**
1955/56	**Real Madrid**	Stade Reims	AC Mailand	Hib. Edinburgh
1956/57	**Real Madrid**	AC Florenz	Manchester United	Roter Stern Belgrad
1957/58	**Real Madrid**	AC Mailand	Vasas Budapest	Manchester United
1958/59	**Real Madrid**	Stade Reims	Atletico Madrid	Young Boys Bern
1959/60	**Real Madrid**	Eintracht Frankfurt	FC Barcelona	Glasgow Rangers
1960/61	**Benfica Lissabon**	FC Barcelona	Rapid Wien	Hamburger SV
1961/62	**Benfica Lissabon**	Real Madrid	Tottenham Hotspur	Standard Lüttich
1962/63	**AC Mailand**	Benfica Lissabon	Dundee United	Feyenoord Rotterdam
1963/64	**Inter Mailand**	Real Madrid	Borussia Dortmund	FC Zürich
1964/65	**Inter Mailand**	Benfica Lissabon	FC Liverpool	Vasas Györ
1965/66	**Real Madrid**	Partizan Belgrad	Inter Mailand	Manchester United
1966/67	**Celtic Glasgow**	Inter Mailand	Dukla Prag	CSKA Sofia
1967/68	**Manchester United**	Benfica Lissabon	Real Madrid	Juventus Turin
1968/69	**AC Mailand**	Ajax Amsterdam	Manchester United	Spartak Trnava
1969/70	**Feyenoord Rotterdam**	Celtic Glasgow	Legia Warschau	Leeds United
1970/71	**Ajax Amsterdam**	Panathinaikos Athen	Atletico Madrid	Roter Stern Belgrad
1971/72	**Ajax Amsterdam**	Inter Mailand	Benfica Lissabon	Celtic Glasgow
1972/73	**Ajax Amsterdam**	Juventus Turin	Real Madrid	Derby County
1973/74	**Bayern München**	Atletico Madrid	Ujpest Budapest	Celtic Glasgow
1974/75	**Bayern München**	Leeds United	AS St. Etienne	FC Barcelona
1975/76	**Bayern München**	AS St. Etienne	Real Madrid	PSV Eindhoven
1976/77	**FC Liverpool**	Bor. M'gladbach	FC Zürich	Dynamo Kiew
1977/78	**FC Liverpool**	FC Brügge	Bor. M'gladbach	Juventus Turin
1978/79	**Nottingham Forest**	Malmö FF	1. FC Köln	Austria Wien
1979/80	**Nottingham Forest**	Hamburger SV	Ajax Amsterdam	Real Madrid
1980/81	**FC Liverpool**	Real Madrid	Bayern München	Inter Mailand
1981/82	**Aston Villa**	Bayern München	RSC Anderlecht	CSKA Sofia
1982/83	**Hamburger SV**	Juventus Turin	San Sebastian	Widzew Lodz
1983/84	**FC Liverpool**	AS Rom	Dynamo Bukarest	Dundee United
1984/85	**Juventus Turin**	FC Liverpool	Girondins Bordeaux	Panathinaikos Athen

* gegen den Sieger ausgeschieden   ** gegen den zweiten Finalisten ausgeschieden

55/56

Erste Runde	Viertelfinale	Halbfinale	Endspiel

Sporting Lissabon 3 2
Partizan Belgrad 3 5

    Hibernian Edinburgh 3 1
    Djurgarden Stockholm 1 0

MTK Budapest 6 4
Anderlecht Brüssel 3 1

        Stade Reims 2 1
        Hibernian Edinburgh 0 0

Servette Genf 0 0
Real Madrid 2 5

    Stade Reims 4 4
    MTK Budapest 2 4

Rotweiß Essen 0 1
Hibernian Edinburgh 4 1

                Real Madrid 4
                Stade Reims 3

Aarhus GF 0 2
Stade Reims 2 2

    Real Madrid 4 0
    Partizan Belgrad 0 3

Rapid Wien 6 0
Philips Eindhoven 1 1

        Real Madrid 4 2
        AC Mailand 2 1

Djurgarden Stockholm 0 4
Gwardia Warschau 0 1

    Rapid Wien 1 2
    AC Mailand 1 7

AC Mailand 3 4
1. FC Saarbrücken 4 1

Real Madrid: Alonso, Atienza, Lesmes, Munoz, Marquitos, Zarraga, Joseito, Marchal, Di Stefano, Rial, Gento. Tore: Rial (2), Di Stefano, Joseito

---

56/57

Erste Runde	Achtelfinale	Viertelfinale	Halbfinale	Endspiel

Borussia Dortmund 4   1 7
Spora Luxemburg 3   2 0

    Manchester United 3 0
    Borussia Dortmund 2 0

Dynamo Bukarest 3   1
Galatasaray Istanbul 1   2

        Roter Stern Belgrad 3 1
        Armeeklub Sofia 1 2

Slovan Bratislava 4   0
Legia Warschau 0   2

    Armeeklub Sofia 8 2
    Dynamo Bukarest 1 3

Anderlecht Brüssel 0   0
Manchester United 2 10

            Roter Stern Belgrad 0 0
            AC Florenz 1 0

Aarhus GF 1   1
OGC Nizza 1   5

    Slovan Bratislava 1 0
    Grashoppers Zürich 0 2

FC Porto 1   2
Atletico Bilbao 2   3

        Real Madrid 3 3
        OGC Nizza 0 2

Armeeklub Sofia
Freilos

    Glasgow Rangers 2 1 1
    OGC Nizza 1 2 3

Grasshoppers Zürich
Freilos

Glasgow Rangers
Freilos

                Real Madrid 2
                AC Florenz 0

Real Madrid
Freilos

    Real Madrid 4 1 2
    Rapid Wien 2 3 0

Rapid Wien
Freilos

        Atletico Bilbao 5 0
        Manchester United 3 3

Rapid Heerlen
Freilos

    Rapid Heerlen 3 0
    Roter Stern Belgrad 4 2

Roter Stern Belgrad
Freilos

            Real Madrid 3 2
            Manchester United 1 2

AC Florenz
Freilos

    AC Florenz 1 1
    IFK Norrköping 1 0

IFK Norrköping
Freilos

        AC Florenz 3 2
        Grashoppers Zürich 1 2

Honved Budapest
Freilos

    Atletico Bilbao 3 3
    Honved Budapest 2 3

Real Madrid: Alonso, Torres, Lesmes, Munoz, Marquitos, Zarraga, Kopa, Mateos, Di Stefano, Rial, Gento. Tore: Di Stefano, Gento

Statistik

57/58

Erste Runde	Achtelfinale	Viertelfinale	Halbfinale	Endspiel
Armeeklub Sofia 2 1				
Vasas Budapest 1 6	FC Antwerpen 1 0			
Glasgow Rangers 3 1	Real Madrid 2 6			
AS St. Etienne 1 2		Manchester United 2 3		
Stade Düdelingen 0 1		Roter Stern Belgrad 1 3		
Roter Stern Belgrad 5 9	IFK Norrköping 2 1			
Aarhus GF 0 3	Roter Stern Belgrad 2 2			
FC Glenavon Belfast 0 0			Real Madrid 4 0	
Gwardia Warschau 3 1 1			Vasas Budapest 0 2	
Wismut Chemnitz 1 3 1*	Wismut Chemnitz 1 0			
FC Sevilla 3 0	Ajax Amsterdam 3 1			
Benfica Lissabon 1 0		Real Madrid 8 2		
Shamrock Rovers Dublin 0 2		FC Sevilla 0 2		
Manchester United 6 3	Manchester United 3 0			
AC Mailand 4 2 4	Dukla Prag 0 1			
Rapid Wien 1 5 2				Real Madrid 3
FC Antwerpen Freilos				AC Mailand 2**
Real Madrid Freilos	Young Boys Bern 1 1			
IFK Norrköping Freilos	Vasas Budapest 1 2			
Ajax Amsterdam Freilos		Ajax Amsterdam 2 0		
Dukla Prag Freilos		Vasas Budapest 2 4		
Young Boys Bern Freilos	Glasgow Rangers 1 0			
Borussia Dortmund Freilos	AC Mailand 4 2			
Steaua Bukarest Freilos			Manchester United 2 0	
			AC Mailand 1 4	
	Borussia Dortmund 4 1 3			
	Steaua Bukarest 2 3 1			
		Borussia Dortmund 1 1		
		AC Mailand 1 4		
	FC Sevilla 4 0			
	Aarhus GF 0 2			

Real Madrid: Alonso, Atienza, Lesmes, Santisteban, Santamaria, Zarraga, Kopa, Joseito, Di Stefano, Rial, Gento. Tore: Di Stefano, Rial, Gento
* Sieger durch Losentscheid. ** n. V.

58/59

Erste Runde	Achtelfinale	Viertelfinale	Halbfinale	Endspiel
Kopenhagen BK 3 2 1				
FC Schalke 04 0 5 3	Sporting Lissabon 2 0			
Standard Lüttich 5 1	Standard Lüttich 3 3			
Midlothian Edinburgh 1 2		Standard Lüttich 2 0		
Jeunesse Esch 1 1 1		Stade Reims 0 3		
Göteborg IFK 2 0 5	Atletico Madrid 2 0 3			
Atletico Madrid 8 5	Armeeklub Sofia 1 1 1			
Drumcondra Dublin 0 1			Young Boys Bern 1 0	
FC Newtonards 1 2			Stade Reims 0 3	
Stade Reims 4 6	MTK Budapest 1 1			
Wismut Chemnitz 4 0 4	Young Boys Bern 2 4			
Petrolul Ploesti 2 2 0		Atletico Madrid 3 1		
Polonia Beuthen 0 0		FC Schalke 04 0 1		
MTK Budapest 3 3	Wiener Sport-Klub 3 0			
Juventus Turin 3 0	Dukla Prag 1 1			
Wiener Sport-Klub 1 7				Real Madrid 2
DOS Utrecht 3 1				Stade Reims 0
Sporting Lissabon 4 2	Göteborg IFK 2 0			
Dynamo Zagreb 2 1	Wismut Chemnitz 2 4			
Dukla Prag 2 2		Wiener Sport-Klub 0 1		
Olympiakos Piräus*		Real Madrid 0 7		
Besiktas Istanbul	Wolverh. Wanderers 2 1			
Armeeklub Sofia Freilos	FC Schalke 04 2 2			
Young Boys Bern Freilos			Real Madrid 2 0 2	
Wolverh. Wanderers Freilos			Atletico Madrid 1 1 1	
Palloseura Helsinki Freilos	Stade Reims 4 0			
Real Madrid Freilos	Palloseura Helsinki 0 3			
		Young Boys Bern 2 0 2		
		Wismut Chemnitz 2 0 1		
	Real Madrid 2 1			
	Besiktas Istanbul 0 1			

Real Madrid: Dominques, Marquitos, Zarraga, Santisteban, Santamaria, Ruiz, Kopa, Mateos, Di Stefano, Rial, Gento. Tore: Mateos, Di Stefano
* Verzicht

59/60

Erste Runde	Achtelfinale	Viertelfinale	Halbfinale	Endspiel

```
OGC Nizza          3 1
Shamrock Rovers Dublin 2 1
                              Odense BK 09   0 2
                              Wiener Sport-Klub 3 2
Armeeklub Sofia    2 2
FC Barcelona       2 6                            OGC Nizza    3 0
                                                 Real Madrid  2 4
Wiener Sport-Klub  0 2
Petrolul Ploesti   0 1
                              Real Madrid    7 5
Jeunesse Esch      5 1        Jeunesse Esch  0 2
LKS Lodz           0 2                                                Eintracht Frankfurt 6 6
                                                                     Glasgow Rangers     1 3
FC Linfield Belfast 2 1
Göteborg IFK        1 6       Sparta Rotterdam 3 1 3
Roter Stern Bratislava 2 2   Göteborg IFK     1 3 1
FC Porto            1 0                           FC Barcelona      4 5
                                                 Wolverh. Wanderers 0 2
Olympiakos Piräus  2 1
AC Mailand         2 3
                              Young Boys Bern     1 1
Fenerbahce Istanbul 1 3       Eintracht Frankfurt 4 1
Czepel Budapest    1 2                                                            Real Madrid          7
                                                                                 Eintracht Frankfurt  3
Glasgow Rangers    5 2
Anderlecht Brüssel 2 0
                              AC Mailand    0 1
Vorwärts Ost-Berlin 2 0       FC Barcelona  2 5
Wolverh. Wanderers 1 2                            Eintracht Frankfurt 2 1
                                                 Wiener Sport-Klub   1 1
Kunopio PS         *
Eintracht Frankfurt
                              Roter Stern Belgrad 1 0
Odense BK 09                  Wolverh. Wanderers  1 3
Freilos                                                               Real Madrid  3 3
                                                                     FC Barcelona 1 1
Real Madrid
Freilos
                              Glasgow Rangers      4 1
Sparta Rotterdam             Roter Stern Bratislava 3 1
Freilos                                          Sparta Rotterdam 2 1 2
                                                 Glasgow Rangers  3 0 3
Young Boys Bern                                   Real Madrid: Dominquez, Marquitos, Pachin,
Freilos                                           Vidal, Santamaria, Zarraga, Canario, Del Sol, Di
                              Fenerbahce Istanbul 2 1 1   Stefano, Puskas, Gento. Tore: Puskas (4). Di
Roter Stern Belgrad          OGC Nizza           1 2 5   Stefano (3).
Freilos                                           * Verzicht
```

60/61

Erste Runde	Achtelfinale	Viertelfinale	Halbfinale	Endspiel

```
FC Limerick        0 2
Young Boys Bern    5 4
                              Aarhus GF      3 1
Frederikstad FK    4 0        Frederikstad FK 0 0
Ajax Amsterdam     3 0                            FC Burnley    3 1
                                                 Hamburger SV  1 4
Helsinki FK        1 1
Malmö IFK          3 2
                              Malmö IFK      1 1
Stade Reims        6 5        Armeeklub Sofia 0 1
Jeunesse Esch      1 0                                                FC Barcelona 1 1 1
                                                                     Hamburger SV 0 2 0
Rapid Wien         4 0
Besiktas Istanbul  0 1
                              Young Boys Bern 0 3
Aarhus GF          3 0        Hamburger SV    5 3
Legia Warschau     0 1                            FC Barcelona    4 1
                                                 Spartak Kralovec 0 1
FC Barcelona       2 3
Lierse SK          0 0
                              Spartak Kralovec   1 0
Roter Stern Belgrad 1 0       Panathinaikos Athen 0 0
Ujpest Budapest    2 3                                                            Benfica Lissabon 3
                                                                                 FC Barcelona     2
Midlothian Edinburgh 1 0
Benfica Lissabon   2 3
                              Benfica Lissabon 6 1
Juventus Turin     2 1        Ujpest Budapest  2 2
Armeeklub Sofia    0 4                            Benfica Lissabon 3 4
                                                 Aarhus GF        1 1
Steaua Bukarest    *
Spartak Kralovec
                              Real Madrid   2 1
Glenavon Belfast   *          FC Barcelona  2 2
Wismut Chemnitz                                  Benfica Lissabon 3 1
                                                 Rapid Wien       0 1**
Hamburger SV
Freilos
                              Rapid Wien      3 0 1
Panathinaikos Athen          Wismut Chemnitz 1 2 0
Freilos                                          Rapid Wien 2 2
                                                 Malmö IFK  0 0
Real Madrid                                       Benfica Lissabon: Costa Pereira, Jogo, Angelo,
Freilos                                           Neto, Germano, Cruz, Augusto, Santana, Aguas,
                              FC Burnley  2 2      Coluna, Cavem. Tore: Aguas, Augusto, Coluna
FC Burnley                   Stade Reims 0 3      * Verzicht. ** abgebrochen
Freilos
```

Statistik

61/62

Erste Runde	Achtelfinale	Viertelfinale	Halbfinale	Endspiel
1. FC Nürnberg 5 4				
Drumcondra Dublin 0 1	Odense BK 1913 0 0			
Vorwärts Ost-Berlin 3 *	Real Madrid 3 9			
FC Linfield Belfast 0 *		1. FC Nürnberg 3 0		
AS Monaco 2 2		Benfica Lissabon 1 6		
Glasgow Rangers 3 3	Fenerbahce Istanbul 1 0			
Göteborg IFK 0 2	1. FC Nürnberg 2 1			
Feyenoord Rotterdam 3 8			Benfica Lissabon 3 1	
Armeeklub Sofia 4 1			Tottenh. Hotsp. London 1 2	
Dukla Prag 4 2	Standard Lüttich 5 2			
Vasas Budapest 0 1	Haka Valkeakoski 1 0			
Real Madrid 2 3		Standard Lüttich 4 0		
Servette Genf 5 2		Glasgow Rangers 1 2		
Hibernian La Valetta 0 1	Austria Wien 1 1			
Standard Lüttich 2 2	Benfica Lissabon 1 5			
Frederikstad FK 1 0				Benfica Lissabon 5
Spora Luxemburg 0 2				Real Madrid 3
Odense BK 1913 6 9	Feyenoord Rotterdam 1 1			
Gornik Zabrze 4 1	Tottenh. Hotsp. London 3 1			
Tottenh. Hotsp. London 2 8		Dukla Prag 1 1		
Sporting Lissabon 1 0		Tottenh. Hotsp. London 0 4		
Partizan Belgrad 1 2	Servette Genf 4 0			
Panathinaikos Athen 1 1	Dukla Prag 3 2			
Juventus Turin 1 2			Real Madrid 4 2	
Steaua Bukarest 0 0			Standard Lüttich 0 0	
Austria Wien 0 2	Partizan Belgrad 1 0			
Fenerbahce Istanbul Freilos	Juventus Turin 2 5			
Haka Valkeakoski Freilos		Juventus Turin 0 1 1		
Benfica Lissabon Freilos	Vorwärts Ost-Berlin 1 1	Real Madrid 1 0 3		
	Glasgow Rangers 2 4			

Benfica Lissabon: Costa Pereira, Joao, Angelo, Cavem, Germano, Cruz, José Augusto, Eusebio, Aguas, Coluna, Semoes. Tore: Eusebio (2), Aguas, Cavem, Coluna
* nicht ausgetragen

62/63

Erste Runde	Achtelfinale	Viertelfinale	Halbfinale	Endspiel
IFK Norrköping 2 1				
Partisan Tirana 0 1	Austria Wien 3 0			
Frederikstad FK 1 0	Stade Reims 2 5			
Vasas Budapest 4 7		Galatasaray Istanbul 1 0		
FC Linfield Belfast 1 0		AC Mailand 3 5		
Esbjerg FB 2 0	Armeeklub Sofia 2 0			
Austria Wien 5 2	Anderlecht Brüssel 2 2			
IFK Helsinki 3 0			Feyenoord Rotterdam 0 1	
Real Madrid 3 0			Benfica Lissabon 0 3	
Anderlecht Brüssel 3 1	Sporting Lissabon 1 1			
FC Dundee 8 0	FC Dundee 0 4			
1. FC Köln 1 4		Anderlecht Brüssel 1 2		
Dynamo Bukarest 1 0		FC Dundee 4 2		
Galatasaray Istanbul 1 3	IFK Norrköping 1 1			
AC Mailand 8 6	Benfica Lissabon 1 5			
Union Luxemburg 0 0				AC Mailand 2
Polonia Beuthen 2 4				Benfica Lissabon 1
Panathinaikos Athen 1 1	Galatasaray Istanbul 4 0			
Servette Genf 1 3 1	Polonia Beuthen 1 1			
Feyenoord Rotterdam 3 1 3		Benfica Lissabon 2 0		
Floriana La Valetta 1 0		Dukla Prag 1 0		
Ipswich Town 4 10	Esbjerg FB 0 0			
Armeeklub Sofia 2 4	Dukla Prag 0 5			
Partizan Belgrad 1 1			AC Mailand 5 0	
Shelbourne Dublin 0 1			FC Dundee 1 1	
Sporting Lissabon 2 5	Feyenoord Rotterdam 1 2 1			
Vorwärts Ost-Berlin 0 0	Vasas Budapest 1 2 0			
Dukla Prag 3 1		Stade Reims 0 1		
Stade Reims Freilos		Feyenoord Rotterdam 1 1		
Benfica Lissabon Freilos	AC Mailand 3 1			
	Ipswich Town 0 2			

AC Mailand: Ghezzi, David, Trebbi, Benitez, Maldini, Trapattoni, Pivatelli, Sani, Altafini, Rivera, Mora. Tore: Altafini (2)

63/64

Erste Runde	Achtelfinale	Viertelfinale	Halbfinale	Endspiel

Erste Runde
- Lyn Oslo 2 1
- Borussia Dortmund 4 3
- FC Dundalk 0 2
- FC Zürich 3 1
- Partizan Belgrad 3 3
- Anorthosis Famagusta 0 1
- Partisan Tirana 1 1
- Spartak Plovdiv 0 3
- Galatasaray Istanbul 4 0
- Ferencvaros Budapest 0 2
- Dukla Prag 6 2
- FC La Valetta 0 0
- Dynamo Bukarest 2 1
- Carl Zeiss Jena 0 0
- FC Everton 0 0
- Inter Mailand 0 1
- Gornik Zabrze 1 0 2
- Austria Wien 0 1 1
- AS Monaco 7 1
- AEK Athen 2 1
- Distillery Belfast 3 0
- Benfica Lissabon 3 5
- Standard Lüttich 1 0
- IFK Norrköping 0 2
- Haka Valkeakoski 4 0
- Jeunesse Esch 1 4
- Esbjerg FB 3 1
- Philips Eindhoven 4 7
- Glasgow Rangers 0 0
- Real Madrid 1 6
- AC Mailand Freilos

Achtelfinale
- Benfica Lissabon 2 0 / Borussia Dortmund 1 5
- Dynamo Bukarest 1 3 / Real Madrid 3 5
- Gornik Zabrze 2 1 / Dukla Prag 0 4
- Spartak Plovdiv 0 0 / Philips Eindhoven 1 0
- FC Zürich 2 0 2* / Galatasaray Istanbul 0 2 2
- Jeunesse Esch 2 2 / Partizan Belgrad 1 6
- Inter Mailand 1 3 / AS Monaco 0 1
- IFK Norrköping 1 2 / AC Mailand 1 5

Viertelfinale
- Real Madrid 4 0 / AC Mailand 1 2
- Partizan Belgrad 0 1 / Inter Mailand 2 2
- Philips Eindhoven 1 1 / FC Zürich 0 3
- Dukla Prag 0 3 / Borussia Dortmund 4 1

Halbfinale
- Borussia Dortmund 2 0 / Inter Mailand 2 2
- FC Zürich 1 0 / Real Madrid 2 6

Endspiel
- Inter Mailand 3 / Real Madrid 1

Inter Mailand: Sarti, Burgnich, Facchetti, Tagnin, Guarneri, Picchi, Jair, Mazzola, Milani, Suarez, Corso. Tore: Mazzola (2), Milani
* Los für Zürich

64/65

Erste Runde	Achtelfinale	Viertelfinale	Halbfinale	Endspiel

Erste Runde
- Partizan Tirana 0 0
- 1. FC Köln 0 2
- Glentorian Belfast 2 2
- Panathinaikos Athen 2 3
- KR Reykjavik 0 1
- FC Liverpool 5 6
- RSC Anderlecht 1 1 0*
- FC Bologna 0 2 0
- Sliema Wanderers 0 0
- Dynamo Bukarest 2 5
- Rapid Wien 3 2
- Shamrock Rovers 0 0
- Glasgow Rangers 3 2 3
- Roter Stern Belgrad 1 4 1
- AS St. Etienne 2 1
- La Chaux-de-Fonds 2 2
- Aris Bonneweg 1 1
- Benfica Lissabon 5 5
- BK 1909 Odense 2 0
- Real Madrid 5 4
- Dukla Prag 4 0 0**
- Gornik Zabrze 1 3 0
- Chemie Leipzig 0 2
- ETO Györ 2 4
- Lokomotive Sofia 8 0
- Malmö FF 3 2
- DWS Amsterdam 3 1
- Fenerbahce Istanbul 1 0
- Reipas Lahti 2 0
- Lyn Oslo 1 3
- Inter Mailand Freilos

Achtelfinale
- Panathinaikos Athen 1 1 / 1. FC Köln 1 2
- FC Liverpool 3 1 / RSC Anderlecht 0 0
- Inter Mailand 6 1 / Dynamo Bukarest 0 0
- Glasgow Rangers 1 2 / Rapid Wien 0 0
- La Chaux-de-Fonds 1 0 / Benfica Lissabon 1 5
- Real Madrid 4 2 / Dukla Prag 0 2
- ETO Györ 5 3 / Lokomotive Sofia 3 4
- DWS Amsterdam 5 3 / Lyn Oslo 0 1

Viertelfinale
- 1. FC Köln 0 0 2 / FC Liverpool 0 0 2***
- Inter Mailand 3 0 / Glasgow Rangers 1 1
- Benfica Lissabon 5 1 / Real Madrid 1 2
- DWS Amsterdam 1 0 / ETO Györ 1 1

Halbfinale
- FC Liverpool 3 0 / Inter Mailand 1 3
- ETO Györ 0 0 / Benfica Lissabon 1 4

Endspiel
- Inter Mailand 1 / Benfica Lissabon 0

Inter Mailand: Sarti, Burgnich, Facchetti, Bedin, Guarneri, Picchi, Jair, Mazzola, Peiro, Suarez, Corso. Tor: Jair
* Los für: Anderlecht. ** Dukla Prag. *** FC Liverpool

Statistik

65/66

Erste Runde	Achtelfinale	Viertelfinale	Halbfinale	Endspiel
Apoel Nikosia 0 0				
Werder Bremen 5 5	Partizan Belgrad 3 0			
Drumcondra Dublin 1 0	Werder Bremen 0 1			
Vorwärts Ost-Berlin 0 3		SC Anderlecht 1 2		
Feyenoord Rotterdam 2 0		Real Madrid 0 4		
Real Madrid 1 5	Vorwärts Ost-Berlin 0 1			
Nentori Tirana 0 0	Manchester United 2 3		Real Madrid 1 1	
FC Kilmarnock 0 1			Inter Mailand 0 1	
Fenerbahce Istanbul 0 1	FC Kilmarnock 2 1			
SC Anderlecht 0 5	Real Madrid 2 5			
Lyn Oslo 5 1		Inter Mailand 4 1		
Derry City 3 5		Ferencvaros Budapest 0 1		
Dynamo Bukarest 4 3	SC Anderlecht 9			
BK 1909 Odense 0 2	Derry City 0 *			Real Madrid 2
IB Keflavik 1 1				Partizan Belgrad 1
Ferencvaros Budapest 4 9				
Panathinaikos Athen 4 0	Dynamo Bukarest 2 0			
Sliema Wanderers 1 1	Inter Mailand 1 2			
Partizan Belgrad 2 2		Sparta Prag 4 0		
FC Nantes 0 2		Partizan Belgrad 1 5		
Lausanne Sports 0 0	Ferencvaros Budapest 0 3			
Sparta Prag 0 4	Panathinaikos Athen 0 1		Partizan Belgrad 2 0	
Linzer ASK 1 1			Manchester United 0 1	
Gornik Zabrze 3 2	Sparta Prag 3 2			
HJK Helsinki 2 0	Gornik Zabrze 0 1			
Manchester United 3 6		Manchester United 3 5		
Stade Düdelingen 0 0		Benfica Lissabon 2 1		
Benfica Lissabon 8 10	Levski Sofia 2 2			
Djurgarden Stockholm 2 0	Benfica Lissabon 2 3			
Levski Sofia 1 6				
Inter Mailand Freilos				

Real Madrid: Araquistain, Pachin, De Felipe, Zocco, Sanchiz, Piri, Velasquez, Serena, Amancio, Grosso, Gento. Tore: Amancio, Serena
* Derry City verzichtet auf 2. Spiel

66/67

Erste Runde	Achtelfinale	Viertelfinale	Halbfinale	Endspiel
TSV 1860 München 8 2				
Omonia Nikosia 0 1	TSV 1860 München 1 1			
Haka Valkeakoski 1 0	Real Madrid 0 3			
SC Anderlecht 10 2		Inter Mailand 1 2		
Admira Wien 0 0		Real Madrid 0 0		
Vojvodina Novi Sad 1 0	FC Nantes 1 1			
Aris Bonneweg 3 1	Celtic Glasgow 3 3		Celtic Glasgow 3 0	
FC Linfield Belfast 3 6			Dukla Prag 1 0	
KR Reykjavik 2 2	Dukla Prag 4 2			
FC Nantes 3 5	SC Anderlecht Brüssel 1 1			
Celtic Glasgow 2 3		FC Linfield Belfast 2 0		
FC Zürich 0 0		Armeeklub Sofia 2 1		
Ajax Amsterdam 2 2	Inter Mailand 2 2			
Besiktas Istanbul 0 1	Vasas Budapest 1 0			Celtic Glasgow 2
Armeeklub Sofia 3 0				Inter Mailand 1
Olympiakos Piräus 1 1				
Esbjerg FB 0 0	Valerengen Oslo 1 1			
Dukla Prag 2 4	FC Linfield Belfast 4 1			
Vasas Budapest 5 2		Vojvodina Novi Sad 1 0		
Sporting Lissabon 0 0		Celtic Glasgow 0 2		
Inter Mailand 1 0	Armeeklub Sofia 4 0			
Torpedo Moskau 0 0	Gornik Zabrze 0 3		Inter Mailand 1 1 1	
Malmö FF 0 1			Armeeklub Sofia 1 1 0	
Atletico Madrid 2 3	Ajax Amsterdam 5 2			
FC Liverpool 2 1 2	FC Liverpool 1 2			
Petrolul Ploesti 0 3 0		Ajax Amsterdam 1 1		
Gornik Zabrze 2 1 3		Dukla Prag 1 2		
Vorwärts Ost-Berlin 1 2 1	Vojvodina Novi Sad 3 0 3			
Valerengen Oslo	Atletico Madrid 1 2 2			
Nentori Tirana *				
Real Madrid Freilos				

Celtic Glasgow: Simpson, Craig, McNeil, Clark, Gemmel, Murdoch, Auld, Johnstone, Wallace, Chalmers, Lennox. Tore: Gemmel, Chalmers
* Verzicht von Nentori Tirana

67/68

Erste Runde	Achtelfinale	Viertelfinale	Halbfinale	Endspiel

Erste Runde
- Manchester United 4 0
- Hibernian La Valetta 0 0
- Olympiakos Nikosia 2 1
- FC Sarajewo 2 3
- Gornik Zabrze 3 1
- Djurgarden Stockholm 0 0
- Celtic Glasgow 1 1
- Dynamo Kiew 2 1
- Skeid Oslo 0 1
- Sparta Prag 1 1
- FC Chemnitz 1 1
- SC Anderlecht 3 2
- Ajax Amsterdam 1 1
- Real Madrid 1 2
- FC Basel 1 3
- Hvidovre Kopenhagen 2 3
- Glentorian Belfast 1 0
- Benfica Lissabon 1 0
- Valur Reykjavik 1 1
- Jeunesse Esch 3 3
- FC Dundalk 0 1
- Vasas Budapest 1 8
- AS St. Etienne 2 3
- Kuopio PS 0 0
- Eintracht Braunschweig *
- Dynamo Tirana
- Rapid Wien 3 1
- Besiktas Istanbul 0 0
- Olympiakos Piräus 0 0
- Juventus Turin 0 2
- Trakia Plovdiv 2 0
- Rapid Bukarest 0 3

Achtelfinale
- FC Sarajewo 0 1 / Manchester United 0 2
- Dynamo Kiew 1 1 / Gornik Zabrze 2 1
- Sparta Prag 3 3 / SC Anderlecht 2 3
- Hvidovre Kopenhagen 2 1 / Real Madrid 2 4
- Vasas Budapest 6 5 / Valur Reykjavik 0 1
- Benfica Lissabon 2 0 / AS St. Etienne 0 1
- Rapid Wien 1 0 / Eintracht Braunschweig 0 2
- Juventus Turin 1 0 / Rapid Bukarest 0 0

Viertelfinale
- Manchester United 2 0 / Gornik Zabrze 0 1
- Sparta Prag 2 0 / Real Madrid 1 3
- Vasas Budapest 0 0 / Benfica Lissabon 0 3
- Eintracht Braunschweig 3 0 0 / Juventus Turin 2 1 1

Halbfinale
- Manchester United 1 3 / Real Madrid 0 3
- Benfica Lissabon 2 1 / Juventus Turin 0 0

Endspiel
- Manchester United 4** / Benfica Lissabon 1

Manchester United: Stepney, Brennan, Dunne, Crerand, Foulkes, Stiles, Best, Kidd, B. Charlton, Sadler, Aston. Tore: B. Charlton (2), Best, Kidd
* kampflos für Braunschweig. ** nach Verlängerung

68/69

Erste Runde	Achtelfinale	Viertelfinale	Halbfinale	Endspiel

Erste Runde
- 1. FC Nürnberg 1 0
- Ajax Amsterdam 1 4
- Malmö FF 2 1
- AC Mailand 1 4
- FC Zürich 1 2
- Akademisk Kopenhagen 3 1
- SC Anderlecht 3 2
- Glentorian Belfast 0 2
- AS St. Etienne 2 0
- Celtic Glasgow 0 4
- AEK Athen 3 2
- Jeunesse Esch 0 3
- FC Waterford 1 1
- Manchester United 3 7
- Rosenborg Trondheim 1 3
- Rapid Wien 3 3
- Reipas Lahti 2 1
- Floriana La Valetta 0 1
- Valur Reykjavik 0 1
- Benfica Lissabon 0 8
- Real Madrid 6 6
- Apollon Limassol 0 0
- Manchester City 0 1
- Fenerbahce Istanbul 0 2
- Steaua Bukarest 3 0
- Spartak Trnava 1 4
- Roter Stern Belgrad *
- FC Carl Zeiss Jena
- Levski Sofia **
- Ferencvaros Budapest **
- Dynamo Kiew **
- Ruch Chorzow **

Achtelfinale
- Ajax Amsterdam 2 2 / Fenerbahce Istanbul 0 0
- Manchester United 3 1 / SC Anderlecht 0 3
- Celtic Glasgow 5 1 / Roter Stern Belgrad 1 1
- AEK Athen 0 2 / Akademisk Kopenhagen 0 0
- Rapid Wien 1 1 / Real Madrid 0 2
- Reipas Lahti 1 1 / Spartak Trnava 9 7
- AC Mailand Freilos
- Benfica Lissabon Freilos

Viertelfinale
- AC Mailand 0 1 / Celtic Glasgow 0 0
- Ajax Amsterdam 1 3 3 / Benfica Lissabon 3 1 0
- Manchester United 3 0 / Rapid Wien 0 0
- Spartak Trnava 2 1 / AEK Athen 1 1

Halbfinale
- AC Mailand 2 0 / Manchester United 0 1
- Ajax Amsterdam 3 0 / Spartak Trnava 0 2

Endspiel
- AC Mailand 4 / Ajax Amsterdam 1

AC Mailand: Cudicini, Anquiletti, Schnellinger, Rosato, Malastrasi, Trapattoni, Hamrin, Lodetti, Sormani, Rivera, Prati. Tore: Prati (3), Sormani
* kampflos Sieger. ** nicht angetreten

Statistik

69/70

Erste Runde	Achtelfinale	Viertelfinale	Halbfinale	Endspiel

Erste Runde
- FC Bayern München 2 0 / AS St Etienne 0 3
- Vorwärts Ost-Berlin 2 1 / Panathinaikos Athen 0 1
- Austria Wien 1 1 / Dynamo Kiew 2 3
- FC Basel 0 0 / Celtic Glasgow 0 2
- Feyenoord Rotterdam 12 4 / KR Reykjavik 2 0
- Hibernian La Valetta 2 0 / Spartak Trnava 2 4
- Benfica Lissabon 2 3 / KB Kopenhagen 0 2
- Armeeklub Sofia 2 1 / Ferencvaros Budapest 1 4
- AC Florenz 1 2 / Öster IF Växjö 0 1
- Standard Lüttich 3 1 / Nentori Tirana 0 1
- Real Madrid 8 6 / Olympiakos Nikosia 0 1
- AC Mailand 5 3 / Avenir Beggen 0 0
- Leeds United 10 6 / Lyn Oslo 0 0
- Roter Stern Belgrad 8 4 / FC Linfield Belfast 0 2
- UT Arad 1 0 / Legia Warschau 2 8
- Galatasaray Istanbul 2 3 / FC Waterford 0 2

Achtelfinale
- Vorwärts Ost-Berlin 2 2 / Roter Stern Belgrad 1 3
- Dynamo Kiew 1 0 / AC Florenz 2 0
- Leeds United 3 3 / Ferencvaros Budapest 0 0
- AC Mailand 1 0 / Feyenoord Rotterdam 0 2
- Spartak Trnava 1 0 / Galatasaray Istanbul 0 1*
- Celtic Glasgow 3 0** / Benfica Lissabon 0 3
- Legia Warschau 2 1 / AS St. Etienne 1 0
- Standard Lüttich 1 3 / Real Madrid 0 2

Viertelfinale
- Standard Lüttich 0 0 / Leeds United 1 1
- Vorwärts Ost-Berlin 1 0 / Feyenoord Rotterdam 0 2
- Celtic Glasgow 3 0 / AC Florenz 0 1
- Galatasaray Istanbul 1 0 / Legia Warschau 1 2

Halbfinale
- Leeds United 0 1 / Celtic Glasgow 1 2
- Legia Warschau 0 0 / Feyenoord Rotterdam 0 2

Endspiel
- Feyenoord Rotterdam 2 / Celtic Glasgow 1***

Feyenoord: Graafland, Romeijn (Haak), Jansen, Israel, Van Duivenbode, Laseroms, Hasil, Van Hanegem, Wery, Kindvall, Moulijn. Tore: Israel, Kindvall
* Los für: Istanbul, ** Glasgow. *** nach Verlängerung

70/71

Erste Runde	Achtelfinale	Viertelfinale	Halbfinale	Endspiel

Erste Runde
- Nentori Tirana 2 0 / Ajax Amsterdam 2 2
- Jeunesse Esch 1 0 / Panathinaikos Athen 2 5
- EPA Larnax 0 0 / Bor. Mönchengladbach 6 10
- Fenerbahce Istanbul 0 0 / FC Carl Zeiss Jena 4 1
- Spartak Moskau 3 1 / FC Basel 2 2
- Atletico Madrid 2 2 / Austria Wien 0 1
- Rosenborg Trondheim 0 0 / Standard Lüttich 2 5
- Sporting Lissabon 5 4 / Floriana La Valetta 0 0
- Slovan Preßburg 2 2 / BK 1903 Kopenhagen 1 2
- Feyenoord Rotterdam 1 0 / UT Arad 1 0
- FC Everton 6 3 / IB Keflavik 2 0
- IFK Göteborg 0 1 / Legia Warschau 4 2
- Ujpest Budapest 2 0 / Roter Stern Belgrad 0 4
- US Cagliari 3 0 / AS St. Etienne 0 1
- Celtic Glasgow 9 5 / Kokkola PV 0 0
- Glentorian Belfast 1 0 / FC Waterford 3 1

Achtelfinale
- Ajax Amsterdam 3 1 / FC Basel 0 1
- Panathinaikos Athen 3 1 / Slovan Preßburg 0 2
- Bor. Mönchengladbach 1 1 / FC Everton 1 1*
- FC Carl Zeiss Jena 2 2 / Sporting Lissabon 1 1
- Roter Stern Belgrad 3 3 / UT Arad 0 1
- FC Waterford 0 2 / Celtic Glasgow 7 3
- Standard Lüttich 1 0 / Legia Warschau 0 2
- US Cagliari 2 0 / Atletico Madrid 1 3

Viertelfinale
- Ajax Amsterdam 3 0 / Celtic Glasgow 0 1
- FC Everton 1 0 / Panathinaikos Athen 1 0
- FC Carl Zeiss Jena 3 0 / Roter Stern Belgrad 2 4
- Atletico Madrid 1 1 / Legia Warschau 0 2

Halbfinale
- Atletico Madrid 1 0 / Ajax Amsterdam 0 3
- Roter Stern Belgrad 4 0 / Panathinaikos Athen 1 3

Endspiel
- Ajax Amsterdam 2 / Panathinaikos Athen 0

Ajax Amsterdam: Stuy, Neeskens, Hülshoff, Vasovic, Suurbier, Rijnders (Blankenburg), Mühren, Swart (Haan), Cruijff, van Dijk, Keizer. Tore: van Dijk, Haan
* 4:3 im Elfmeterschießen

71/72 — Erste Runde | Achtelfinale | Viertelfinale | Halbfinale | Endspiel

Erste Runde
- Cork Hibernian 0 1
- Bor. Mönchengladbach 5 2
- Ajax Amsterdam 2 0
- Dynamo Dresden 0 0
- Wacker Innsbruck 0 1
- Benfica Lissabon 4 3
- Reipas Lahti 1 0
- Grasshoppers Zürich 1 8
- Galatasaray Istanbul 1 0
- Armeeklub Moskau 1 3
- Standard Lüttich 2 3
- FC Linfield Belfast 0 2
- BK 1903 Kopenhagen 2 0
- Celtic Glasgow 1 3
- Feyenoord Rotterdam 8 9
- Olympiakos Nikosia 0 0
- Dynamo Bukarest 0 2
- Spartak Trnava 0 2
- Inter Mailand 4 2
- AEK Athen 1 3
- Ujpest Budapest 4 0
- Malmö FF 0 1
- Olympique Marseille 2 1
- Gornik Zabrze 1 1
- Armeeklub Sofia 3 1
- Partisan Tirana 0 0
- FC Valencia 0 1
- Hajduk Split 0 1
- Sliema Wanderers 4 0
- IA Akranes 0 0
- Strömsgodset Drammen 1 0
- Arsenal London 3 4

Achtelfinale
- Bor. Mönchengladbach 2 0 7*
- Inter Mailand 4 0 1
- Grasshoppers Zürich 0 0
- Arsenal London 2 3
- Olympique Marseille 1 1
- Ajax Amsterdam 2 4
- Dynamo Bukarest 0 0
- Feyenoord Rotterdam 3 2
- Celtic Glasgow 5 2
- Sliema Wanderers 0 1
- Armeeklub Moskau 1 0
- Standard Lüttich 0 2
- FC Valentia 0 1
- Ujpest Budapest 1 2
- Benfica Lissabon 2 0
- Armeeklub Sofia 1 0

Viertelfinale
- Ujpest Budapest 1 1
- Celtic Glasgow 2 1
- Feyenoord Rotterdam 1 1
- Benfica Lissabon 0 5
- Ajax Amsterdam 2 1
- Arsenal London 1 0
- Inter Mailand 1 1
- Standard Lüttich 0 2

Halbfinale
- Inter Mailand 0 0**
- Celtic Glasgow 0 0
- Ajax Amsterdam 1 0
- Benfica Lissabon 0 0

Endspiel
- Ajax Amsterdam 2
- Inter Mailand 0

Ajax Amsterdam: Stuy, Suurbier, Hülshoff, Blankenburg, Krol, Neeskens, G. Mühren, Haan, Swart, Crujff, Keizer. Tore: Crujff (2)
* annulliert. ** 5:4 im Elfmeterschießen

72/73 — Erste Runde | Achtelfinale | Viertelfinale | Halbfinale | Endspiel

Erste Runde
- Galatasaray Istanbul 1 0
- FC Bayern München 1 6
- FC Magdeburg 6 3
- Turku PS 0 1
- Real Madrid 3 1
- IB Keflavik 0 0
- SC Anderlecht 4 3
- Vejle BK 2 0
- Ujpest Budapest 2 2
- FC Basel 0 3
- Celtic Glasgow 2 3
- Rosenborg Trondheim 1 1
- Olympique Marseille 1 0
- Juventus Turin 0 3
- Malmö FF 1 1
- Benfica Lissabon 0 4
- Wacker Innsbruck 0 0
- Dynamo Kiew 1 2
- Sliema Wanderers 0 0
- Gornik Zabrze 5 5
- Aris Bonneweg 0 0
- FC Arges Pitesti 2 4
- Derby County 2 2
- Zeljeznicar Sarajewo 0 1
- FC Waterford 2 0
- Omonia Nikosia 1 2
- Armeeklub Sofia 2 2
- Panathinaikos Athen 1 0
- Ajax Amsterdam Freilos
- Spartak Trnava Freilos

Achtelfinale
- FC Bayern München 9 4
- Omonia Nikosia 0 0
- Juventus Turin 1 1
- 1. FC Magdeburg 0 0
- Spartak Trnava 1 1
- SC Anderlecht 0 0
- Derby County 3 0
- Benfiica Lissabon 0 0
- Celtic Glasgow 2 0
- Ujpest Budapest 1 3
- Dynamo Kiew 2 1
- Gornik Zabrze 0 2
- FC Arges Pitesti 2 1
- Real Madrid 1 3
- Armeeklub Sofia 1 0
- Ajax Amsterdam 3 3

Viertelfinale
- Ajax Amsterdam 4 1
- FC Bayern München 0 2
- Juventus Turin 0 2
- Ujpest Budapest 0 2
- Dynamo Kiew 0 0
- Real Madrid 0 3
- Spartak Trnava 1 0
- Derby County 0 2

Halbfinale
- Ajax Amsterdam 2 1
- Real Madrid 1 0
- Juventus Turin 3 0
- Derby County 1 0

Endspiel
- Ajax Amsterdam 1
- Juventus Turin 0

Ajax Amsterdam: Stuy, Suurbier, Hülshoff, Blankenburg, Krol, Neeskens, G. Mühren, Haan, Rep, Crujff, Keizer. Tor: Rep

Statistik

73/74

Erste Runde	Achtelfinale	Viertelfinale	Halbfinale	Endspiel

73/74

- FC Bayern München 3 1
- Atvidaberg FF 1 3*
  - FC Bayern München 4 3
  - Dynamo Dresden 3 3
- Dynamo Dresden 2 2
- Juventus Turin 0 3
    - FC Bayern München 4 1
    - Armeeklub Sofia 1 2
- Armeeklub Sofia 3 1
- Wacker Innsbruck 0 0
  - FC Brügge 2 4
  - FC Basel 1 6
- FC Basel 5 6
- Fram Reykjavik 0 2
      - Ujpest Budapest 1 0
      - FC Bayern München 1 3
- Jeunesse Esch 1 0
- FC Liverpool 1 2
  - Ajax Amsterdam 1 0
  - Armeeklub Sofia 0 2
- Viking Stavanger 1 0
- Spartak Trnava 2 1
    - FC Basel 3 2
    - Celtic Glasgow 2 4
- FC Waterford 2 0
- Ujpest Budapest 3 3
  - Roter Stern Belgrad 2 2
  - FC Liverpool 1 1
- Benfica Lissabon 1 1
- Olympiakos Piräus 0 0
        - FC Bayern München 1 4
        - Atletico Madrid 1 0
- Turku PS 1 0
- Glasgow Rangers 6 3
  - Dynamo Bukarest 0 2
  - Atletico Madrid 2 2
- Sarja Woroschilowgrad 2 1
- Apoel Nikosia 0 0
    - Roter Stern Belgrad 0 0
    - Atletico Madrid 2 0
- Roter Stern Belgrad 2 1
- Stal Mielec 1 0
  - Celtic Glasgow 0 1
  - Vejle BK 0 0
- FC Brügge 8 2
- Floriana La Valetta 0 0
      - Celtic Glasgow 0 0
      - Atletico Madrid 0 2
- Atletico Madrid 0 1
- Galatasaray Istanbul 0 0
  - Spartak Trnava 0 1
  - Sarja Woroschilowgrad 0 0
- Vejle BK 2 1
- FC Nantes 0 0
    - Spartak Trnava 1 1
    - Ujpest Budapest 1 1*
- Crusaders Belfast 0 0
- Dynamo Bukarest 1 11
  - Benfica Lissabon 1 0
  - Ujpest Budapest 1 2
- Ajax Amsterdam
  Freilos

FC Bayern München: Maier, Hansen, Schwarzenbeck, Beckenbauer, Breitner, Roth, Hoeneß, Zobel, Kapellmann, Müller, Torstenson (Dürnberger). Tore: 1. Spiel: Schwarzenbeck; 2. Spiel: Hoeneß (2), Müller (2).
* 4:3 im Elfmeterschießen

74/75

Erste Runde	Achtelfinale	Viertelfinale	Halbfinale	Endspiel

- Levsky/Spartak Sofia 0 1
- Ujpest Budapest 3 4
  - FC Bayern München 3 2
  - 1. FC Magdeburg 2 1
- Hajduk Split 7 2
- IB Keflavik 1 0
    - FC Bayern München 2 0
    - Ararat Erewan 0 1
- Feyenoord Rotterdam 7 4
- FC Coleraine 0 1
  - Feyenoord Rotterdam 0 0
  - FC Barcelona 0 3
- Viking Stavanger 0 2
- Ararat Erewan 2 4
      - AS St. Etienne 0 0
      - FC Bayern München 0 2
- Hvidovre Kopenhagen 0 1
- Ruch Chorzow 0 2
  - RSC Anderlecht 5 0
  - Olympiakos Piräus 1 3
- Celtic Glasgow 1 0
- Olympiakos Piräus 1 2
    - Ruch Chorzow 3 0
    - AS St. Etienne 2 2
- AS St. Etienne 2 1
- Sporting Lissabon 0 1
  - Ruch Chorzow 2 2
  - Fenerbahce Istanbul 1 0
- Leeds United 4 1
- FC Zürich 1 2
        - FC Bayern München 2
        - Leeds United 0
- Slovan Preßburg 4 1
- RSC Anderlecht 2 3
  - Ujpest Budapest 1 0
  - Leeds United 2 3
- FC Valetta 1 1
- HJK Helsinki 0 4
    - Leeds United 3 1
    - RSC Anderlecht 0 0
- Universitatea Craiova 2 1
- Atvidaberg FF 1 3
  - HJK Helsinki 0 0
  - Atvidaberg FF 3 1
- Jeunesse Esch 2 0
- Fenerbahce Istanbul 3 2
      - Leeds United 2 1
      - FC Barcelona 1 1
- VÖEST Linz 0 0
- FC Barcelona 0 5
  - Hajduk Split 4 1
  - AS St. Etienne 1 5
- Omonia Nikosia *
  Cork Celtic
    - FC Barcelona 2 3
    - Atvidaberg FF 0 0
- FC Bayern München
  Freilos
  - Cork Celtic 1 0
  - Ararat Erewan 2 5
- 1. FC Magdeburg
  Freilos

FC Bayern München: Maier, Zobel, Beckenbauer, Schwarzenbeck, Dürnberger, Andersson (Josef Weiß), Roth, Kapellmann, Hoeneß (Wunder), Müller, Torstenson. Tore: Roth, Müller
* Nikosia verzichtet

75/76

Erste Runde	Achtelfinale	Viertelfinale	Halbfinale	Endspiel

Erste Runde

Jeunesse Esch 0 1
FC Bayern München 5 3
Bor. Mönchengladbach 1 6
Wacker Innsbruck 1 1
Malmö FF 2 1*
1. FC Magdeburg 1 2
Real Madrid 4 0
Dynamo Bukarest 1 1
RWD Molenbeek 3 1
Viking Stavanger 2 0
Floriana La Valetta 0 0
Hajduk Split 5 3
Ujpest Budapest 4 1
FC Zürich 0 5
FC Linfield Belfast 1 0
PSV Eindhoven 2 8
Armeeklub Sofia 2 0
Juventus Turin 1 2
Ruch Chorzow 5 2
Kuopio PS 0 2
KB Kopenhagen 0 1
AS St. Etienne 2 3
Olympiakos Piräus 2 0
Dynamo Kiew 2 1
Glasgow Rangers 4 1
Bohemians Prag 1 1
Slovan Preßburg 1 0
Derby County 0 3
Benfica Lissabon 7 0
Fenerbahce Istanbul 0 1
Omonia Nikosia 2 0
IA Akranes 1 4

Achtelfinale

Malmö FF 1 0
FC Bayern München 0 2

Bor. Mönchengladbach 2 2
Juventus Turin 0 2

Dynamo Kiew 3 2
IA Akranes 0 0

Ruch Chorzow 1 0
PSV Eindhoven 3 4

Hajduk Split 4 3
RWD Molenbeek 0 2

Derby County 4 1
Real Madrid 1 5

AS St. Etienne 2 2
Glasgow Rangers 0 1

Benfica Lissabon 5 1
Ujpest Budapest 2 3

Viertelfinale

Benfica Lissabon 0 1
FC Bayern München 0 5

Bor. Mönchengladbach 2 1
Real Madrid 2 1

Dynamo Kiew 2 0
AS St. Etienne 0 3

Hajduk Split 2 0
PSV Eindhoven 0 3

Halbfinale

Real Madrid 1 0
FC Bayern München 1 2

AS St. Etienne 1 0
PSV Eindhoven 0 0

Endspiel

FC Bayern München 1
AS St. Etienne 0

FC Bayern München: Maier, Hansen, Beckenbauer, Schwarzenbeck, Horsmann, Roth, Dürnberger, Kapellmann, Hoeneß, Müller, Rummenigge. Tor: Roth
* 2:1 im Elfmeterschießen

76/77

Erste Runde	Achtelfinale	Viertelfinale	Halbfinale	Endspiel

Erste Runde

Köge BK 0 1
FC Bayern München 5 2
Austria/WAC Wien 1 0
Bor. Mönchengladbach 0 3
Dynamo Dresden 2 0
Benfica Lissabon 0 0
FC Liverpool 2 5
Crusaders Belfast 0 0
Sliema Wanderers 2 0
TPS Turku 1 1
Ferencvaros Budapest 5 6
Jeunesse Esch 1 2
Armeeklub Sofia 0 0
AS St. Etienne 0 1
FC Dundalk 1 0
PSV Eindhoven 1 6
Stal Mielec 1 0
Real Madrid 2 1
Dynamo Kiew 3 2
Partizan Belgrad 0 0
Glasgow Rangers 1 0
FC Zürich 1 1
FC Brügge 2 1
Steaua Bukarest 1 1
Omonia Nikosia 0 1
PAOK Saloniki 2 1
AC Turin 2 1
Malmö FF 1 1
IA Akranes 1 2
Trabzonspor 3 3
Viking Stavanger 2 0
Banik Ostrau 1 2

Achtelfinale

Banik Ostrau 2 0
FC Bayern München 1 5

AC Turin 1 0
Bor. Mönchengladbach 2 0

Ferencvaros Budapest 1 0
Dynamo Dresden 0 4

Real Madrid 0 0
FC Brügge 0 2

Trabzonspor 1 0
FC Liverpool 0 3

AS St. Etienne 1 0
PSV Eindhoven 0 0

Dynamo Kiew 4 2
PAOK Saloniki 0 0

FC Zürich 2 1
TPS Turku 0 0

Viertelfinale

FC Bayern München 1 0
Dynamo Kiew 0 2

Bor. Mönchengladbach 2 1
FC Brügge 2 0

AS St. Etienne 1 1
FC Liverpool 0 3

FC Zürich 2 2
Dynamo Dresden 1 3

Halbfinale

Dynamo Kiew 1 0
Bor. Mönchengladbach 0 2

FC Zürich 1 0
FC Liverpool 3 3

Endspiel

FC Liverpool 3
Bor. Mönchengladbach 1

FC Liverpool: Clemence, Neal, Smith, Hughes, Jones, Case, McDermott, Kennedy, Keegan, Johnson, Heighway. Tore: McDermott, Smith, Neal

Statistik

77/78

Erste Runde

Vasas Budapest 0 1
Bor. Mönchengladbach 3 1
Dynamo Dresden 2 1
Halmstad BK 0 2
FC Basel 1 1
Wacker Innsbruck 3 0
Omonia Nikosia 0 0
Juventus Turin 3 2
Kuopio PS 0 2
FC Brügge 4 5
Celtic Glasgow 5 6
Jeunesse Esch 0 1
Roter Stern Belgrad 3 3
Sligo Rovers 0 0
Dynamo Bukarest 2 0
Atletico Madrid 1 2
Lilleström SK 2 0
Ajax Amsterdam 0 4
Trabzonspor 1 0
BK 1903 Kopenhagen 0 2
Dukla Prag 1 0
FC Nantes 1 0
Levsky/Spartak Sofia 3 2
Slask Breslau 0 2
Floriana La Valetta 1 0
Panathinaikos Athen 1 4
Benfica Lissabon 0 0*
Torpedo Moskau 0 0
Valur Reykjavik 1 0
Glentorian Belfast 0 2
FC Liverpool
Freilos

Achtelfinale

Roter Stern Belgrad 0 1
Bor. Mönchengladbach 3 5

Celtic Glasgow 2 0
Wacker Innsbruck 1 3

FC Liverpool 5 1
Dynamo Dresden 1 2

Levsky/Spartak Sofia 1 1
Ajax Amsterdam 2 2

FC Brügge 2 0
Panathinaikos Athen 0 1

Benfica Lissabon 1 1
BK 1903 Kopenhagen 0 0

Glentorian Belfast 0 0
Juventus Turin 1 5

FC Nantes 1 1
Atletico Madrid 1 2

Viertelfinale

Wacker Innsbruck 3 0
Bor. Mönchengladbach 1 2

Ajax Amsterdam 1 1**
Juventus Turin 1 1

FC Brügge 2 2
Atletico Madrid 0 3

Benfica Lissabon 1 1
FC Liverpool 2 4

Halbfinale

Bor. Mönchengladbach 2 0
FC Liverpool 1 3

Juventus Turin 1 0
FC Brügge 0 2

Endspiel

FC Liverpool 1
FC Brügge 0

FC Liverpool: Clemence, Neal, Thompson, Hansen, Hughes, Case (Heighway), McDermott, Souness, Kennedy, Dalglish, Fairclough. Tor: Dalglish
* 4:1 im Elfmeterschießen. ** 0:3 im Elfmeterschießen

78/79

Erste Runde

1. FC Köln 4 1
IA Akranes 1 1
Partizan Belgrad 2 0*
Dynamo Dresden 0 2
Vlaznija Shkodra 2 1
Austria Wien 0 4
Grasshoppers Zürich 8 5
FC La Valetta 0 3
FC Brügge 2 1
Wisla Krakau 1 3
Fenerbahce Istanbul 2 1
PSV Eindhoven 1 6
Real Madrid 5 7
Progres Niederkorn 0 0
Juventus Turin 1 0
Glasgow Rangers 0 2
Zbrojovka Brünn 2 2
Ujpest Budapest 2 0
Nottingham Forest 2 0
FC Liverpool 0 0
Haka Valkeakoski 0 1
Dynamo Kiew 1 3
FC Linfield Belfast 0 0
Lilleström SK 0 1
Odense BK 2 1
Lokomotive Sofia 2 2
Omonia Nikosia 2 0
Bohemians Dublin 1 1
Malmö FF 0 1
AS Monaco 0 0
AEK Athen 6 1
FC Porto 1 4

Achtelfinale

Lokomotive Sofia 0 0
1. FC Köln 1 4

AEK Athen 1 1
Nottingham Forest 2 5

Glasgow Rangers 0 3
PSV Eindhoven 0 2

Dynamo Kiew 0 0
Malmö FF 0 2

Real Madrid 3 0
Grasshoppers Zürich 1 2

Bohemians Dublin 0 0
Dynamo Dresden 0 6

Zbrojovka Brünn 2 1
Wisla Krakau 2 1

Austria Wien 4 0
Lilleström SK 1 0

Viertelfinale

1. FC Köln 1 1
Glasgow Rangers 0 1

Austria Wien 3 0
Dynamo Dresden 1 1

Wisla Krakau 2 1
Malmö FF 1 4

Nottingham Forest 4 1
Grashoppers Zürich 1 1

Halbfinale

Nottingham Forest 3 1
1. FC Köln 3 0

Austria Wien 0 0
Malmö FF 0 1

Endspiel

Nottingham Forest 1
Malmö FF 0

Nottingham Forest: Shilton, Anderson, Burns, Lloyd, Clark, McGovern, Bowyer, Francis, Birtles, Woodcock, Robertson. Tor: Francis
* 4:5 im Elfmeterschießen

79/80

Erste Runde	Achtelfinale	Viertelfinale	Halbfinale	Endspiel
Valur Reykjavik 0 1				
Hamburger SV 3 2	Hamburger SV 3 3			
FC Liverpool 2 0	Dynamo Tiflis 1 2			
Dynamo Tiflis 1 3		Hamburger SV 1 2		
Arges Pitesti 3 0		Hajduk Split 0 3		
AEK Athen 0 2	Dynamo Berlin 2 2			
Servette Genf 3 1	Servette Genf 1 2			
SK Beveren 1 1			Real Madrid 2 1	
Levsky/Spartak Sofia 0 0			Hamburger SV 0 5	
Real Madrid 1 2	Celtic Glasgow 3 0			
Vejle BK 3 1	FC Dundalk 2 0			
Austria Wien 2 1		Nottingham Forest 0 3		
Nottingham Forest 2 1		Dynamo Berlin 1 1		
Öster Växjö 0 1	FC Porto 2 0			
FC Porto 0 1	Real Madrid 1 1			Nottingham Forest 1
AC Mailand 0 0				Hamburger SV 0
RB Differdingen 2 1				
Omonia Nikosia 1 6	Vejle BK 0 2			
Hajduk Split 1 1	Hajduk Split 3 1			
Trabzonspor 0 0		Racing Straßburg 0 0		
FC Dundalk 2 0		Ajax Amsterdam 0 4		
Hibernian La Valetta 0 1	Ajax Amsterdam 10 0			
Start Kristiansand 1 0	Omonia Nikosia 0 4			
Racing Straßburg 2 4			Nottingham Forest 2 0	
Partisan Tirana 1 1			Ajax Amsterdam 0 1	
Celtic Glasgow 0 4	Dukla Prag 1 0			
HJK Helsinki 1 1	Racing Straßburg 0 2			
Ajax Amsterdam 8 8		Celtic Glasgow 2 0		
Ujpest Budapest 3 0		Real Madrid 0 3		
Dukla Prag 2 2	Nottingham Forest 2 2			
Dynamo Berlin 4 0	Arges Pitesti 0 1			
Ruch Chorzow 1 0				

Nottingham Forest: Shilton, Anderson, Burns, Lloyd, Gray (Dunn), McGovern, O'Neill, Bowyer, Mills (O'Hara), Robertson, Birtles. Tor: Robertson

80/81

Erste Runde	Achtelfinale	Viertelfinale	Halbfinale	Endspiel
Olympiakos Piräus 2 0				
FC Bayern München 4 3	FC Bayern München 5 1			
Dynamo Berlin 3 1	Ajax Amsterdam 1 2			
Apoel Nikosia 0 2		FC Bayern München 2 4		
Linfield Belfast 0 0		Banik Ostrau 0 2		
FC Nantes 1 2	Banik Ostrau 0 1			
FC Aberdeen 1 0	Dynamo Berlin 0 1			
Austria Wien 0 0			FC Liverpool 0 1	
IB Vestmannaeyar 1 0			FC Bayern München 0 1	
Banik Ostrau 1 1	FC Basel 1 0			
Dynamo Tirana 0 0	Roter Stern Belgrad 0 2			
Ajax Amsterdam 2 1		Spartak Moskau 0 0		
FC Brügge 0 1		Real Madrid 0 2		
FC Basel 1 4	FC Aberdeen 0 0			
Armeeklub Sofia 1 1	FC Liverpool 1 4			
Nottingham Forest 0 0				FC Liverpool 1
Oulu PS 1 1				Real Madrid 0
FC Liverpool 1 10	Armeeklub Sofia 4 1			
Viking Stavanger 2 1	Szombierski Beuthen 0 0			
Roter Stern Belgrad 3 4		FC Liverpool 5 1		
FC Limerick 1 1		Armeeklub Sofia 1 0		
Real Madrid 2 5	FC Nantes 1 1			
Halmstad BK 0 2	Inter Mailand 2 1			
Esbjerg FB 0 3			Real Madrid 2 0	
Trabzonspor 2 0			Inter Mailand 0 1	
Szombierski Beuthen 1 3	Spartak Moskau 3 0			
Jeunesse Esch 0 0	Esbjerg FB 0 2			
Spartak Moskau 5 4		Inter Mailand 1 1		
Inter Mailand 2 1		Roter Stern Belgrad 1 0		
Universitatea Craiova 0 1	Real Madrid 1 2			
Sporting Lissabon 0 0	Honved Budapest 0 0			
Honved Budapest 2 1				

FC Liverpool: Clemence, Neal, Hansen, Thompson, A. Kennedy, McDermott, Souness, Lee, R. Kennedy, Johnson, Dalglish (Case). Tor: A. Kennedy

Statistik

81/82

Erste Runde	Achtelfinale	Viertelfinale	Halbfinale	Endspiel

Östers Växjö 0 0
FC Bayern München 1 5
    Benfica Lissabon 0 1
    FC Bayern München 0 4
Dynamo Berlin 2 1
FC Zürich 0 3
        Universitatea Craiova 0 1
        FC Bayern München 2 1
Austria Wien 3 0
Partisani Tirana 1 1
    Dynamo Berlin 1 1
    Aston Villa 2 0
Start Kristiansand 1 0
AZ 67 Alkmaar 3 1
            Armeeklub Sofia 4 0
            FC Bayern München 3 4
Widzew Lodz 1 1
RSC Anderlecht 4 2
    Austria Wien 0 1
    Dynamo Kiew 1 1
Progres Niederkorn 1 0
Glentorian Belfast 1 4
        Dynamo Kiew 0 0
        Aston Villa 0 2
Hibernian La Valetta 1 1
Roter Stern Belgrad 2 8
    RSC Anderlecht 3 1
    Juventus Turin 1 1
Dynamo Kiew 1 1
Trabzonspor 0 1
                Aston Villa 1
                FC Bayern München 0
Ferencvaros Budapest 3 0
Banik Ostrau 2 3
    Banik Ostrau 3 0
    Roter Stern Belgrad 1 3
KB Kopenhagen 1 2
Athlone Town 1 2
        FC Liverpool 1 0
        Armeeklub Sofia 0 2
Armeeklub Sofia 1 0
Real San Sebastian 0 0
    AZ 67 Alkmaar 2 2
    FC Liverpool 2 3
Universitatea Craiova 3 0
Olympiakos Piräus 0 2
            Aston Villa 1 0
            RSC Anderlecht 0 0
Oulu PS 0 0
FC Liverpool 1 7
    Armeeklub Sofia 2 1
    Glentorian Belfast 0 2
Celtic Glasgow 1 0
Juventus Turin 0 2
        RSC Anderlecht 2 2
        Roter Stern Belgrad 1 1
Aston Villa 5 2
Valur Reykjavik 0 0
            Aston Villa: Rimmer (Spink), Swain, Evans,
            McNaught. Williams, Bremmer, Morley, Co-
Benfica Lissabon 3 1
Omonia Nikosia 0 0
    KB Kopenhagen 1 1
    Universitatea Craiova 0 4
            wans, Mortimer, Shaw, Withe. Tor: Withe

82/83

Erste Runde	Achtelfinale	Viertelfinale	Halbfinale	Endspiel

Dynamo Berlin 1 0
Hamburger SV 1 2
    Standard Lüttich 1 0
    Juventus Turin 1 2
Standard Lüttich 5 0
ETO Raba Györ 0 3
        Dynamo Kiew 0 2
        Hamburger SV 3 1
Grasshoppers Zürich 0 0
Dynamo Kiew 1 3
    HIK Helsinki 1 0
    FC Liverpool 0 5
FC Dundalk 1 0
FC Liverpool 4 1
            Real San Sebastian 1 1
            Hamburger SV 1 2
AS Monaco 0 0
Armeeklub Sofia 0 2
    Dynamo Bukarest 0 2
    Aston Villa 2 4
Aston Villa 3 0
Besiktas Istanbul 1 0
        Widzew Lodz 2 2
        FC Liverpool 0 3
Omonia Nikosia 2 0
HIK Helsinki 0 3
    Real San Sebastian 2 1
    Celtic Glasgow 0 2
Hvidovre Kopenhagen 1 3
Juventus Turin 4 3
                Hamburger SV 1
                Juventus Turin 0
Vikingur Reykjavik 0 2
Real San Sebastian 1 3
    Hamburger SV 1 4
    Olympiakos Piräus 0 0
Avenir Beggen 0 0
Rapid Wien 5 8
        Aston Villa 1 1
        Juventus Turin 2 3
Hibernian La Valetta 1 1
Widzew Lodz 4 3
    Rapid Wien 2 3
    Widzew Lodz 1 5
Nentori Tirana 1 1
FC Linfield Belfast 0 2
            Juventus Turin 2 2
            Widzew Lodz 0 2
Olympiakos Piräus 2 0
Östers Växjö 0 1
    Armeeklub Sofia 2 0
    Sporting Lissabon 2 0
Dinamo Zagreb 1 0
Sporting Lissabon 0 3
        Sporting Lissabon 1 0
        Real San Sebastian 0 2
Celtic Glasgow 2 2
Ajax Amsterdam 2 1
            Hamburger SV: Stein, Kaltz, Hieronymus, Ja-
            kobs, Wehmeyer, Rolff, Groh, Magath, Milew-
Dynamo Bukarest 2 1
Dukla Prag 0 2
    Nentori Tirana *
    Dynamo Kiew
            ski, Hrubesch, Bastrup (von Heesen). Tor: Ma-
            gath
            * Tirana verzichtet

83/84

Erste Runde	Achtelfinale	Viertelfinale	Halbfinale	Endspiel

```
83/84

Erste Runde

Dynamo Berlin        4 2
Jeunesse Esch        1 0
Partizan Belgrad     5 0
Viking Stavanger     1 0
Kuusysi Lahti        0 0
Dynamo Bukarest      1 3
Dynamo Minsk         1 2
Grasshoppers Zürich  0 2
ETO Raba Györ        2 2
Vikingur Reykjavik   1 0
Lech Posen           2 0
Atletico Bilbao      0 4
Fenerbahce Istanbul  0 0
Bohemians Prag       1 4
Rapid Wien           3 1
FC Nantes            0 3
Armeeklub Sofia      3 1
Omonia Nikosia       0 4
Odense BK            0 0
FC Liverpool         1 5
Benfica Lissabon     3 3
FC Linfield Belfast  0 2
Hamrun Spartans      0 0
Dundee United        3 3
AS Rom               3 1
IFK Göteborg         0 2
Athlone Town         2 2
Standard Lüttich     3 8
Ajax Amsterdam       0 0
Olympiakos Piräus    0 2
Hamburger SV
Freilos

Achtelfinale

Dynamo Bukarest      3 2
Hamburger SV         0 3

Dynamo Berlin        2 0
Partizan Belgrad     0 1

Bohemians Prag       2 0
Rapid Wien           1 1

Armeeklub Sofia      0 0
AS Rom               1 1

FC Liverpool         0 1
Atletico Bilbao      0 0

ETO Raba Györ        3 1
Dynamo Minsk         6 3

Standard Lüttich     0 0
Dundee United        0 4

Olympiakos Piräus    1 0
Benfica Lissabon     0 3

Viertelfinale

Rapid Wien           2 0
Dundee United        1 1

Dynamo Minsk         1 0
Dynamo Bukarest      1 1

AS Rom               3 1
Dynamo Berlin        0 2

FC Liverpool         1 4
Benfica Lissabon     0 1

Halbfinale

Dundee United        2 0
AS Rom               0 3

FC Liverpool         1 2
Dynamo Bukarest      0 1

Endspiel

FC Liverpool         1
AS Rom               1*
```

* 4:2 im Elfmeterschießen
FC Liverpool: Grobbelaar, Neal, Hansen, Lawrenson, Kennedy, Lee, Johnston (Nicol), Souness, Whelan, Rush, Dalglish (Robinson). Tor: Neal. Elfmeterschießen: Neal, Souness, Rush, Kennedy

84/85

Erste Runde	Achtelfinale	Viertelfinale	Halbfinale	Endspiel

```
84/85

Erste Runde

Levsky/Spartak Sofia   1 2
VfB Stuttgart          1 2
Trabzonspor            1 0
Dnjepropetrowsk        0 3
Dynamo Bukarest        4 1
Omonia Nikosia         1 2
Lech Posen             0 0
FC Liverpool           1 4
Labinoti Elbasan       0 0
Lyngby Kopenhagen      3 3
Roter Stern Belgrad    3 0
Benfica Lissabon       2 2
Valerengen Oslo        3 0
Sparta Prag            3 2
Ilves Tampere          0 1
Juventus Turin         4 2
IA Akranes             2 0
SK Beveren             2 5
Avenir Beggen          0 0
IFK Göteborg           8 9
Austria Wien           4 1
FC La Valetta          0 2
Feyenoord Rotterdam    0 1
Panathinaikos Athen    0 2
Grasshoppers Zürich    3 1
Honved Budapest        1 2
Girondins Bordeaux     3 0
Atletico Bilbao        2 0
FC Aberdeen            2 1
Dynamo Berlin          1 2*
FC Linfield Belfast    0 1
Shamrock Rovers        0 1

Achtelfinale

Dynamo Berlin          3 1
Austria Wien           3 2

Levsky/Spartak Sofia   3 0
Dnjepropetrowsk        1 2

Panathinaikos Athen    2 3
FC Linfield            1 3

Sparta Prag            0 2
Lyngby Kopenhagen      0 1

FC Liverpool           3 0
Benfica Lissabon       1 1

Girondins Bordeaux     1 1
Dinamo Bukarest        0 1

IFK Göteborg           1 1
SK Beveren             0 2

Juventus Turin         2 4
Grasshoppers Zürich    0 2

Viertelfinale

Austria Wien           1 1
FC Liverpool           1 4

Juventus Turin         3 0
Sparta Prag            0 1

Girondins Bordeaux     1 1**
Dnjepropetrowsk        1 1

IFK Göteborg           0 2
Panathinaikos Athen    1 2

Halbfinale

FC Liverpool           4 1
Panathinaikos Athen    0 0

Juventus Turin         3 0
Girondins Bordeaux     0 2

Endspiel

Juventus Turin         1
FC Liverpool           0
```

Juventus Turin: Tacconi, Scirea, Favero, Brio, Cabrini, Bonini, Platini, Tardelli, Bonick, Rossi (Vignola), Briaschi (Prandelli). Tor: Platini (Elfmeter).
* 4:5 im Elfmeterschießen. ** 5:3 im Elfmeterschießen

Ehrentafel – Europacup der Pokalsieger

Saison	Sieger	Finalist	Halbfinalist 1*	Halbfinalist 2**
1960/61	**AC Florenz**	Glasgow Rangers	Dinamo Zagreb	Wolverhamp. Wand.
1961/62	**Atletico Madrid**	AC Florenz	Motor Jena	Ujpest Budapest
1962/63	**Tottenham Hotspurs**	Atletico Madrid	OFK Belgrad	1. FC Nürnberg
1963/64	**Sporting Lissabon**	MTK Budapest	Olympique Lyon	Celtic Glasgow
1964/65	**West Ham United**	1860 München	Real Saragossa	AC Turin
1965/66	**Borussia Dortmund**	FC Liverpool	West Ham United	Celtic Glasgow
1966/67	**Bayern München**	Glasgow Rangers	Standard Lüttich	Slavia Sofia
1967/68	**AC Mailand**	Hamburger SV	Bayern München	Cardiff City
1968/69	**Slovan Preßburg**	FC Barcelona	Dunfermline Athletic	1. FC Köln
1969/70	**Manchester City**	Gornik Zabrze	Schalke 04	AS Rom
1970/71	**Chelsea London**	Real Madrid	Manchester City	PSV Eindhoven
1971/72	**Glasgow Rangers**	Dynamo Moskau	Bayern München	Dynamo Berlin
1972/73	**AC Mailand**	Leeds United	Sparta Prag	Hajduk Split
1973/74	**1. FC Magdeburg**	AC Mailand	Sporting Lissabon	Bor. M'gladbach
1974/75	**Dynamo Kiew**	Ferencvaros Budapest	PSV Eindhoven	Rot. Stern Belgrad
1975/76	**RSC Anderlecht**	West Ham United	Sachsenring Zwickau	Eintracht Frankfurt
1976/77	**Hamburger SV**	RSC Anderlecht	Atletico Madrid	SSC Neapel
1977/78	**RSC Anderlecht**	Austria Wien	FC Twente Enschede	Dynamo Moskau
1978/79	**FC Barcelona**	Fortuna Düsseldorf	SK Beveren-Waas	Banik Ostrava
1979/80	**CF Valencia**	FC Arsenal	FC Nantes	Juventus Turin
1980/81	**Dinamo Tiflis**	Carl Zeiss Jena	Feyenoord Rotterdam	Benfica Lissabon
1981/82	**FC Barcelona**	Standard Lüttich	Tottenham Hotspurs	Dinamo Tiflis
1982/83	**FC Aberdeen**	Real Madrid	Waterschei	Austria Wien
1983/84	**Juventus Turin**	FC Porto	Manchester United	FC Aberdeen
1984/85	**FC Everton**	Rapid Wien	Bayern München	Dynamo Moskau

* gegen den Sieger ausgeschieden   ** gegen den zweiten Finalisten ausgeschieden

Endspiele um den Europacup der Pokalsieger

1961 in Glasgow:

Glasgow Rangers – AC Florenz 0:2

GLASGOW: Ritchie, Shearer, Caldow, Davis, Paterson, Baxter, Hume, McMillan, Scott, Brand, Wilson. FLORENZ: Albertosi, Robotti, Castelletti, Gonfiantini, Orzan, Rimbaldo, Hamrin, Micheli, Da Costa, Milan (2), Petris. – Zuschauer: 80.000.

Rückspiel in Florenz:

AC Florenz – Glasgow Rangers 2:1

FLORENZ: Albertosi, Robotti, Castelletti, Gonfiantini, Orzan, Rimbaldo, Hamrin (1), Micheli, Da Costa, Milan (1), Petris. GLASGOW: Ritchie, Shearer, Caldow, Davis, Paterson, Baxter, Scott, McMillan (1), Millar, Brand, Wilson. – Zuschauer: 50.000.

1962 in Glasgow:

AC Florenz – Atletico Madrid 1:1 n. V.

FLORENZ: Sarti, Orzan, Castelletti, Ferretti, Gonfiantini, Rimbaldo, Hamrin (1), Can, Milani, Dell'Angelo, Petris. MADRID: Madinabeytia, Rivilla, Calleja, Ramiro, Chuzo, Glaria, Jones, Adelardo, Mendonca, Peiro (1), Collar. – Zuschauer: 28.000.

Wiederholung in Stuttgart:

Atletico Madrid – AC Florenz 3:0

MADRID: Madinabeytia, Rivilla, Calleja, Ramiro, Griffa, Glaria, Jones, Adelardo, Mendonca (2), Peiro (1), Collar. FLORENZ: Albertosi, Robotti, Castelletti, Malatrasi, Orzan, Marchesi, Hamrin, Ferretti, Milani, Dell'Angelo, Petris. – Zuschauer: 45.000.

1963 in Rotterdam:

Tottenham Hotspurs – Atletico Madrid 5:1

TOTTENHAM: Brown, Baker, Henry, Blanchflower, Norman, Marchi, Jones, White (1), Smith, Greaves (2), Dyson (2). MADRID: Madinabeytia, Rivilla, Rodriguez, Ramiro, Griffa, Glaria, Jones, Adelardo, Chuzo, Mendonca, Collar (1). – Zuschauer: 25.000.

1964 in Brüssel:

MTK Budapest – Sporting Lissabon 3:3 n. V.

BUDAPEST: Kovalik, Keszler, Jeszenszky, Nagy, Danszky, Kovacs, Sandor (1), Vasas, Bödör, Kuti (2), Halapi. LISSABON: Carvalho, Gomes, Moraes (1), Mendes, Baptista, Carlos, Mascarenhas, Osvaldo, Figueiredo (2), Geraldo, Bocaleri. – Zuschauer: 9.000.

Wiederholung in Antwerpen:

Sporting Lissabon – MTK Budapest 1:0

LISSABON: Carvalho, Gomes, Carlos, Peridis, Baptista, Mendes, Osvaldo, Mascarenhas, Figueiredo, Geo, Moraes (1). BUDAPEST: Kovalik, Keszler, Jeszenszky, Nagy, Danszky, Kovacs, Sandor, Kuti, Bödör, Vasas, Halapi. – Zuschauer: 18.000.

1965 in London:

West Ham United – 1860 München 2:0

WEST HAM: Standen, Kirkup, Burkett, Peters, Brown, Moore, Sealey, Boyce, Hurst, Dear, Sissons. MÜNCHEN: Radenkovic, Wagner, Kohlars, Bena, Reich, Luttrop, Heiß, Küppers, Brunnenmeier, Grosser, Rebele. – Zuschauer: 100.000.

1966 in Glasgow:

Borussia Dortmund – FC Liverpool 2:1 n. V.

DORTMUND: Tilkowski, Cyliax, Redder, Kurrat, Paul, Assauer, Libuda (1), Schmidt, Held (1), Sturm, Emmerich. LIVERPOOL: Lawrence, Lawler, Byrne, Milne, Yeats, Stevenson, Callaghan, Hunt (1), St. John, Smith, Thompson. – Zuschauer: 42.000.

1967 in Nürnberg:

Bayern München – Glasgow Rang. 1:0 n. V.

MÜNCHEN: Maier, Nowak, Kupferschmidt, Roth (1), Beckenbauer, Olk, Nafziger, Ohlhauser, Müller, Koulmann, Brenninger. GLASGOW: Martin, Johansen, Provan, Jardine, McKinnon, Greig, Henderson, A. Smith, Hynd, D. Smith, Johnston. – Zuschauer: 70.000.

1968 in Rotterdam:

AC Mailand – Hamburger SV 2:0

MAILAND: Cudicini, Anquilletti, Schnellinger, Trapattoni, Rosato, Scala, Hamrin (2), Lodetti, Sormani, Rivera, Prati. HAMBURG: Özcan, Sandmann, Kurbjuhn, Dieckmann, Horst, H. Schulz, B. Dörfel, Krämer, Seeler, Hönig, G. Dörfel. – Zuschauer: 40.000.

1969 in Basel:

Slovan Bratislava – FC Barcelona 3:2

BRATISLAVA: Vencel, Fillo, Hrivnak (1), Zlocha, Horvath, Hrdlicka, Cvetler (1), Moder (67. Hatar), Jos. Capkovic, Jokl, Jan Capkovic (1). BARCELONA: Sadurni, Franch (Pereda), „Eladio" Silvestre, Rife, Olivella, Zabalza, Pellicer, Castro (Mendoza), Zaldua (1), Fusté, Rexach (1). – Zuschauer: 20.000.

1970 in Wien:

Manchester City – Gornik Zabrze 2:1

MANCHESTER: Corrigan, Book, Pardoe, Doyle (24. Bowyer), Booth, Oakes, Heslop, Bell, Lee (1), Young (1), Towers. ZABRZE: Kostka, Latocha, Oslizlo (1), Gorgon, Florenski (84. Deyna), Szoltysik, Wilczek (75. Skowronek), Olek, Banas, Lubanski, Szarynski. – Zuschauer: 10.000.

1971 in Athen:

Chelsea London – Real Madrid 1:1 n. V.

LONDON: Bonetti, Boyle, Harris, Hollins (91. Mulligan), Dempsey, Webb, Weller, Hudson, Osgood (1, 86. Baldwin), Cooke, Houseman. MADRID: Borja, José Luis, Zunzunegui, Zoco, Benito, Pirri, Grosso, Perez (65. Fleitas), Amancio, Velazquez, Gento (70. Grande). – Zuschauer: 42.000.

Wiederholung in Athen:

Chelsea London – Real Madrid 2:1

LONDON: Bonetti, Boyle, Harris, Cooke, Dempsey, Webb (1), Weller, Baldwin, Osgood (1, 73. Smethurst), Hudson, Houseman. MADRID: Borja, José Luis, Zunzunegui, Pirri, Benito, Zoco, Fleitas (1), Amancio, Grosso, Velazquez (75. Gento), Bueno (60. Grande). – Zuschauer: 24.000.

1972 in Barcelona:

Glasgow Rangers – Dynamo Moskau 3:2

GLASGOW: McCloy, Smith, Jardine, Johnstone, Mathieson, MacDonald, Greig, Conn, McLean, Stein (1), Johnston (2). MOSKAU: Pilgui, Dolbonossow (69. Gerschkowitsch), Bassalajew, Dolmatow, Sijkow, Jakubik (56. Eschtrekow, 1), Sabo, Schukow, Baidatschnij, Machowikow (1), Jewrjuschichin. – Zuschauer: 35.000.

1973 in Saloniki:

AC Mailand – Leeds United 1:0

MAILAND: Vecchi, Turone, Sabadini, Anquilletti, Zignoli, Sogliano, Benetti, Rosato (59. Dolci), Rivera, Bigon, Chiarugi (1). LEEDS: Harvey, Reaney, Yorath, Hunter, Cherry, Bates, Madeley, F. Gray (54. McQueen), Lorimer, Jones, Jordan. – Zuschauer: 45.000.

1974 in Rotterdam:

1. FC Magdeburg – AC Mailand 2:0 (1:0)

MAGDEBURG: Schulze, Zapf, Tyll, Abraham, Enge, Gaube, Seguin (1), Pommerenke, Raugust, Sparwasser, Hoffmann. MAILAND: Pizzaballa, Schnellinger, Anquilletti, Lanzi (1 Eigentor), Sabadini, Maldera, Benetti, Rivera, Tresoldi, Bigon, Bergamaschi (60. Turini). – Zuschauer: 5.000.

1975 in Basel:

Dyn. Kiew – Ferencvaros Budapest 3:0 (2:0)

KIEW: Rudakow, Fomenko, Troschkin, Reschko, Matwijenko, Muntjan, Konkow, Burjak, Kolotow, Onischtschenko, Blochin (1). BUDAPEST: Geczi, Dr. Pataki, Martos, Rab, Megyesi, Nyilasi (61. Onhausz), Juhasz, Mucha, Szabo, Mate, Magyar. – Zuschauer: 13.000.

1976 in Brüssel:

RSC Anderlecht – West Ham Unit. 4:2 (1:1)

ANDERLECHT: Ruiter, van Binst, Lomme, Broos, Thissen, Dockx, Coeck (32. Vercauteren), van der Elst (2). Ressel, Haan, Rensenbrink (2). WESTHAM: Day, Coleman, Bonds, T. Taylor, Lampard (46. A. Taylor), McDowell, Brooking, Paddon (1), Jennings, Robson (1). – Zuschauer: 58.000.

1977 in Amsterdam:

Hamburger SV – RSC Anderlecht 2:0 (0:0)

HAMBURG: Kargus, Kaltz, Ripp, Nogly, Hidien, Memering, Magath (1), Steffenhagen, Keller, Reimann, Volkert (1). ANDERLECHT: Ruiter, van Binst, van den Dacle. Thissen, Broos, Haan, Coeck, Dockx (80. van Poucke), van der Elst, Ressel, Rensenbrink. – Zuschauer: 65.000.

1978 in Paris:

RSC Anderlecht – Austria Wien 4:0 (3:0)

ANDERLECHT: de Bree, van Binst (2), Dusbaba, Broos, Thissen, Haan, Coeck, Vercauteren (88. Dockx), van der Elst, Nielsen, Rensenbrink (2). WIEN: Baumgartner, Obermayer, R. Sara, J. Sara, Baumeister, Prohaska, Dax-

bacher (60. Martinez), Gasselich, Parits, Pirkner, Morales (74. Drazan). – Zuschauer: 49.000.

1979 in Basel:

FC Barcelona – Fort. Düsseldorf 4:3 (2:2, 2:2) n. V.

BARCELONA: Artola, Zuviria, Costas (66. Martinez). Migueli, Albaladejo (57. de la Cruz), Neeskens, Asensi (1). Sanchez (1), Rexach (1), Krankl (1), Carrasco. DÜSSELDORF: Daniel, Baltes, Zewe, Zimmermann (81. Lund), Köhnen, Brei (25. Weikl), Schmitz, Bommer, T. Allofs, K. Allofs, Seel (2). – Zuschauer: 58.000.

1980 in Brüssel:

FC Valencia – Arsenal London 0:0 n. V.

Valencia Sieger durch Elfmeterschießen (5:4)
VALENCIA: Pereira, Carrete, Arias, Tendillo, Botubot, Solsona, Bonhof, Subirats (112. Castellanos), P. Rodriguez. Saura, Kempes. LONDON: Jennings, Rice, O'Leary, Young, Nelson, Talbot, Brady, Sunderland, Price (106. Hollins), Stapleton, Rix. – Zuschauer: 40.000.

1981 in Düsseldorf:

Dynamo Tiflis – FC Carl Zeiss Jena 2:1 (0:0)

TIFLIS: Gabelia, Kostawa, Tschiwadse, Hisanischwili, Tawadse, Daraselia (1), Swanadse (67. Kakhilaschwili), Sulakwelidse, Guzajew (1), Kipiani, Schengelija. JENA: Grapenthin, Brauer, Hoppe (1, 85. Oevermann), Schilling. Kurbjuweit, Schnuphase, Krause, Lindemann, Bielau (76. Töpfer), Raab, Vogel. – Zuschauer: 4.750.

1982 in Barcelona:

FC Barcelona – Standard Lüttich 2:1 (1:1)

BARCELONA: Urruti, Gerardo, Alesanco, Migueli, Manolo, Sanchez, Esteban, Moratalla, Simonsen (1), Quini (1), Carrasco. LÜTTICH: Preud'homme, Gerets, Mecuws, Poel, Plessers, van der Smissen (1), Daerden, Haan, Botteron, Tamahata, Wendt. – Zuschauer: 95.000.

1983 in Göteborg:

FC Aberdeen – Real Madrid 2:1 (1:1, 1:1)

ABERDEEN: Leighton, Rovgrie, Miller, McLeish, McMaster, Cooper, Simpson, Strachan, McGhee, Black (1, 87. Hewitt, 1), Weir. MADRID: Rodriguez, Jiminez, Metgod. Bonet, Camacho (91. San Jose), Gallego, Angel, Stielike. Gomez, Santillana, Isidro (104. Salguero). – Zuschauer: 18.000.

1984 in Basel:

Juventus Turin – FC Porto 2:1 (2:1)

TURIN: Tacconi, Gentile, Scirea, Brio, Cabrini, Bonini. Tardelli, Platini, Vignola (1, 90. Carcola), Rossi, Boniek (1). PORTO: zé Beto, Pereira, Eurico, Luis (83. Costa). Magalhaes (65. Walsh), Frasco, Pacheco, Sousa (1). Gomes, Vermelhinho. – Zuschauer: 60.000.

1985 in Rotterdam:

FC Everton – Rapid Wien 3:1 (0:0)

EVERTON: Southall, Stevens, Mountfield, Ratcliffe, van den Hauwe, Reid, Steven (1), Bracewell, Sheedy (1), Gray (1), Sharp. WIEN: Konsel, Kienast, Weber, Garger, Brauneder, Lainer, Kranjcar, Hristic, Weinhofer (67. Panenka), Krankl (1), Pacult (60. Göss). – Zuschauer: 45.000.

Ehrentafel – UEFA-Pokal (bis 1971 Pokal der Messestädte)

Saison	Sieger	Finalist	Halbfinalist 1*	Halbfinalist 2**
1957/58	**Barcelona**	London	Birmingham	Lausanne
1959/60	**FC Barcelona**	Birmingham	***	
1960/61	**AS Rom**	Birmingham	***	
1961/62	**FC Valencia**	FC Barcelona	MTK Budapest	Roter Stern Belgrad
1962/63	**FC Valencia**	Dinamo Zagreb	AS Rom	Ferencvaros Budapest
1963/64	**Real Saragossa**	FC Valencia	FC Lüttich	1. FC Köln
1964/65	**Ferencvaros Budapest**	Juventus Turin	Manchester United	Atletico Madrid
1965/66	**FC Barcelona**	Real Saragossa	Chelsea London	Leeds United
1966/67	**Dinamo Zagreb**	Leeds United	Eintracht Frankfurt	FC Kilmarnock
1967/68	**Leeds United**	Ferencvaros Budapest	Dundee United	FC Bologna
1968/69	**Newcastle United**	Ujpest Budapest	Glasgow Rangers	Göztepe Izmir
1969/70	**Arsenal London**	RSC Anderlecht	Ajax Amsterdam	Inter Mailand
1970/71	**Leeds United**	Juventus Turin	FC Liverpool	1. FC Köln
1971/72	**Tottenham Hotspurs**	Wolverhamp. Wand.	AC Mailand	Ferencvaros Budapest
1972/73	**FC Liverpool**	Bor. M'gladbach	Tottenham Hotspurs	FC Twente Enschede
1973/74	**Feyenoord Rotterdam**	Tottenham Hotspurs	VfB Stuttgart	1. FC Lok Leipzig
1974/75	**Bor. M'gladbach**	FC Twente Enschede	1. FC Köln	Juventus Turin
1975/76	**FC Liverpool**	FC Brügge	FC Barcelona	Hamburger SV
1976/77	**Juventus Turin**	Atletico Bilbao	AEK Athen	RWD Molenbeek
1977/78	**PSV Eindhoven**	SEC Bastia	FC Barcelona	Grasshoppers Zürich
1978/79	**Bor. M'gladbach**	Roter Stern Belgrad	MSV Duisburg	Hertha BSC Berlin
1979/80	**Eintracht Frankfurt**	Bor. M'gladbach	FC Bayern München	VfB Stuttgart
1980/81	**Ipswich Town**	AZ Alkmaar	1. FC Köln	FC Sochaux
1981/82	**IFK Göteborg**	Hamburger SV	1. FC Kaiserslautern	Radnicki Nisch
1982/83	**RSC Anderlecht**	Benfica Lissabon	Bohemians Prag	Univers. Craiova
1983/84	**Tottenham Hotspurs**	RSC Anderlecht	Hajduk Split	Nottingham Forest
1984/85	**Real Madrid**	Vid. Szekesfehervar	Inter Mailand	Zeljeznicar Sarajevo

* gegen den Sieger ausgeschieden ** gegen den zweiten Finalisten ausgeschieden *** Die Endspielgegner wurden als Sieger von zwei Gruppen ermittelt.

Endspiele um den UEFA-Pokal

1972

Am 3. Mai in Wolverhampton:

Wolverhampton Wanderers – Tottenham 1:2

WOLVERHAMPTON: Parkes, Shaw, Munro, McAlle, Taylor, Hegan, Hibbitt, McCalliog (1), Richards, Dougan, Wagstaffe. TOTTENHAM: Jennings, Kinnear, England, Beal, Knowles, Mullery, Perryman, Coates (68. Pratt), Peters, Gilzean, Chivers (2). – Zuschauer: 45 000.

Am 17. Mai in London:

Tottenham Hotspurs – Wolverhampton 1:1

TOTTENHAM: Jennings, Kinnear, England, Beal, Knowles, Mullery (i. A.), Perryman, Peters, Gilzean, Chivers, Coates. WOLVERHAMPTON: Parkes, Shaw, Hegan, Munro, Taylor, McAlle, Hibbitt (55. Bailey), Dougan (84. Curran), McCalliog, Richards, Wagstaffe (1). – Zuschauer: 48 000.

1973

Am 10. Mai in Liverpool:

FC Liverpool – Bor. Mönchengladbach 3:0*

LIVERPOOL: Clemence, Lawler, Smith, Lloyd (1), Lindsay, Hughes, Cormack, Callaghan, Keegan (2), Toshack, Heighway (83. Hall). MÖNCHENGLADBACH: Kleff, Netzer, Vogts, Bonhof, Michallik, Danner, Wimmer, Kulik, Jensen, Rupp (82. Simonsen), Heynckes. – Zuschauer: 41 000.
* Wiederholung des am Vortag wegen Regens abgebrochenen Spiels.

Am 23. Mai in Mönchengladbach:

Bor. Mönchengladbach – FC Liverpool 2:0

MÖNCHENGLADBACH: Kleff, Bonhof, Surau, Vogts, Danner, Netzer, Kulik, Wimmer, Jensen, Rupp, Heynckes (2). LIVERPOOL: Clemence, Lawler, Smith, Lloyd, Lindsay, Hughes, Cormack, Callaghan, Keegan, Toshack, Heighway (77. Boersma). – Zuschauer: 35 000.

1974

Am 21. Mai in London:

Tottenham – Feyenoord Rotterdam 2:2 (1:1)

TOTTENHAM: Jennings, Evans, England (1), Beal, Naylor, Pratt, Perryman, Peters, Chivers, Coates, Coates. ROTTERDAM: Treytel, Rijsbergen, van Daele, Israel (1 Eigentor), Vos, Jansen, de Jong (1), van Hanegem (1), Ressel, Schoenmaker, Kristensen. – Zuschauer: 46 000.

Am 29. Mai in Rotterdam:

Rotterdam – Tottenham Hotspurs 2:0 (1:0)

ROTTERDAM: Treytel, Israel, Rijsbergen (1), van Daele, Vos, Schoenmaker, Ramljak, Jansen, Ressel (1), de Jong, Kristensen. TOTTENHAM: Jennings, Beal, Evans, England, Naylor, Pratt, McGrath, Coates, Perryman, Chivers, Peters. – Zuschauer: 68 000.

1975

Am 7. Mai in Düsseldorf:

Bor. Mönchengladbach – Tw. Enschede 0:0

MÖNCHENGLADBACH: Kleff, Vogts, Surau, Wittkamp, Bonhof, Stielike, Wimmer, Danner (75. Del'Haye), Simonsen, Jensen, Kulik (78. Schäffer). ENSCHEDE: Groß, van Iersel, Overweg, Drost, Oranen, Thyssen, van der Vall, Pahlplatz, Bos, Jeuring (86. Achterberg), Zuidema. – Zuschauer: 45 000.

Am 21. Mai in Enschede:

Enschede – Bor. Mönchengladbach 1:5 (0:2)

ENSCHEDE: Groß, van Iersel, Drost (1), Overweg, Oranen, Thyssen, van der Vall, Pahlplatz (75. Achterberg), Bos (53. Mühren), Jeuring, Zuidema. MÖNCHENGLADBACH: Kleff, Vogts, Surau (13. Schäffer), Wittkamp, Bonhof, Klinkhammer, Simonsen (2), Wimmer (75. Köppel), Jensen, Danner, Heynckes (3). – Zuschauer: 24 500.

1976

Am 28. April in Liverpool:

FC Liverpool – FC Brügge 3:2 (0:2)

LIVERPOOL: Clemence, Hughes, Smith, Kennedy (1), Neal, Thompson, Callaghan, Keegan (1), Fairclough, Heighway, Toshack (46. Case). BRÜGGE: Jensen, Bastijns, Krieger, Leekens, Volders, Cools (1), van den Eycken, de Cubber, van Gool, Lambert (1), Le Fevre. – Zuschauer: 56 000.

Am 19. Mai in Brügge:

FC Brügge – FC Liverpool 1:1 (1:1)

BRÜGGE: Jensen, Bastijns, Krieger, Leekens, Volders, Cools, de Cubber (68. Delheycke), van den Eycken, van Gool, Lambert (1. Sanders), Le Fevre. LIVERPOOL: Clemence, Hughes, Neal, Kennedy, Thompson, Keegan

(1), Callaghan, Smith, Case, Toshack (64. Fairclough), Heighway. – Zuschauer: 32 000.

1977

Am 4. Mai in Turin:

Juventus Turin – Athl. Club Bilbao 1:0 (1:0)

TURIN: Zoff, Scirea, Cuccureddu, Morini, Gentile, Tardelli (1), Benetti, Furino, Causio, Boninsegna (40. Gori), Bettega. BILBAO: Iribar, Guisasola, Onaederra, Goicoechea, Escalza, Villar, Rojo II, Irureta, Ruiz Dani, Churruca, J. F. Rojo. – Zuschauer: 75 000.

Am 18. Mai in Bilbao:

Athl. Club Bilbao – Juventus Turin 2:1 (1:1)

BILBAO: Iribar, Alesanco, Lasa (64. Ruiz Carlos, 1), Guisasola, Escalza, Villar, Churruca, Irureta (1), Amorrortu, Ruiz Dani, J. F. Rojo. TURIN: Zoff, Cuccureddu, Morini, Gentile, Causio, Tardelli, Furino, Benetti, Boninsegna (60. Spinosi), Bettega (1). – Zuschauer: 43 000.

1978

Am 26. April in Bastia:

SEC Bastia – PSV Eindhoven 0:0

BASTIA: Hiard, Guesdon, Cazes, Orlanducci, Burkhardt, Lacuesta (55. Felix), Larios, Papi, Rep, Krimau, Mariot. EINDHOVEN: van Beveren, van Kraay, Krijgh, Brandts, Stevens, Poortvliet, Lubse, van der Kuylen, W. van de Kerkhof, Deykers, R. van de Kerkhof. – Zuschauer: 15 000.

Am 9. Mai in Eindhoven:

PSV Eindhoven – SEC Bastia 3:0 (1:0)

EINDHOVEN: van Beveren, van Kraay (80. Deacy), Krijgh, Brandts, Stevens, W. van de Kerkhof (1), van der Kuylen (1), Poortvliet, R. van de Kerkhof, Deykers (1). Lubse. BASTIA: Hiard (75. Weller), Marchioni, Orlanducci, Guesdon, Cazes, Lacuesta, Larios, Papi, Rep, Krimau, Mariot (58. De Zerbi). – Zuschauer: 27 000.

1979

Am 9. Mai in Belgrad:

Belgrad – Mönchengladbach 1:1 (1:0)

BELGRAD: Stojanovic, Jovanovic, Muslin (88. Krmpotic), Miletovic, Jovin, Jurisic (1, Eigentor), Petrovic, Blagojevic, Milosavljevic (88. Milovanovic), Savic, Sestic (1). MÖNCHENGLADBACH: Kneib, Ringels, Vogts, Schäfer, Hannes, Wohlers (80. Gores), Kulik, Schäfer, Nielsen (75. Danner), Simonsen, Lienen. – Zuschauer: 87 500.

Am 23. Mai in Düsseldorf:

Mönchengladbach – Belgrad 1:0 (1:0)

MÖNCHENGLADBACH: Kneib, Ringels, Vogts, Schäfer, Schäfer, Hannes, Kulik (59. Köppel), Wohlers, Simonsen (1), Lienen, Gores. BELGRAD: Stojanovic, Jovanovic, Miletovic, Jurisic, Jovin, Muslin, Blagojevic, Milovanovic (46. Sestic), Petrovic, Savic, Milosavljevic. – Zuschauer: 45 000.

1980

Am 7. Mai in Mönchengladbach:

Bor. Mönchengladbach – Eintr. Frankfurt 3:2 (1:1)

MÖNCHENGLADBACH: Kneib, Schäfer, Hannes, Schäfer, Ringels, Matthäus (1), Kulik (2), Nielsen (86. Tychosen), Del'Haye (72. Bödeker), Nickel, Lienen. FRANKFURT: Pahl, Neuberger, Pezzey, Körbel, Ehrmanntraut, Lorant, Borchers, Nickel, Hölzenbein (1, 79. Nachtweih), Karger (1, 81. Trapp), Cha Bum. – Zuschauer: 25 000.

Am 21. Mai in Frankfurt:

Eintr. Frankfurt – Bor. Mönchengladbach 1:0 (0:0)

FRANKFURT: Pahl, Neuberger, Pezzey, Körbel, Ehrmanntraut, Lorant, Hölzenbein, Nickel, Borchers, Cha Bum, Nachtweih (77. Schaub, 1). MÖNCHENGLADBACH: Kneib, Fleer, Hannes, Schäfer, Ringels, Bödeker, Matthäus (86. Tychosen), Kulik, Nielsen (68. Del'Haye), Nickel, Lienen. – Zuschauer: 59 000.

1981

Am 6. Mai in Ipswich:

Ipswich Town – AZ Alkmaar 3:0 (1:0)

IPSWICH: Cooper, Mills, McCall, Thijsen (1), Osman, Butcher, Wark (1), Muhren, Mariner (1), Brazil, Gates. ALKMAAR: Treytel, Meer, Spelbos, Metgold, Hovenkamp, Peters, Jonker, Arntz, Kist, Nygaard (75. Welzl), Tol. – Zuschauer: 30 000.

Am 20. Mai in Amsterdam:

AZ Alkmaar – Ipswich Town 4:2 (3:2)

ALKMAAR: Treytel, Reynders, Spelbos, Metgold (1),

Hovenkamp, Peters, Welzl (1, 80. Talan), Arntz, Jonker (1), Nygaard, Tol (1, 46. Kist). IPSWICH: Cooper, Mills, McDall, Thijssen (1), Osman, Butcher, Wark (1), Muhren, Mariner, Brazil, Gates. – Zuschauer: 30 000.

1982

Am 5. Mai in Göteborg:

IFK Göteborg – Hamburger SV 1:0 (0:0)

GÖTEBORG: Wernersson, Svensson, Hysen, Conny Karlsson, Fredriksson, Tord Holmgren (1), Jerry Karlsson, Strömberg, Corneliusson, Nilsson (20. Sandberg), Tommy Holmgren (46. Schiller). HAMBURG: Stein, Kaltz, Groh, Jakobs, Hieronymus, Hartwig, Wehmeyer, von Heesen (83. Memering), Hrubesch, Magath, Bastrup. – Zuschauer: 42 548.

Am 20. Mai in Hamburg:

Hamburger SV – IFK Göteborg 0:3 (0:1)

HAMBURG: Stein, Kaltz (76. Hidien), Wehmeyer, Groh, Hieronymus, Hartwig, Memering, von Heesen, Magath, Hrubesch, Bastrup. GÖTEBORG: Wernersson, Svensson, Conny Karlsson, Hysen (19. Schiller), Fredriksson (1), Tord Holmgren, Strömberg, Jerry Karlsson, Corneliusson (1, 68. Sandberg), Nilsson (1), Tommy Holmgren. – Zuschauer: 61 000.

1983

Am 4. Mai in Brüssel

RSC Anderlecht – Benfica Lissabon 1:0 (1:0)

ANDERLECHT: Monaron, Hofkens, Olsen, Peruzovic, De Groote, Brylle, Lozano, Coeck, Vercauteren, Vandenbergh (79. Czerniatynski), Larsen (1). LISSABON: Bento, Pietra, Coelho, Rosa (79. Lopes), Magalhaes, Sheu, Santos, Delgado, Chalana, Miranda, Zoran (68. Neue). – Zuschauer: 58 000.

Am 18. Mai in Lissabon:

Benfica Lissabon – RSC Anderlecht 1:1 (1:1)

LISSABON: Bento, Coelho, Pietra, Lopes, Veloso, Santos, Sheu (1, 50. Zoran), Strömberg, Chalana, Neue, Miranda (61. Alves). ANDERLECHT: Monaron, Olsen, De Greef, Peruzovic, De Groote, Coeck, Friman, Vercauteren, Vandenbergh (78. Larsen), Lozano (1). – Zuschauer: 80 000.

1984

Am 9. Mai in Brüssel:

RSC Anderlecht – Tottenham Hotspurs 1:1 (0:0)

ANDERLECHT: Munaron, Grun, Olsen (1), De Greef, De Groote, Hofkens, Scife, Vandereycken, Vanderbergh (82. Arnesen), Czerniatynski (64. Vercautern), Brylle. TOTTENHAM: Parks, Thomas, Miller (1), Hughton, Roberts, Perryman, Stevens (81. Marbutt), Hazard, Galvin, Archibald, Falco. – Zuschauer: 40 000.

Am 23. Mai in London:

Tottenham Hotspurs – RSC Anderlecht 1:1 n. V. (0:0)

4:2 nach Elfmeterschießen

TOTTENHAM: Parks, Miller (78. Ardiles), Thomas, Roberts (1), Hughton, Hazard, Marbutt (74. Dick), Stevens, Galvin, Archibald, Falco. ANDERLECHT: Munaron, Olsen, De Groote, De Greef, Hofkens, Vercauteren, Scifo, Vandereycken, Arnesen (78. Gudjohnson), Czerniatynski (1, 104. Brylle).

Elfmeterschießen: Roberts, Falco, Stevens, Archibald für Tottenham (verschossen: Thomas); Brylle, Scifo, Vercauteren für Anderlecht (verschossen: Olsen, Gudjohnson). – Zuschauer: 48 000.

1985

Am 8. Mai in Szekesfehervar:

Videoton Szekesfehervar – Real Madrid 0:3 (0:1)

VIDEOTON: P. Disztl, Vegh, L. Disztl, Czuhay, Horvath, Bersany, Palkovics, Wittmann, Burcsa, Novath (62. Gyenti), Vadasz. MADRID: Miguel Angel, Chendo, Stielike, Sanchis, Camacho, San Jose, Michell (1), Gallego, Butragueno (78. Juanito), Santillana (1, 88. Salguero), Valdano. – Zuschauer: 34 000.

Am 22. Mai in Madrid:

Real Madrid – Videoton Szekesfehervar 0:1 (0:0)

MADRID: Miguel Angel, Chendo, Stielike, Sachis, Camacho, San Jose, Gallego, Michell – Butragueno, Santillana, Vadano (57. Juanito). VIDEOTON: P. Disztl, Czuhay, L. Distl, Vegh, Horvath, Burcsa, Czongradi (57. Wittmann), Majer (1), Szabo, Novath (51. Palkovics). – Zuschauer: 90 000.

Teilnehmer am Europokal

ALBANIEN

Besa Kavaje: Pokalsieger-Cup (1972/73)
Dinamo Tirana: Meister-Cup (1967/68, 80/81), Pokalsieger-Cup (1971/72, 82/83), UEFA-CUP (1981/82)
Labanoti Elbasan: Meister-Cup (1984/85)
Nentori Tirana: Meister-Cup (1965/66, 66/67, 69/70, 70/71, 82/83), Pokalsieger-Cup (1984/85)
Partizan Tirana: Meister-Cup (1962/63, 63/64, 64/65, 71/72, 79/80, 81/82), Pokalsieger-Cup (1968/69, 70/71, 80/81)
Vllaznia Shkoder: Meister-Cup (1978/79), Pokalsieger-Cup (1979/80)

BELGIEN

RSC Anderlecht: Meister-Cup (1955/56, 56/57, 59/60, 62/63, 64/65, 65/66, 66/67, 67/68, 68/69, 72/73, 74/75, 81/82), Pokalsieger-Cup (1973/74, 75/76, 76/77, 77/78, 78/79), UEFA-Cup (1971/72, 79/80, 80/81, 82/83, 83/84, 84/85), Messe-Cup (1969/70, 70/71)
FC Royal Antwerpen: Meister-Cup (1957/58), UEFA-Cup (1974/75, 75/76), Messe-Cup (1964/65, 65/66, 66/67, 67/68)
VAV Berschoot: Pokalsieger-Cup (1971/72, 79/80), UEFA-Cup (1973/74), Messe-Cup (1968/69)
SK Beveren: Meister-Cup (1979/80, 84/85), Pokalsieger-Cup (1978/79, 83/84), UEFA-Cup (1981/82), Messe-Cup (1970/71)
FC Brügge: Meister-Cup (1973/74, 76/77, 77/78, 78/79, 80/81), Pokalsieger-Cup (1968/69, 70/71), UEFA-Cup (1971/72, 72/73, 75/76, 81/82, 84/85), Messe-Cup (1967/68, 69/70)
Olympique Charlerol: Messe-Cup (1969/70)
AA Gent: Pokalsieger-Cup (1964/65, 84/85), UEFA-Cup (1982/83, 83/84), Messe-Cup (1963/64, 66/67, 70/71)
FC Royal Lüttich: Messe-Cup (1963/64, 64/65, 65/66, 66/67, 67/68)
SK Lierse: Meister-Cup (1960/61), Pokalsieger-Cup (1969/70, 76/77), UEFA-Cup (1971/72, 78/79)
KSC Lokeren: UEFA-Cup (1976/77, 80/81, 81/82, 82/83)
RWD Moolenbeek: Meister-Cup (1975/76), UEFA-Cup (1972/73, 73/74, 74/75, 76/77, 77/78, 80/81), Messe-Cup (1965/66, 68/69)
Standard Lüttich: Meister-Cup (1958/59, 61/62, 63/64, 69/70, 70/71, 71/72, 82/83, 83/84), Pokalsieger-Cup (1965/66, 66/67, 67/68, 72/73, 81/82), UEFA-Cup (1973/74, 77/78, 78/79, 79/80, 80/81, 84/85), Messe-Cup (1968/69)
Union Brüssel: Messe-Cup (1959/60, 60/61 61/62, 62/63, 64/65)
KSV Waregem: Pokalsieger-Cup (1974/75), Messe-Cup (1968/69)
Thor Waterschei: Pokalsieger-Cup (1980/81, 82/83)
FC Winterslag: UEFA-Cup (1981/82)

BULGARIEN

Akademik Sofia: UEFA-Cup (1976/77, 81/82)
Armeeklub Sofia: Meister-Cup (1983/84)
Beroe Zagora: Pokalsieger-Cup (1973/74, 79/80), UEFA-Cup (1972/73, 80/81)
Botew Wraza: UEFA-Cup (1971/72)
CSKA Sofia: Meister-Cup (1956/57, 57/58, 58/59, 59/60, 60/61, 61/62, 62/63, 66/67, 69/70, 71/72, 72/73, 73/74, 75/76, 76/77, 80/81, 81/82, 82/83), Pokalsieger-Cup (1965/66, 70/71, 74/75), UEFA-Cup (1977/78, 78/79, 79/80, 84/85)
Dunaw Ruse: UEFA-Cup (1975/76)
Eter Trnowo: UEFA-Cup (1974/75)
Levski/Spartak Sofia: Meister-Cup (1965/66, 70/71, 74/75, 77/78, 79/80, 84/85), Pokalsieger-Cup (1967/68, 68/69, 69/70, 71/72, 76/77), UEFA-Cup (1972/73, 75/76, 78/79, 80/81, 81/82, 82/83, 83/84)
FC Liven Plovdiv: UEFA-Cup (1984/85)
Lokomotive Plovdiv: UEFA-Cup (1971/72, 73/74, 74/75, 76/77, 83/84), Messe-Cup (1963/64, 64/65, 65/66, 67/68, 69/70)
Lokomotive Sofia: Meister-Cup (1964/65, 68/69, 78/79), Pokalsieger-Cup (1977/78, 82/83), UEFA-Cup (1979/80)
Marek Stanke Dimitrov: Pokalsieger-Cup (1978/79), UEFA-Cup (1977/78)
Slavia Sofia: Pokalsieger-Cup (1963/64, 64/65, 66/67, 72/73, 76/77, 80/81), UEFA-Cup (1973/74, 82/83), Messe-Cup (1968/69, 69/70, 70/71)
Spartak Plovdiv: Meister-Cup (1963/64), Messe-Cup (1966/67)
Spartak Varna: Pokalsieger-Cup (1961/62, 83/84)
Trakia Plovdiv: Meister-Cup (1967/68), Pokalsieger-Cup (1962/63, 81/82, 84/85), UEFA-Cup (1978/79), Messe-Cup (1968/69, 70/71)

DÄNEMARK

BAF Aalborg: Pokalsieger-Cup (1966/67, 70/71)
AGF Aarhus: Meister-Cup (1955/56, 56/57, 57/58, 60/61), Pokalsieger-Cup (1961/62, 65/66), UEFA-Cup (1979/80, 83/84, 84/85)
Akademik Kopenhagen: Meister-Cup (1968/69), UEFA-Cup (1971/72), Messe-Cup (1970/71)
BK Esbjerg: Meister-Cup (1962/63, 63/64, 66/67, 80/81), Pokalsieger-Cup (1964/65, 76/77), UEFA-Cup (1978/79, 79/80)
BK Nyköbing: Pokalsieger-Cup (1983/84), Messe-Cup (1970/71)
Frem Kopenhagen: Pokalsieger-Cup (1969/70, 78/79), UEFA-Cup (1972/73, 77/78), Messe-Cup (1959/60, 67/68)
Fremad Amager Kopenhagen: Pokalsieger-Cup (1972/73)
BIF Holbaek: UEFA-Cup (1975/76, 76/77)
Hvidovre Kopenhagen: Meister-Cup (1967/68, 74/75, 82/83), Pokalsieger-Cup (1980/81), UEFA-Cup (1972/73), Messe-Cup (1966/67, 69/70)
BK Kopenhagen: Meister-Cup (1958/59, 69/70, 75/76, 81/82), Pokalsieger-Cup (1982/83, 84/85), UEFA-Cup (1974/75, 77/78, 80/81, 83/84), Messe-Cup (1960/61, 64/65, 68/69)
SA Kopenhagen: Messe-Cup (1955/56, 61/62, 62/63, 63/64)
Hellerup Kopenhagen: Meister-Cup (1970/71, 71/72, 77/78), Pokalsieger-Cup (1979/80), UEFA-Cup (1973/74, 75/76, 78/79), Messe-Cup (1965/66)
BK Köge: Meister-Cup (1976/77)
BK Lyngby: Meister-Cup (1984/85), UEFA-Cup (1982/83)
IF Naestved: UEFA-Cup (1973/74, 76/77, 81/82)
SA Odense: Messe-Cup (1962/63)
BK 1913 Odense: Meister-Cup (1961/62), Pokalsieger-Cup (1963/64), Messe-Cup (1964/65, 68/69, 69/70)
BK 1909 Odense: Meister-Cup (1959/60, 64/65, 65/66), Pokalsieger-Cup (1962/63, 71/72), Messe-Cup (1966/67)
BK Odense: Meister-Cup (1978/79, 83/84), UEFA-Cup (1984/85)
Freja Randers: Pokalsieger-Cup (1967/68, 68/69, 73/74), UEFA-Cup (1974/75)
IF Vanlöse: Pokalsieger-Cup (1974/75)
Vejle BK: Meister-Cup (1972/73, 73/74, 79/80), Pokalsieger-Cup (1975/76, 77/78, 81/82), UEFA-Cup (1982/83)

DDR

Carl Zeiss Jena: Meister-Cup (1963/64, 68/69, 70/71), Pokalsieger-Cup (1961/62, 72/73, 74/75, 80/81), UEFA-Cup (1971/72, 73/74, 75/76, 77/78, 78/79, 79/80, 81/82, 82/83), Messe-Cup (1969/70)
Chemie Halle: Pokalsieger-Cup (1962/63), UEFA-Cup (1971/72)
Chemie Leipzig: Meister-Cup (1964/65), Pokalsieger-Cup (1966/67)
Dynamo Dresden: Meister-Cup (1971/72, 73/74, 76/77, 77/78, 78/79), Pokalsieger-Cup (1982/83, 84/85), UEFA-Cup (1972/73, 74/75, 79/80, 80/81, 81/82), Messe-Cup (1967/68, 70/71)
Dynamo Ost-Berlin: Meister-Cup (1979/80, 80/81, 81/82, 82/83, 83/84, 84/85), Pokalsieger-Cup (1971/72), UEFA-Cup (1972/73, 76/77, 78/79)
Hansa Rostock: Messe-Cup (1968/69, 69/70)
FC Jena: UEFA-Cup (1983/84)
FC Karl-Marx-Stadt: Meister-Cup (1967/68)
SA Leipzig: Messe-Cup (1955/56, 59/60, 60/61, 61/62, 62/63)
Lokomotive Leipzig: Pokalsieger-Cup (1976/77, 77/78, 81/82), UEFA-Cup (1973/74, 78/79, 82/83, 83/84, 84/85), Messe-Cup (1963/64, 64/65, 65/66, 66/67, 67/68, 68/69)
1. FC Magdeburg: Meister-Cup (1972/73, 74/75, 75/76), Pokalsieger-Cup (1964/65, 65/66, 69/70, 73/74, 78/79, 79/80, 83/84), UEFA-Cup (1976/77, 77/78, 80/81, 81/82)
Sachsenring Zwickau: Pokalsieger-Cup (1963/64, 67/68, 75/76)
Vorwärts Frankfurt/Oder: Meister-Cup (1959/60, 61/62, 62/63, 65/66, 66/67, 69/70), Pokalsieger-Cup (1960/61, 68/69, 70/71), UEFA-Cup (1974/75, 80/81, 82/83, 83/84, 84/85)
Wismut Aue: Meister-Cup (1957/58, 58/59, 60/61)

DEUTSCHLAND

(1975/76 und 76/77 mit je zwei Vertretern im Meister-Cup sowie 1966/67, 67/68 und 77/78 im Pokalsieger-Cup)
FC Bayern München: Meister-Cup (1969/70, 72/73, 73/74, 74/75, 75/76, 79/80, 80/81, 81/82), Pokalsieger-Cup (1966/67, 67/68, 71/72, 82/83, 84/85), UEFA-Cup (1977/78, 79/80, 80/81, 84/85), Messe-Cup (1962/63, 70/71)
Borussia Dortmund: Meister-Cup (1956/57, 57/58, 63/64), Pokalsieger-Cup (1965/66, 66/67), UEFA-Cup (1982/83), Messe-Cup (1964/65)
Borussia Mönchengladbach: Meister-Cup (1970/71, 71/72, 75/76, 76/77, 77/78), Pokalsieger-Cup (1960/61, 73/74),

UEFA-Cup (1972/73, 74/75, 78/79, 79/80, 81/82, 84/85)
MSV Duisburg: UEFA-Cup (1975/76, 78/79)
Eintracht Braunschweig: Meister-Cup (1967/68), UEFA-Cup (1971/72, 76/77, 77/78)
Eintracht Frankfurt: Meister-Cup (1959/60), Pokalsieger-Cup (1974/75, 75/76, 81/82), UEFA-Cup (1972/73, 77/78, 79/80, 80/81), Messe-Cup (1964/65, 66/67, 67/68, 68/69)
Fortuna Düsseldorf: Pokalsieger-Cup (1978/79, 79/80, 80/81), UEFA-Cup (1973/74, 74/75)
Hamburger SV: Meister-Cup (1960/61, 79/80, 82/83, 83/84), Pokalsieger-Cup (1963/64, 67/68, 76/77, 77/78), UEFA-Cup (1971/72, 74/75, 75/76, 80/81, 81/82, 84/85), Messe-Cup (1968/69, 70/71)
Hannover 96: Messe-Cup (1959/60, 60/61, 61/62, 65/66, 67/68, 68/69, 69/70)
Hertha BSC Berlin: UEFA-Cup (1971/72, 75/76, 78/79), Messe-Cup (1963/64, 64/65, 69/70, 70/71)
1. FC Kaiserslautern: UEFA-Cup (1972/73, 76/77, 79/80, 80/81, 81/82, 82/83, 83/84)
Kickers Offenbach: Pokalsieger-Cup (1970/71)
1. FC Köln: Meister-Cup (1962/63, 64/65, 78/79), Pokalsieger-Cup (1968/69, 77/78, 83/84), UEFA-Cup (1971/72, 72/73, 73/74, 74/75, 75/76, 76/77, 80/81, 82/83, 84/85), Messe-Cup (1960/61, 61/62, 63/64, 65/66, 67/68, 70/71)
TSV 1860 München: Meister-Cup (1966/67), Pokalsieger-Cup (1964/65), Messe-Cup (1967/68, 68/69, 69/70)
1. FC Nürnberg: Meister-Cup (1961/62, 68/69), Pokalsieger-Cup (1962/63), Messe-Cup (1965/66, 66/67)
Rot-Weiß Essen: Meister-Cup (1955/56)
FC Schalke 04: Meister-Cup (1958/59), Pokalsieger-Cup (1969/70, 72/73), UEFA-Cup (1976/77, 77/78)
VfB Stuttgart: Meister-Cup (1984/85), UEFA-Cup (1973/74, 78/79, 79/80, 80/81, 81/82, 83/84), Messe-Cup (1964/65, 66/67, 69/70)
Tasmania Berlin: Messe-Cup (1962/63)
Viktoria Köln: Messe-Cup (1962/63)
Werder Bremen: Meister-Cup (1965/66), Pokalsieger-Cup (1961/62), UEFA-Cup (1982/83, 83/84, 84/85)
Wuppertaler SV: UEFA-Cup (1973/74)

ENGLAND

(1968/69, 78/79, 79/80 mit je zwei Vertretern im Meister-Cup sowie 1963/64, 65/66, 70/71 im Pokalsieger-Cup)
Arsenal London: Meister-Cup (1971/72), Pokalsieger-Cup (1979/80), UEFA-Cup (1978/79, 81/82, 82/83), Messe-Cup (1963/64, 69/70, 70/71)
Aston Villa: Meister-Cup (1981/82, 82/83), UEFA-Cup (1975/76, 77/78, 83/84)
Birmingham City: Messe-Cup (1955/66, 59/60, 60/61, 61/62)
FC Burnley: Meister-Cup (1960/61), Messe-Cup (1966/67)
FC Chelsea London: Pokalsieger-Cup (1970/71, 71/72), Messe-Cup (1959/60, 65/66, 68/69)
Coventry City: Messe-Cup (1970/71)
Derby County: Meister-Cup (1972/73, 75/76), UEFA-Cup (1974/75, 76/77)
FC Everton: Meister-Cup (1963/64, 70/71), Pokalsieger-Cup (1966/67, 84/85), UEFA-Cup (1975/76, 78/79, 79/80), Messe-Cup (1962/63, 64/65, 65/66)
Ipswich Town: Meister-Cup (1962/63), Pokalsieger-Cup (1978/79), UEFA-Cup (1973/74, 75/76, 77/78, 79/80, 80/81, 81/82, 82/83)
Leeds United: Meister-Cup (1969/70, 74/75), Pokalsieger-Cup (1972/73), UEFA-Cup (1971/72, 73/74, 79/80), Messe-Cup (1965/66, 66/67, 67/68, 68/69, 70/71)
Leicester City: Pokalsieger-Cup (1961/62)
FC Liverpool: Meister-Cup (1964/65, 66/67, 73/74, 76/77, 77/78, 78/79, 79/80, 80/81, 81/82, 82/83, 83/84, 84/85), Pokalsieger-Cup (1965/66, 71/72, 74/75), UEFA-Cup (1972/73, 75/76), Messe-Cup (1967/68, 68/69, 69/70, 70/71)
Manchester City: Meister-Cup (1968/69), Pokalsieger-Cup (1969/70, 70/71), UEFA-Cup (1972/73, 76/77, 78/79)
Manchester United: Meister-Cup (1956/57, 57/58, 65/66, 67/68, 68/69), Pokalsieger-Cup (1963/64, 77/78, 83/84), UEFA-Cup (1976/77, 82/83, 84/85), Messe-Cup (1964/65)
Newcastle United: UEFA-Cup (1977/78), Messe-Cup (1968/69, 69/70, 70/71)
Nottingham Forest: Meister-Cup (1978/79, 79/80, 80/81), UEFA-Cup (1983/84, 84/85), Messe-Cup (1961/62, 67/68)
Queens Park Rangers: UEFA-Cup (1976/77)
FC Southampton: Pokalsieger-Cup (1976/77), UEFA-Cup (1971/72, 81/82, 82/83), Messe-Cup (1969/70)
Sheffield United: Messe-Cup (1961/62, 63/64)
Stoke City: UEFA-Cup (1972/73, 74/75)
FC Sunderland: Pokalsieger-Cup (1973/74)
Tottenham Hotspurs: Meister-Cup (1961/62), Pokalsieger-Cup (1962/63, 63/64, 67/68, 81/82, 82/83), UEFA-Cup (1971/72, 72/73, 73/74, 83/84, 84/85)
FC Watford: UEFA-Cup (1983/84)
West Bromwich Albion: Pokalsieger-Cup (1968/69), UE-

FA-Cup (1978/79, 79/80, 81/82), Messe-Cup (1966/67)
West Ham United: Pokalsieger-Cup (1964/65, 65/66, 75/76, 80/81)
Wolverhampton Wanderers: Meister-Cup (1958/59, 59/60), Pokalsieger-Cup (1960/61), UEFA-Cup (1971/72, 73/74, 74/75, 80/81)

FINNLAND

(1968/69, 78/79 ohne Vertreter im Pokalsieger-Cup)
HJK Helsinki: Meister-Cup (1965/66, 74/75, 79/80, 82/83), Pokalsieger-Cup (1967/68), UEFA-Cup (1975/76, 83/84, 84/85)
IFK Helsinki: Meister-Cup (1960/61, 62/63), Pokalsieger-Cup (1966/67), UEFA-Cup (1971/72, 72/73)
Palloseura Helsinki: Meister-Cup (1958/59), Pokalsieger-Cup (1963/64)
Ilves Tampere: Meister-Cup (1984/85), Pokalsieger-Cup (1980/81), Messe-Cup (1970/71)
Pallo Veikot Kokkola: Meister-Cup (1970/71), UEFA-Cup (1974/75)
Palloseura Kuopio: Meister-Cup (1959/60, 67/68, 75/76, 77/78), Pokalsieger-Cup (1969/70), UEFA-Cup (1976/77, 78/79, 80/81)
Pallotoverit Kuopio: UEFA-Cup (1979/80, 82/83)
Reipas Lahti: Meister-Cup (1964/65, 68/69, 71/72), Pokalsieger-Cup (1965/66, 73/74, 74/75, 75/76, 76/77, 77/78, 79/80)
Kuusysi Lahti: Meister-Cup (1983/84), Pokalsieger-Cup (1982/83, 84/85)
Palloilijat Mikkeli: Pokalsieger-Cup (1971/72, 72/73), UEFA-Cup (1973/74)
Sejnejoen Keskuskent: Pokalsieger-Cup (1978/79)
Palloseura Turku: Meister-Cup (1969/70, 72/73, 73/74, 76/77)
Haka Valkeakoski: Meister-Cup (1961/62, 63/64, 66/67, 78/79), Pokalsieger-Cup (1964/65, 70/71, 83/84), UEFA-Cup (1977/78, 81/82)
Oulun Palloseura: Meister-Cup (1980/81, 81/82)
TP Kotka: Pokalsieger-Cup (1981/82)

FRANKREICH

SCO Angers: UEFA-Cup (1972/73)
SEC Bastia: Pokalsieger-Cup (1972/73, 81/82), UEFA-Cup (1977/78)
AS Angoulême: Messe-Cup (1970/71)
Girondins Bordeaux: Meister-Cup (1984/85), Pokalsieger-Cup (1968/69), UEFA-Cup (1981/82, 82/83, 83/84), Messe-Cup (1964/65, 66/67, 69/70)
AS Monaco: Meister-Cup (1961/62, 63/64, 78/79, 82/83), Pokalsieger-Cup (1974/75, 80/81), UEFA-Cup (1979/80, 81/82, 84/85)
AJA Auxerre: UEFA-Cup (1984/85)
FC Metz: Pokalsieger-Cup (1984/85), Messe-Cup (1968/69, 69/70)
AS Lorraine Nancy: Pokalsieger-Cup (1978/79)
FC Nantes: Meister-Cup (1965/66, 66/67, 73/74, 77/78, 80/81, 83/84), Pokalsieger-Cup (1970/71, 79/80), UEFA-Cup (1971/72, 74/75, 78/79, 81/82)
Olympique Lyon: Pokalsieger-Cup (1963/64, 64/65, 67/68, 73/74), UEFA-Cup (1974/75, 75/76), Messe-Cup (1959/60, 60/61, 61/62, 68/69)
Olympique Marseille: Meister-Cup (1971/72, 72/73), Pokalsieger-Cup (1969/70, 76/77), UEFA-Cup (1973/74, 75/76), Messe-Cup (1962/63, 68/69, 70/71)
Olympique Nizza: Meister-Cup (1956/57, 59/60), UEFA-Cup (1973/74, 76/77), Messe-Cup (1966/67, 68/69)
Olympique Nimes: UEFA-Cup (1971/72, 72/73)
Racing Club Lens: Pokalsieger-Cup (1975/76), UEFA-Cup (1977/78, 83/84)
Racing Paris: Messe-Cup (1963/64)
FC St. Germain Paris: Pokalsieger-Cup (1982/83, 83/84), UEFA-Cup (1984/85)
Racing Straßburg: Meister-Cup (1979/80), Pokalsieger-Cup (1966/67), UEFA-Cup (1978/79), Messe-Cup (1961/62, 64/65, 65/66)
FC Rouen: Messe-Cup (1969/70)
AS St. Etienne: Meister-Cup (1957/58, 64/65, 67/68, 69/70, 74/75, 75/76, 76/77), Pokalsieger-Cup (1962/63, 77/78), UEFA-Cup (1971/72, 79/80, 80/81, 82/83)
Torcy Sedan: Pokalsieger-Cup (1961/62), Messe-Cup (1970/71)
FC Sochaux: UEFA-Cup (1972/73, 76/77, 80/81, 82/83)
Stade Francais Paris: Messe-Cup (1964/65, 65/66)
Stade Laval: UEFA-Cup (1983/84)
Stade Reims: Meister-Cup (1955/56, 58/59, 60/61, 62/63)
Stade Rennais: Pokalsieger-Cup (1965/66, 71/72)
FC Toulouse: Messe-Cup (1966/67)

GRIECHENLAND

AEK Athen: Meister-Cup (1963/64, 68/69, 71/72, 78/79, 79/80), Pokalsieger-Cup (1964/65, 66/67, 83/84), UEFA-Cup (1972/73, 76/77, 77/78, 82/83), Messe-Cup (1970/71)
Aris Saloniki: Pokalsieger-Cup (1970/71), UEFA-Cup (1974/75, 79/80, 80/81, 81/82), Messe-Cup (1965/66, 66/67, 68/69, 69/70)
Heraklis Saloniki: Pokalsieger-Cup (1976/77), Messe-Cup (1961/62, 63/64, 64/65)
FC Larissa: Pokalsieger-Cup (1984/85), UEFA-Cup (1983/84)
Olympiakos Piräus: Meister-Cup (1958/59, 59/60, 66/67, 67/68, 73/74, 74/75, 75/76, 80/81), Pokalsieger-Cup (1961/62, 62/63, 63/64, 65/66, 68/69, 69/70, 71/72), UEFA-Cup (1972/73, 76/77, 77/78, 78/79, 79/80, 84/85)
Panachaiki Patras: UEFA-Cup (1973/74)
Panathinaikos Athen: Meister-Cup (1960/61, 61/62, 62/63, 64/65, 65/66, 69/70, 70/71, 72/73, 77/78, 84/85), Pokalsieger-Cup (1967/68, 82/83), UEFA-Cup (1973/74, 74/75, 78/79, 80/81, 81/82), Messe-Cup (1968/69)
Panionios Athen: Meister-Cup (1979/80), UEFA-Cup (1971/72), Messe-Cup (1969/70)
PAOK Saloniki: Meister-Cup (1976/77), Pokalsieger-Cup (1972/73, 73/74, 74/75, 77/78, 78/79, 81/82), UEFA-Cup (1975/76, 82/83, 83/84), Messe-Cup (1965/66, 67/68, 70/71)
Kastoria de Kastoria: Pokalsieger-Cup (1980/81)

HOLLAND

(1970/71 und 71/72 mit zwei Vertretern im Meister-Cup)
Ajax Amsterdam: Meister-Cup (1957/58, 60/61, 66/67, 67/68, 68/69, 70/71, 71/72, 72/73, 73/74, 77/78, 79/80, 80/81, 82/83, 83/84), Pokalsieger-Cup (1961/62, 81/82), UEFA-Cup (1974/75, 75/76, 76/77, 78/79, 84/85), Messe-Cup (1969/70)
AZ 67 Alkmaar: Meister-Cup (1981/82), Pokalsieger-Cup (1978/79, 82/83), UEFA-Cup (1977/78)
FC Amsterdam: Meister-Cup (1964/65), UEFA-Cup (1974/75), Messe-Cup (1966/67, 67/68, 68/69)
FC Antwerpen: UEFA-Cup (1975/76, 83/84)
PSV Eindhoven: Meister-Cup (1955/56, 63/64, 75/76, 76/77, 78/79), Pokalsieger-Cup (1969/70, 70/71, 74/75), UEFA-Cup (1971/72, 81/82, 82/83, 83/84, 84/85)
Feyenoord Rotterdam: Meister-Cup (1961/62, 62/63, 65/66, 69/70, 70/71, 71/72, 74/75, 84/85), Pokalsieger-Cup (1980/81), UEFA-Cup (1972/73, 73/74, 75/76, 79/80, 81/82, 83/84), Messe-Cup (1968/69)
Fortuna Geleen: Pokalsieger-Cup (1964/65)
Fortuna Sittard: Pokalsieger-Cup (1984/85)
FC Groningen: UEFA-Cup (1983/84)
Go Ahead Deventer: Pokalsieger-Cup (1965/66)
FC Den Haag: Pokalsieger-Cup (1968/69, 72/73, 75/76), UEFA-Cup (1971/72)
NAC Breda: Pokalsieger-Cup (1967/68, 73/74)
NEC Nimwegen: Pokalsieger-Cup (1983/84)
FC Haarlem: UEFA-Cup (1982/83)
Rapid Heerlen: Meister-Cup (1956/57)
Roda Kerkrade: Pokalsieger-Cup (1976/77)
Sparta Rotterdam: Pokalsieger-Cup (1959/60), Pokalsieger-Cup (1962/63, 66/67, 71/72), UEFA-Cup (1983/84), Messe-Cup (1970/71)
Twente Enschede: Pokalsieger-Cup (1977/78, 79/80), UEFA-Cup (1972/73, 73/74, 74/75, 78/79, 80/81), Messe-Cup (1969/70, 70/71)
FC Utrecht: Meister-Cup (1958/59), UEFA-Cup (1980/81, 81/82, 82/83), Messe-Cup (1963/64, 64/65, 65/66, 66/67, 67/68, 68/69)
Willem Tilburg: Pokalsieger-Cup (1963/64)

IRLAND

FC Athlone Town: Meister-Cup (1981/82, 83/84), UEFA-Cup (1975/76)
Bohemians Dublin: Meister-Cup (1975/76, 78/79), Pokalsieger-Cup (1970/71, 76/77), UEFA-Cup (1972/73, 74/75, 77/78, 84/85)
FC Cork Celtic: Meister-Cup (1974/75), Pokalsieger-Cup (1964/65)
FC Cork Hibernians: Meister-Cup (1971/72), Pokalsieger-Cup (1972/73, 73/74), Messe-Cup (1970/71)
FC Dundalk: Meister-Cup (1963/64, 67/68, 76/77, 79/80, 82/83), Pokalsieger-Cup (1977/78, 81/82), UEFA-Cup (1980/81), Messe-Cup (1968/69, 69/70)
Drogheda United: UEFA-Cup (1983/84)
FC Ballybofey: Pokalsieger-Cup (1973/74, 76/77, 78/79)
Home Farm Dublin: Meister-Cup (1958/59, 61/62, 65/66), Pokalsieger-Cup (1975/76), Messe-Cup (1973/74, 76/77)
FC Limerick: Meister-Cup (1960/61, 80/81), Pokalsieger-Cup (1965/66, 71/72, 82/83), UEFA-Cup (1981/82)

St. Patricks Dublin: Pokalsieger-Cup (1961/62), Messe-Cup (1967/68)
Shamrock Rovers: Meister-Cup (1957/58, 59/60, 64/65, 84/85), Pokalsieger-Cup (1962/63, 66/67, 67/68, 68/69, 78/79), UEFA-Cup (1982/83), Messe-Cup (1963/64, 65/66)
FC Shelbourne: Meister-Cup (1962/63), Pokalsieger-Cup (1963/64), UEFA-Cup (1971/72), Messe-Cup (1964/65)
Sligo Rovers: Meister-Cup (1977/78), Pokalsieger-Cup (1983/84)
Univers. Coll. Dublin: Pokalsieger-Cup (1984/85)
FC Waterford: Meister-Cup (1966/67, 68/69, 69/70, 70/71, 72/73, 73/74), Pokalsieger-Cup (1979/80, 80/81)

ISLAND

FC Akranes: Meister-Cup (1971/72, 75/76, 76/77, 78/79), Pokalsieger-Cup (1977/78, 79/80), UEFA-Cup (1980/81), Messe-Cup (1970/71)
IBA Akureyri: Pokalsieger-Cup (1970/71)
Fram Reykjavik: Meister-Cup (1973/74), Pokalsieger-Cup (1971/72, 74/75, 80/81, 81/82), UEFA-Cup (1976/77, 77/78, 82/83)
FC Keflavik: Meister-Cup (1965/66, 70/71, 72/73, 74/75), Pokalsieger-Cup (1976/77), UEFA-Cup (1971/72, 73/74, 75/76, 79/80)
KR Reykjavik: Meister-Cup (1964/65, 66/67, 69/70), Pokalsieger-Cup (1965/66, 67/68, 68/69)
FC Valur Reykjavik: Meister-Cup (1967/68, 68/69, 77/78, 79/80, 81/82), Pokalsieger-Cup (1966/67, 75/76, 78/79), UEFA-Cup (1972/73), Messe-Cup (1969/70)
FC Vestmannaeyjar: Meister-Cup (1980/81), Pokalsieger-Cup (1969/70, 73/74, 82/83), UEFA-Cup (1972/73, 78/79)
FC Vikingur Reykjavik: Meister-Cup (1982/83), Pokalsieger-Cup (1972/73), UEFA-Cup (1981/82)

ITALIEN

(1963/64, 64/65, 69/70 mit je zwei Vertretern im Meister-Cup)
Atalanta Bergamo: Pokalsieger-Cup (1963/64)
FC Bologna: Meister-Cup (1964/65), Pokalsieger-Cup (1970/71, 74/75), UEFA-Cup (1971/72), Messe-Cup (1966/67, 67/68, 68/69)
US Cagliari: Meister-Cup (1970/71), UEFA-Cup (1972/73), Messe-Cup (1969/70)
AS Cesena: UEFA-Cup (1976/77)
AC Florenz: Meister-Cup (1956/57, 69/70), Pokalsieger-Cup (1960/61, 61/62, 66/67), UEFA-Cup (1972/73, 73/74, 77/78, 82/83, 84/85), Messe-Cup (1964/65, 65/66, 67/68, 68/69, 70/71)
Hellas Verona: UEFA-Cup (1983/84)
Inter Mailand: Meister-Cup (1963/64, 64/65, 65/66, 66/67, 71/72, 80/81), Pokalsieger-Cup (1978/79, 82/83), UEFA-Cup (1972/73, 73/74, 74/75, 76/77, 77/78, 80/81, 81/82, 83/84, 84/85), Messe-Cup (1955/56, 59/60, 60/61, 61/62, 69/70, 70/71)
Juventus Turin: Meister-Cup (1958/59, 60/61, 61/62, 67/68, 72/73, 73/74, 75/76, 77/78, 78/79, 81/82, 82/83, 84/85), Pokalsieger-Cup (1965/66, 79/80, 83/84), UEFA-Cup (1971/72, 74/75, 76/77, 80/81), Messe-Cup (1963/64, 64/65, 64/66, 68/69, 69/70, 70/71)
Lanerossi Vicenza: UEFA-Cup (1978/79)
Lazio Rom: Meister-Cup (1974/75), UEFA-Cup (1973/74, 75/76, 77/78), Messe-Cup (1970/71)
AC Mailand: Meister-Cup (1955/56, 57/58, 59/60, 62/63, 63/64, 68/69, 69/70, 79/80), Pokalsieger-Cup (1967/68, 72/73, 73/74, 77/78), UEFA-Cup (1971/72, 75/76, 76/77, 78/79), Messe-Cup (1961/62, 64/65, 65/66)
SSC Neapel: Pokalsieger-Cup (1962/63, 76/77), UEFA-Cup (1971/72, 74/75, 76/77, 78/79, 79/80, 81/82, 82/83), Messe-Cup (1966/67, 67/68, 68/69, 69/70)
AC Perugia: UEFA-Cup (1979/80)
AS Rom: Meister-Cup (1983/84), Pokalsieger-Cup (1969/70, 80/81, 81/82, 84/85), UEFA-Cup (1975/76, 82/83), Messe-Cup (1959/60, 60/61, 61/62, 62/63, 63/64, 64/65, 65/66)
Sampdoria Genua: Messe-Cup (1962/63)
AC Turin: Meister-Cup (1976/77), Pokalsieger-Cup (1964/65, 68/69, 71/72), UEFA-Cup (1975/76, 82/83), Messe-Cup (1959/60, 60/61, 62/63, 63/64, 64/65, 65/66).

JUGOSLAWIEN

SA Belgrad: Messe-Cup (1959/60, 60/61)
OFK Belgrad: Pokalsieger-Cup (1962/63, 66/67), UEFA-Cup (1971/72, 72/73, 73/74), Messe-Cup (1963/64, 64/65, 68/69)
FK Bor: Pokalsieger-Cup (1968/69)
FK Banja Luka: Pokalsieger-Cup (1975/76)

Roter Stern Belgrad: Meister-Cup (1956/57, 57/58, 59/60, 60/61, 64/65, 68/69, 69/70, 70/71, 73/74, 77/78, 80/81, 81/82, 84/85), Pokalsieger-Cup (1971/72, 74/75, 82/83), UEFA-Cup (1972/73, 75/76, 76/77, 78/79, 79/80, 83/84), Messe-Cup (1961/62, 62/63, 65/66, 66/67)

Dinamo Zagreb: Meister-Cup (1958/59, 82/83), Pokalsieger-Cup (1960/61, 63/64, 64/65, 65/66, 69/70, 73/74, 80/81, 83/84), UEFA-Cup (1971/72, 76/77, 77/78, 79/80), Messe-Cup (1961/62, 62/63, 66/67, 67/68, 68/69, 70/71)

Hajduk Split: Meister-Cup (1971/72, 74/75, 75/76, 79/80), Pokalsieger-Cup (1967/68, 72/73, 76/77, 77/78, 84/85), UEFA-Cup (1978/79, 81/82, 82/83, 83/84), Messe-Cup (1970/71)

Nogometni Rijeka: Pokalsieger-Cup (1978/79, 79/80)

FK Napredak: UEFA-Cup (1980/81)

FK Novi Sad: Messe-Cup (1961/62)

Olympia Laibach: Pokalsieger-Cup (1970/71), Messe-Cup (1966/67, 68/69)

Partizan Belgrad: Meister-Cup (1955/56, 61/62, 62/63, 63/64, 65/66, 76/77, 78/79, 83/84), UEFA-Cup (1974/75, 84/85), Messe-Cup (1967/68, 69/70, 70/71)

FC Rijeka: UEFA-Cup (1984/85)

FK Sarajevo: Meister-Cup (1967/68), UEFA-Cup (1980/81, 82/83)

Sloboda Tuzla: UEFA-Cup (1977/78)

Trešnjevka Zagreb: Messe-Cup (1963/64)

Vardar Skopje: Pokalsieger-Cup (1961/62)

Velez Mostar: Pokalsieger-Cup (1981/82), UEFA-Cup (1973/74, 74/75)

Vojvodina Novi Sad: Meister-Cup (1966/67), UEFA-Cup (1972/73, 75/76), Messe-Cup (1962/63, 64/65, 67/68, 68/69, 69/70)

SA Zagreb: Messe-Cup (1955/56, 59/60, 60/61)

NK Zagreb: Messe-Cup (1964/65, 65/66, 69/70)

Zeljeznicar Sarajevo: Meister-Cup (1972/73), UEFA-Cup (1971/72, 84/85), Messe-Cup (1970/71)

Radnicki Nisch: UEFA-Cup (1980/81, 81/82, 83/84)

LUXEMBURG

Alliance Düdelingen: Pokalsieger-Cup (1961/62, 62/63)

Aris Bonneweg: Meister-Cup (1964/65, 66/67, 72/73), Pokalsieger-Cup (1967/68, 76/77, 79/80), UEFA-Cup (1971/72, 83/84), Messe-Cup (1962/63, 64/65)

FC Avenir Beggen: Meister-Cup (1969/70, 82/83, 84/85), Pokalsieger-Cup (1974/75, 83/84), UEFA-Cup (1975/76)

CS Fola Esch: Pokalsieger-Cup (1973/74)

Jeunesse Esch: Meister-Cup (1958/59, 59/60, 60/61, 63/64, 67/68, 68/69, 70/71, 73/74, 74/75, 75/76, 76/77, 77/78, 80/81, 83/84), Pokalsieger-Cup (1981/82), UEFA-Cup (1978/79), Messe-Cup (1969/70)

AS La Jeunesse: Pokalsieger-Cup (1971/72)

Progres Niedercorn: Meister-Cup (1978/79, 81/82), Pokalsieger-Cup (1977/78), UEFA-Cup (1979/80, 82/83)

Red Boys Differdingen: Meister-Cup (1979/80), Pokalsieger-Cup (1972/73, 82/83), UEFA-Cup (1974/75, 76/77, 77/78, 80/81, 81/82, 84/85)

Spora Luxemburg: Meister-Cup (1956/57, 61/62), Pokalsieger-Cup (1965/66, 66/67, 80/81), Messe-Cup (1964/65, 67/68)

Stade Düdelingen: Meister-Cup (1957/58, 65/66)

Union Sportive Luxemburg: Meister-Cup (1962/63, 71/72), Pokalsieger-Cup (1963/64, 64/65, 69/70, 70/71, 78/79, 84/85), UEFA-Cup (1973/74), Messe-Cup (1965/66, 66/67, 68/69)

Union Sportive Rümelingen: Pokalsieger-Cup (1968/69, 75/76), UEFA-Cup (1972/73), Messe-Cup (1970/71)

MALTA

Floriana La Valetta: Meister-Cup (1962/63, 68/69, 70/71, 73/74, 75/76, 77/78), Pokalsieger-Cup (1961/62, 65/66, 66/67, 67/68, 72/73, 76/77, 78/79, 81/82), Messe-Cup (1969/70)

Gzira United La Valetta: Pokalsieger-Cup (1973/74)

Hamrun Spartans: Meister-Cup (1983/84), Pokalsieger-Cup (1984/85)

Hibernians La Valetta: Meister-Cup (1961/62, 67/68, 69/70, 79/80, 81/82, 82/83), Pokalsieger-Cup (1962/63, 70/71, 71/72, 80/81), UEFA-Cup (1974/75, 76/77, 78/79), Messe-Cup (1968/69)

Marsa La Valetta: UEFA-Cup (1971/72)

Rabat Ajax: Pokalsieger-Cup (1983/84)

Sliema Wanderers: Meister-Cup (1964/65, 65/66, 66/67, 71/72, 72/73, 76/77), Pokalsieger-Cup (1963/64, 68/69, 69/70, 74/75, 79/80, 82/83), UEFA-Cup (1973/74, 75/76, 77/78, 80/81, 81/82), Messe-Cup (1970/71)

FC Valetta: Meister-Cup (1963/64, 74/75, 78/79, 84/85), Pokalsieger-Cup (1964/65, 75/76, 77/78, 83/84), UEFA-Cup (1972/73, 79/80)

FC Zurrieq: UEFA-Cup (1982/83)

NORDIRLAND

(1972/73 ohne Vertreter im Pokalsieger-Cup)

Ards Newtonards: Meister-Cup (1958/59), Pokalsieger-Cup (1969/70, 74/75), UEFA-Cup (1973/74)

Ballymena United: Pokalsieger-Cup (1978/79, 81/82, 84/85), UEFA-Cup (1981/82)

Carrick Rangers Belfast: Pokalsieger-Cup (1976/77)

FC Cliftonville Belfast: Pokalsieger-Cup (1979/80)

FC Coleraine: Meister-Cup (1974/75), Pokalsieger-Cup (1965/66, 75/76, 77/78, 82/83), UEFA-Cup (1983/84), Messe-Cup (1969/70, 70/71)

Crusaders Belfast: Meister-Cup (1973/74, 76/77), Pokalsieger-Cup (1967/68, 68/69, 80/81)

FC Derry City Londonderry: Meister-Cup (1965/66), Pokalsieger-Cup (1964/65)

Distillery Belfast: Meister-Cup (1963/64), Pokalsieger-Cup (1971/72)

FC Glenavon Belfast: Meister-Cup (1957/58, 60/61), Pokalsieger-Cup (1961/62), UEFA-Cup (1977/78, 79/80)

Glentoran Belfast: Meister-Cup (1964/65, 67/68, 68/69, 70/71, 72/73, 77/78, 81/82), Pokalsieger-Cup (1966/67, 73/74, 83/84), UEFA-Cup (1971/72, 75/76, 76/77, 78/79, 82/83, 84/85), Messe-Cup (1962/63, 63/64, 65/66, 69/70)

FC Linfield Belfast: Meister-Cup (1959/60, 61/62, 62/63, 66/67, 69/70, 71/72, 75/76, 79/80, 80/81, 82/83, 83/84, 84/85), Pokalsieger-Cup (1963/64, 70/71), UEFA-Cup (1981/82), Messe-Cup (1967/68, 68/69)

FC Portadown: Pokalsieger-Cup (1962/63), UEFA-Cup (1974/75)

NORWEGEN

SFK Bodo Glimt: Pokalsieger-Cup (1976/77, 78/79)

SK Brann Bergen: Pokalsieger-Cup (1973/74, 77/78, 83/84), UEFA-Cup (1976/77)

Bryne Il: UEFA-Cup (1981/82, 83/84)

FK Fredrikstad: Meister-Cup (1960/61, 61/62, 62/63), Pokalsieger-Cup (1967/68, 72/73), UEFA-Cup (1973/74)

Frigg Oslo: Messe-Cup (1966/67)

FC Gjovik Lin: Pokalsieger-Cup (1963/64)

FC Haugar: Pokalsieger-Cup (1980/81)

SK Lilleström: Meister-Cup (1977/78, 78/79), Pokalsieger-Cup (1979/80, 82/83), UEFA-Cup (1984/85)

Lyn Ski-og Oslo: Meister-Cup (1963/64, 64/65, 65/66, 69/70), Pokalsieger-Cup (1968/69, 71/72), UEFA-Cup (1972/73), Messe-Cup (1967/68)

IF Mjöndalen: Pokalsieger-Cup (1969/70), UEFA-Cup (1977/78)

FK Molde: UEFA-Cup (1975/76, 78/79)

FC Moss: Pokalsieger-Cup (1984/85), UEFA-Cup (1980/81)

BK Rosenborg: Meister-Cup (1968/69, 70/71, 72/73), Pokalsieger-Cup (1965/66), UEFA-Cup (1971/72, 74/75), Messe-Cup (1970/71)

FC Sarpsborg: Messe-Cup (1970/71)

Skeid Oslo: Meister-Cup (1967/68), Pokalsieger-Cup (1964/65, 66/67, 75/76), UEFA-Cup (1979/80), Messe-Cup (1968/69, 69/70)

IK Kristiansand: Meister-Cup (1981/82), UEFA-Cup (1974/75, 76/77, 77/78, 78/79)

IF Stromsgodset: Meister-Cup (1971/72), Pokalsieger-Cup (1970/71, 74/75), UEFA-Cup (1973/74)

Valerengens Oslo: Meister-Cup (1966/67, 82/83, 84/85), Pokalsieger-Cup (1981/82), UEFA-Cup (1975/76), Messe-Cup (1964/65, 65/66)

Viking Stavanger: Meister-Cup (1973/74, 74/75, 75/76, 76/77, 80/81, 83/84), UEFA-Cup (1972/73, 82/83)

ÖSTERREICH

Admira Wien: Meister-Cup (1966/67), Pokalsieger-Cup (1964/65), UEFA-Cup (1973/74, 82/83)

Austria Salzburg: Pokalsieger-Cup (1980/81), UEFA-Cup (1971/72, 76/77)

Austria Wien: Meister-Cup (1961/62, 62/63, 63/64, 69/70, 70/71, 76/77, 78/79, 79/80, 80/81, 81/82, 84/85), Pokalsieger-Cup (1960/61, 67/68, 71/72, 74/75, 77/78, 82/83), UEFA-Cup (1972/73, 83/84)

Grazer AK: Pokalsieger-Cup (1962/63, 68/69, 81/82), UEFA-Cup (1973/74, 81/82, 82/83), Messe-Cup (1964/65)

Linzer ASK: Meister-Cup (1965/66), Pokalsieger-Cup (1963/64), UEFA-Cup (1977/78, 80/81, 84/85), Messe-Cup (1969/70)

Rapid Wien: Meister-Cup (1955/56, 56/57, 57/58, 60/61, 64/65, 67/68, 68/69, 82/83, 83/84), Pokalsieger-Cup (1961/62, 66/67, 69/70, 72/73, 73/74, 76/77, 84/85), UEFA-Cup (1971/72, 74/75, 75/76, 77/78, 78/79, 79/80, 81/82), Messe-Cup (1962/63, 63/64)

Sturm Graz: Pokalsieger-Cup (1975/76), UEFA-Cup (1974/75, 78/79, 83/84), Messe-Cup (1970/71)

Wacker Innsbruck: Meister-Cup (1971/72, 72/73, 73/74, 75/76, 77/78), Pokalsieger-Cup (1970/71, 78/79, 79/80, 83/84), UEFA-Cup (1974/75, 76/77, 84/85), Messe-Cup (1968/69)

VÖEST Linz: Meister-Cup (1974/75), UEFA-Cup (1972/73, 75/76, 80/81)

1. Wiener Neustädter SK: Pokalsieger-Cup (1965/66)

Wiener Sportklub: Meister-Cup (1958/59, 59/60), UEFA-Cup (1979/80), Messe-Cup (1964/65, 65/66, 66/67, 67/68, 68/69, 69/70, 70/71)

POLEN

(1965/66 ohne Vertreter im Pokalsieger-Cup)

Arka Gdynia: Pokalsieger-Cup (1979/80)

Gornik Zabrze: Meister-Cup (1961/62, 63/64, 64/65, 65/66, 66/67, 67/68, 71/72, 72/73), Pokalsieger-Cup (1968/69, 69/70, 70/71), UEFA-Cup (1974/75, 77/78)

Gwardia Warschau: Meister-Cup (1955/56, 57/58), Pokalsieger-Cup (1974/75), UEFA-Cup (1973/74), Messe-Cup (1969/70)

GSK Kattowitz: Messe-Cup (1970/71)

Lech Posen: Meister-Cup (1983/84, 84/85), Pokalsieger-Cup (1982/83), UEFA-Cup (1978/79)

Legia Danzig: Pokalsieger-Cup (1983/84)

Legia Warschau: Meister-Cup (1956/57, 60/61, 69/70, 70/71), Pokalsieger-Cup (1964/65, 66/67, 72/73, 73/74, 80/81, 81/82), UEFA-Cup (1971/72, 74/75), Messe-Cup (1968/69)

LKS Lodz: Meister-Cup (1959/60)

OKS Odra Opole: UEFA-Cup (1977/78)

KS Polonia Bytom: Meister-Cup (1958/59, 62/63)

Pogon Stettin: UEFA-Cup (1984/85)

Ruch Chorzów: Meister-Cup (1969/70, 74/75, 75/76, 79/80), UEFA-Cup (1972/73, 73/74), Messe-Cup (1969/70, 70/71)

Slask Breslau: Meister-Cup (1977/78), Pokalsieger-Cup (1976/77), UEFA-Cup (1975/76, 79/80, 80/81, 82/83)

Stal Mielec: Meister-Cup (1973/74, 76/77), UEFA-Cup (1975/76, 79/80, 82/83)

Stal Rzeszaw: Pokalsieger-Cup (1975/76)

Tychy Kattowitz: Pokalsieger-Cup (1976/77)

Widzew Lodz: Meister-Cup (1981/82, 82/83), UEFA-Cup (1977/78, 79/80, 80/81, 83/84, 84/85)

Wisla Krakau: Meister-Cup (1978/79), Pokalsieger-Cup (1967/68, 84/85), UEFA-Cup (1976/77, 81/82)

Zaglebie Sosnowiec: Pokalsieger-Cup (1962/63, 63/64, 71/72), UEFA-Cup (1972/73)

Zaglebie Walbrzych: UEFA-Cup (1971/72)

Szombierki Beuthen: Meister-Cup (1980/81), UEFA-Cup (1981/82)

PORTUGAL

(1961/62 und 62/63 mit zwei Vertretern im Meister-Cup sowie 1964/65 im Pokalsieger-Cup)

Akademik Coimbra: Pokalsieger-Cup (1969/70), UEFA-Cup (1971/72), Messe-Cup (1968/69)

FC Barreiro: Messe-Cup (1970/71)

CUF Barreiro: UEFA-Cup (1972/73), Messe-Cup (1965/66, 67/68)

FC Lissabon: UEFA-Cup (1973/74, 76/77), Messe-Cup (1961/62, 62/63, 63/64, 64/65)

Benfica Lissabon: Meister-Cup (1957/58, 60/61, 61/62, 62/63, 63/64, 64/65, 65/66, 67/68, 68/69, 69/70, 71/72, 72/73, 73/74, 75/76, 77/78, 81/82, 83/84, 84/85), Pokalsieger-Cup (1970/71, 74/75, 80/81), UEFA-Cup (1978/79, 79/80, 82/83), Messe-Cup (1966/67)

FC Boavista Porto: Pokalsieger-Cup (1975/76, 76/77, 79/80), UEFA-Cup (1977/78, 80/81, 81/82)

SC Leixoes Porto: Pokalsieger-Cup (1961/62), Messe-Cup (1964/65, 68/69)

FC Porto: Meister-Cup (1956/57, 59/60, 78/79, 79/80), Pokalsieger-Cup (1968/69, 77/78, 81/82, 83/84, 84/85), UEFA-Cup (1971/72, 72/73, 74/75, 75/76, 76/77, 80/81, 82/83), Messe-Cup (1962/63, 63/64, 65/66, 66/67, 67/68, 69/70)

Sporting Braga: Pokalsieger-Cup (1966/67, 83/84), UEFA-Cup (1978/79)

Sporting Lissabon: Meister-Cup (1955/56, 58/59, 61/62, 62/63, 66/67, 70/71, 74/75, 80/81, 82/83), Pokalsieger-Cup (1963/64, 64/65, 71/72, 72/73, 73/74, 78/79), UEFA-Cup (1975/76, 77/78, 79/80, 81/82, 83/84, 84/85), Messe-Cup (1965/66, 67/68, 68/69, 69/70)

Vitoria Guimaraes: UEFA-Cup (1983/84), Messe-Cup (1969/70, 70/71)

Vitoria Setubal: Pokalsieger-Cup (1962/63, 65/66, 67/68), UEFA-Cup (1971/72, 72/73, 73/74, 74/75), Messe-Cup (1966/67, 68/69, 69/70, 70/71)

RUMÄNIEN

FC Arges Pitesti: Meister-Cup (1972/73, 79/80), UEFA-Cup (1973/74, 78/79, 80/81, 81/82), Messe-Cup (1966/67, 67/68, 68/69)

AS Armata: UEFA-Cup (1975/76, 76/77, 77/78)

SC Bacâu: Messe-Cup (1969/70)

FC Baia Mare: Pokalsieger-Cup (1982/83)

Corvinul Hunedoara: UEFA-Cup (1982/83)

FC Chimia Râmnicul: Pokalsieger-Cup (1973/74)

CSU Galati: Pokalsieger-Cup (1976/77)

Dinamo Bukarest: Meister-Cup (1956/57, 62/63, 63/64, 64/65, 65/66, 71/72, 73/74, 75/76, 77/78, 82/83, 83/84, 84/85), Pokalsieger-Cup (1968/69), UEFA-Cup (1974/75, 76/77, 79/80, 81/82), Messe-Cup (1970/71)

FC Jiul Petrosani: Pokalsieger-Cup (1974/75)

Petrolul Ploiesti: Meister-Cup (1958/59, 59/60, 66/67), Pokalsieger-Cup (1963/64), Messe-Cup (1962/63, 64/65, 67/68)

Politechnica Timisoara: Pokalsieger-Cup (1980/81), UEFA-Cup (1978/79))

Progresul Bukarest: Pokalsieger-Cup (1961/62)

Rapid Bukarest: Meister-Cup (1967/68), Pokalsieger-Cup (1972/73, 75/76), UEFA-Cup (1971/72), Messe-Cup (1968/69, 69/70)

Sportul Bukarest: UEFA-Cup (1976/77, 83/84,84/85)

Steagul Rosu Brasov: UEFA-Cup (1974/75), Messe-Cup (1963/64, 65/66)

Steaua Bukarest: Meister-Cup (1957/58, 60/61, 61/62, 68/69, 76/77, 78/79), Pokalsieger-Cup (1962/63, 64/65, 66/67, 67/68, 69/70, 70/71, 71/72, 79/80, 84/85), UEFA-Cup (1977/78, 80/81)

Universitatea Cluj: Pokalsieger-Cup (1965/66), UEFA-Cup (1972/73)

Universitatea Craiova: Meister-Cup (1974/75, 80/81, 81/82), Pokalsieger-Cup (1977/78, 78/79), UEFA-Cup (1973/74, 75/76, 79/80, 82/83, 83/84, 84/85), Messe-Cup (1970/71)

UTA Arad: Meister-Cup (1969/70, 70/71), UEFA-Cup (1971/72, 72/73)

SCHOTTLAND

FC Aberdeen: Meister-Cup (1980/81, 84/85), Pokalsieger-Cup (1967/68, 70/71, 78/79, 82/83, 83/84), UEFA-Cup (1971/72, 72/73, 73/74, 77/78, 79/80, 81/82), Messe-Cup (1968/69)

Celtic Glasgow: Meister-Cup (1966/67, 67/68, 68/69, 69/70, 70/71, 71/72, 72/73, 73/74, 74/75, 77/78, 79/80, 81/82, 82/83), Pokalsieger-Cup (1963/64, 65/66, 75/76, 80/81, 84/85), UEFA-Cup (1976/77, 83/84), Messe-Cup (1962/63, 64/65)

FC Dundee: Meister-Cup (1962/63), Pokalsieger-Cup (1964/65), UEFA-Cup (1971/72, 73/74, 74/75), Messe-Cup (1967/68)

Dundee United: Meister-Cup (1983/84), Pokalsieger-Cup (1974/75), UEFA-Cup (1975/76, 77/78, 78/79, 79/80, 80/81, 81/82, 82/83, 84/85), Messe-Cup (1966/67, 69/70, 70/71)

Dunfermline Athletic: Pokalsieger-Cup (1961/62, 68/69), Messe-Cup (1962/63, 64/65, 65/66, 66/67, 69/70)

Heart of Midlothian: Meister-Cup (1958/59, 60/61), Pokalsieger-Cup (1976/77), UEFA-Cup (1984/85), Messe-Cup (1961/62, 63/64, 65/66)

FC Hibernian Edinburgh: Meister-Cup (1955/56), Pokalsieger-Cup (1972/73), UEFA-Cup (1973/74, 74/75, 75/76, 76/77, 78/79), Messe-Cup (1960/61, 61/62, 62/63, 65/66, 67/68, 68/69, 70/71)

FC St. Johnstone: UEFA-Cup (1971/72)

FC Kilmarnock: Meister-Cup (1965/66), Messe-Cup (1964/65, 66/67, 69/70, 70/71)

St. Mirren: UEFA-Cup (1980/81, 83/84)

FC Morton: Messe-Cup (1968/69)

FC Partick Thistle: UEFA-Cup (1972/73), Messe-Cup (1963/64)

Glasgow Rangers: Meister-Cup (1956/57, 57/58, 59/60, 61/62, 63/64, 64/65, 75/76, 76/77, 78/79), Pokalsieger-Cup (1960/61, 63/64, 66/67, 69/70, 71/72, 73/74, 77/78, 79/80, 81/82, 83/84, 84/85), UEFA-Cup (1982/83, 84/85), Messe-Cup (1967/68, 68/69, 70/71)

SCHWEDEN

IK Brage Borlänge: UEFA-Cup (1982/83)

AIJ Solna: Pokalsieger-Cup (1976/77), UEFA-Cup (1973/74, 75/76, 84/85), Messe-Cup (1965/66, 68/69)

Atvidaberg FF: Meister-Cup (1973/74, 74/75), Pokalsieger-Cup (1970/71, 71/72), UEFA-Cup (1972/73)

IF Djurgardens Stockholm: Meister-Cup (1955/56, 65/66, 67/68), Pokalsieger-Cup (1975/76), UEFA-Cup (1971/72, 74/75, 76/77), Messe-Cup (1964/65, 66/67)

IF Boras Elfsborg: UEFA-Cup (1971/72, 78/79, 80/81, 83/84)

AIS Göteborg: UEFA-Cup (1975/76)

IFK Göteborg: Meister-Cup (1958/59, 59/60, 61/62, 70/71, 83/84, 84/85), Pokalsieger-Cup (1979/80, 82/83), UEFA-Cup (1980/81, 81/82)

BK Halmstad: Meister-Cup (1977/78, 80/81)

Hamarby IF: Pokalsieger-Cup (1983/84)

Kalmar FF: Pokalsieger-Cup (1978/79, 81/82), UEFA-Cup (1979/80)

BOIS Landskrona: Pokalsieger-Cup (1972/73), UEFA-Cup (1977/78)

Malmö FF: Meister-Cup (1964/65, 66/67, 68/69, 71/72, 72/73, 75/76, 76/77, 78/79), Pokalsieger-Cup (1973/74, 74/75, 80/81, 84/85), UEFA-Cup (1977/78, 79/80, 81/82, 83/84), Messe-Cup (1965/66, 67/68, 69/70, 70/71)

IFK Malmö: Meister-Cup (1960/61)

IFK Norrköping: Meister-Cup (1956/57, 57/58, 62/63, 63/64), Pokalsieger-Cup (1968/69, 69/70), UEFA-Cup (1972/73, 78/79, 82/83)

Örgryte Göteborg: Messe-Cup (1964/65, 66/67)

Östers Växjö: Meister-Cup (1969/70, 79/80, 81/82, 82/83), Pokalsieger-Cup (1977/78), UEFA-Cup (1973/74, 74/75, 75/76, 76/77, 84/85)

SCHWEIZ

FC Basel: Meister-Cup (1967/68, 69/70, 70/71, 72/73, 73/74, 77/78, 80/81), Pokalsieger-Cup (1963/64, 75/76), UEFA-Cup (1971/72, 76/77, 78/79), Messe-Cup (1964/65, 65/66, 66/67, 68/69)

FC La Chaux-de-Fonds: Meister-Cup (1964/65), Pokalsieger-Cup (1961/62)

Grasshoppers Zürich: Meister-Cup (1956/57, 71/72, 78/79, 82/83, 83/84, 84/85), UEFA-Cup (1972/73, 73/74, 74/75, 75/76, 76/77, 77/78, 79/80, 80/81, 81/82), Messe-Cup (1968/69, 70/71)

Lausanne Sports: Meister-Cup (1965/66), Pokalsieger-Cup (1962/63, 64/65, 67/68, 81/82), UEFA-Cup (1972/73, 78/79), Messe-Cup (1955/56, 59/60, 60/61, 61/62, 63/64, 66/67, 68/69, 69/70, 70/71)

FC Lugano: Pokalsieger-Cup (1960/61)

Xamax Neuenburg: UEFA-Cup (1981/82)

Neuschatel Xamax: UEFA-Cup (1984/85)

FC St. Gallen: Pokalsieger-Cup (1969/70), UEFA-Cup (1983/84)

Servette Genf: Meister-Cup (1955/56, 61/62, 62/63, 79/80), Pokalsieger-Cup (1966/67, 71/72, 76/77, 78/79, 83/84, 84/85), UEFA-Cup (1971/72, 77/78, 80/81, 82/83), Messe-Cup (1963/64, 64/65, 65/66, 67/68)

FC Sion: Pokalsieger-Cup (1965/66, 74/75, 80/81, 82/83), UEFA-Cup (1973/74, 84/85)

Young Boys Bern: Meister-Cup (1957/58, 58/59, 59/60, 60/61), Pokalsieger-Cup (1977/78, 79/80), UEFA-Cup (1975/76)

FC Zürich: Meister-Cup (1963/64, 66/67, 68/69, 74/75, 75/76, 76/77, 81/82), Pokalsieger-Cup (1970/71, 72/73, 73/74), UEFA-Cup (1977/78, 79/80, 82/83, 83/84), Messe-Cup (1967/68, 69/70)

SOWJETUNION

Ararat Eriwan: Meister-Cup (1974/75), Pokalsieger-Cup (1975/76), UEFA-Cup (1972/73)

Tschernomorez Odessa: UEFA-Cup (1975/76)

CSKA Moskau: Meister-Cup (1971/72), UEFA-Cup (1981/82)

Dinamo Kiew: Meister-Cup (1967/68, 68/69, 69/70, 72/73, 75/76, 76/77, 78/79, 81/82, 82/83), Pokalsieger-Cup (1965/66, 74/75), UEFA-Cup (1973/74, 77/78, 79/80, 80/81, 83/84)

Dinamo Minsk: Meister-Cup (1983/84), UEFA-Cup (1984/85)

Dinamo Moskau: Pokalsieger-Cup (1968/69, 71/72, 77/78, 79/80, 84/85), UEFA-Cup (1974/75, 76/77, 80/81, 82/83)

Dinamo Tiflis: Meister-Cup (1979/80), Pokalsieger-Cup (1976/77, 80/81, 81/82), UEFA-Cup (1972/73, 73/74, 77/78, 78/79, 82/83)

Dnepr Dnepropetrowsk: Meister-Cup (1984/85)

Karpatij Lwow: Pokalsieger-Cup (1970/71)

Spartak Moskau: Meister-Cup (1970/71, 80/81), Pokalsieger-Cup (1966/67, 72/73), UEFA-Cup (1971/72, 75/76, 81/82, 82/83, 83/84, 84/85)

Schachtjor Donezk: Pokalsieger-Cup (1978/79, 83/84, UEFA-Cup (1976/77, 79/80, 80/81)

Torpedo Moskau: Meister-Cup (1966/67, 77/78), Pokalsieger-Cup (1967/68, 69/70, 73/74, 82/83), UEFA-Cup (1975/76, 78/79)

Sarja Woroschilowgrad: Meister-Cup (1973/74)

ASK Rostow: Pokalsieger-Cup (1981/82)

Zenit Leningrad: UEFA-Cup (1981/82)

SPANIEN

(1956/57, 57/58, 58/59, 59/60, 60/61, 66/67 mit zwei Vertretern im Meister-Cup sowie 1962/63 und 79/80 im Pokalsieger-Cup)

Atletico Bilbao: Meister-Cup (1956/57, 83/84, 84/85), Pokalsieger-Cup (1969/70, 73/74), UEFA-Cup (1971/72, 76/77, 77/78, 78/79, 82/83), Messe-Cup (1964/65, 66/67, 67/68, 68/69, 70/71)

Atletico Madrid: Meister-Cup (1958/59, 66/67, 70/71, 73/74, 77/78), Pokalsieger-Cup (1961/62, 62/63, 65/66, 72/73, 75/76, 76/77), UEFA-Cup (1971/72, 74/75, 79/80, 81/82, 83/84, 84/85), Messe-Cup (1963/64, 64/65, 67/68, 68/69)

FC Barcelon: Meister-Cup (1959/60, 60/61, 74/75), Pokalsieger-Cup (1963/64, 68/69, 71/72, 78/79, 79/80, 81/82, 82/83, 83/84, 84/85), UEFA-Cup (1972/73, 73/74, 75/76, 76/77, 77/78, 80/81), Messe-Cup (1955/56, 60/61, 61/62, 62/63, 64/65, 65/66, 66/67, 67/68, 69/70, 70/71)

Espanol Barcelona: UEFA-Cup (1973/74, 76/77), Messe-Cup (1961/62, 65/66)

Betis Sevilla: Pokalsieger-Cup (1977/78), UEFA-Cup (1982/83, 84/85), Messe-Cup (1964/65)

Real Vigo: UEFA-Cup (1971/72)

Real Madrid: Meister-Cup (1955/56, 56/57, 57/58, 58/59, 59/60, 60/61, 61/62, 62/63, 63/64, 64/65, 66/67, 67/68, 68/69, 69/70, 72/73, 75/76, 76/77, 78/79, 79/80, 80/81), Pokalsieger-Cup (1970/71, 74/75, 82/83), UEFA-Cup (1971/72, 73/74, 81/82, 83/84), Messe-Cup (1962/63, 84/85)

Real San Sebastian: Meister-Cup (1981/82, 82/83), UEFA-Cup (1974/75, 75/76, 79/80, 80/81)

Sporting Gijon: UEFA-Cup (1978/79, 79/80, 80/81)

Real Saragossa: Meister-Cup (1964/65, 66/67), UEFA-Cup (1974/75, 75/76), Messe-Cup (1962/63, 63/64, 65/66, 67/68, 68/69)

FC Sabadell: Messe-Cup (1969/70)

FC Sevilla: Meister-Cup (1957/58), Pokalsieger-Cup (1962/63), UEFA-Cup (1982/83, 83/84), Messe-Cup (1966/67, 70/71)

Union Las Palmas: UEFA-Cup (1972/73, 77/78), Messe-Cup (1969/70)

FC Valencia: Meister-Cup (1971/72), Pokalsieger-Cup (1967/68, 79/80, 80/81), UEFA-Cup (1972/73, 78/79, 81/82, 82/83), Messe-Cup (1961/62, 62/63, 63/64, 64/65, 65/66, 68/69, 69/70, 70/71)

FC Castilla: Pokalsieger-Cup (1980/81)

TSCHECHOSLOWAKEI

(1969/70 mit zwei Vertretern im Pokalsieger-Cup)

Banik Ostrau: Meister-Cup (1976/77, 80/81, 81/82), Pokalsieger-Cup (1973/74, 78/79), UEFA-Cup (1974/75, 79/80, 82/83, 83/84), Messe-Cup (1969/70)

Bohemians Prag: Meister-Cup (1983/84), UEFA-Cup (1975/76, 79/80, 80/81, 81/82, 82/83, 84/85)

Dinamo Zilina: Pokalsieger-Cup (1961/62)

Dukla Banska Bystrica: UEFA-Cup (1984/85)

Dukla Prag: Meister-Cup (1957/58, 58/59, 61/62, 62/63, 63/64, 64/65, 66/67, 77/78, 79/80, 82/83), Pokalsieger-Cup (1965/66, 69/70, 81/82, 83/84), UEFA-Cup (1972/73, 74/75, 78/79, 84/85)

TJ Gottwaldov: Pokalsieger-Cup (1970/71)

Inter Preßburg: Meister-Cup (1959/60), Pokalsieger-Cup (1975/76, 77/78, 84/85), UEFA-Cup (1983/84)

VSS Kosice: UEFA-Cup (1971/72, 73/74)

Lokomotive Kosice: Pokalsieger-Cup (1977/78, 79/80), UEFA-Cup (1978/79)

Ruda Hvezda Brno: Pokalsieger-Cup (1960/61)

Union Teplice: UEFA-Cup (1971/72)

Skoda Pilsen: Pokalsieger-Cup (1971/72)

Slavia Prag: Pokalsieger-Cup (1974/75), UEFA-Cup (1976/77, 77/78), Messe-Cup (1967/68, 68/69)

Slovan Preßburg: Meister-Cup (1956/57, 70/71, 74/75, 75/76), Pokalsieger-Cup (1962/63, 63/64, 68/69, 69/70, 82/83), UEFA-Cup (1972/73, 76/77)

Spartak Prag: Meister-Cup (1965/66, 67/68, 84/85), Pokalsieger-Cup (1972/73, 76/77, 80/81), UEFA-Cup (1981/82, 83/84), Messe-Cup (1966/67, 69/70, 70/71)

Spartak Hradec Králóvec: Meister-Cup (1960/61)

Spartak Sokolovo Prag: Pokalsieger-Cup (1964/65)

Spartak Trnava: Meister-Cup (1968/69, 69/70, 71/72, 72/73, 73/74), Pokalsieger-Cup (1967/68, 75/76), Messe-Cup (1970/71)

Tatran Presov: Pokalsieger-Cup (1966/67), UEFA-Cup (1973/74)

Zbrojovka Brno: Meister-Cup (1978/79), UEFA-Cup (1979/80, 80/81), Messe-Cup (1961/62, 62/63, 63/64, 64/65, 65/66, 66/67)

TÜRKEI

(1978/79 ohne Vertreter im Pokalsieger-Cup)

Adana Adanaspor: UEFA-Cup (1976/77, 78/79, 81/82)

Altay Izmir: Pokalsieger-Cup (1967/68, 68/69), UEFA-Cup (1977/78), Messe-Cup (1962/63, 69/70)

SK Ankara: Pokalsieger-Cup (1972/73, 73/74, 81/82)

Besiktas Istanbul: Meister-Cup (1958/59, 60/61, 66/67, 67/

68, 82/83), Pokalsieger-Cup (1975/76, 77/78, 84/85) UEFA-Cup (1974/75)

Klub Bolu: UEFA-Cup (1974/75)

Klub Bursa: Pokalsieger-Cup (1974/75)

Klub Eskisehir: Pokalsieger-Cup (1971/72), UEFA-Cup (1972/73, 73/74, 75/76), Messe-Cup (1970/71)

Fenerbahce Istanbul: Meister-Cup (1959/60, 61/62, 64/65, 65/66, 68/69, 70/71, 74/75, 75/76, 78/79 83/84), Pokalsieger-Cup (1963/64, 79/80), UEFA-Cup (1971/72, 72/73, 73/74, 76/77, 77/78, 80/81, 84/85)

Galatasaray Istanbul: Meister-Cup (1956/57, 62/63, 63/64, 69/70, 71/72, 72/73, 73/74), Pokalsieger-Cup (1964/65, 65/66, 66/67, 76/77, 82/83), UEFA-Cup (1975/76, 78/79, 79/80)

Göztepe Izmir: Pokalsieger-Cup (1969/70, 70/71), Messe-Cup (1964/65, 65/66, 66/67, 67/68, 68/69)

Mersin Idmanyurdu: Pokalsieger-Cup (1983/84)

Orduspor: UEFA-Cup (1979/80)

Klub Trabzonspor: Meister-Cup (1976/77, 77/78, 79/80, 80/81, 81/82, 84/85), UEFA-Cup (1982/83, 83/84)

UNGARN

Vasas Budapest: Meister-Cup (1959/60)

VTK Miskolc: Pokalsieger-Cup (1977/78), UEFA-Cup (1979/80)

Dosza Pecs: Messe-Cup (1970/71)

Ferencvaros Budapest: Meister-Cup (1963/64, 65/66, 68/69, 69/70, 76/77, 81/82), Pokalsieger-Cup (1960/61, 72/73, 74/75, 78/79), UEFA-Cup (1971/72, 73/74, 77/78, 79/80, 82/83, 83/84), Messe-Cup (1962/63, 64/65, 66/67, 67/68, 70/71)

VSE Szombathely: Pokalsieger-Cup (1975/76)

Honved Budapest: Meister-Cup (1956/57, 80/81, 84/85), Pokalsieger-Cup (1964/65, 65/66, 70/71), UEFA-Cup (1972/73, 73/74, 75/76, 76/77, 78/79, 84/85)

Banyasz Komlo: Pokalsieger-Cup (1971/72)

MTK Budapest: Meister-Cup (1955/56, 58/59), Pokalsieger-Cup (1963/64, 69/70, 76/77), UEFA-Cup (1978/79), Messe-Cup (1961/62)

Vasas ETO Györ: Meister-Cup (1964/65, 82/83, 83/84), Pokalsieger-Cup (1966/67, 67/68, 68/69, 79/80), UEFA-Cup (1974/75, 84/85), Messe-Cup (1969/70)

BTC Salgotarjani: UEFA-Cup (1972/73)

Ujpest Dosza Budapest: Meister-Cup (1960/61, 70/71, 71/72, 72/73, 73/74, 74/75, 75/76, 78/79, 79/80), Pokalsieger-Cup (1961/62, 62/63, 82/83, 83/84), UEFA-Cup (1976/77, 77/78, 80/81), Messe-Cup (1959/60, 63/64, 65/66, 68/69, 69/70)

Vasa Budapest: Meister-Cup (1957/58, 61/62, 62/63, 66/67, 67/68, 77/78), Pokalsieger-Cup (1973/74, 81/82), UEFA-Cup (1971/72, 75/76, 80/81)

Videoton Szekesfehervar: UEFA-Cup (1974/75, 76/77, 81/82)

Banyas Tatabanya: Pokalsieger-Cup (1984/85), UEFA-Cup (1981/82, 82/83)

WALES

FC Bangor City: Pokalsieger-Cup (1962/63)

FC Borough United Wrexham: Pokalsieger-Cup (1963/64)

FC Cardiff City: Pokalsieger-Cup (1964/65, 65/66, 67/68, 68/69, 69/70, 70/71, 71/72, 73/74, 74/75, 76/77, 77/78)

FC Swansea Town: Pokalsieger-Cup (1961/62, 66/67)

Swansea City: Pokalsieger-Cup (1982/83, 83/84), UEFA-Cup (1981/82)

Newport County: Pokalsieger-Cup (1980/81)

FC Wrexham: Pokalsieger-Cup (1972/73, 75/76, 78/79, 79/80, 84/85)

ZYPERN

Alki Larnax: UEFA-Cup (1979/80)

Anorthosis Larnaca: UEFA-Cup (1983/84)

FC Larnax Famagusta: Meister-Cup (1963/64), Pokalsieger-Cup (1964/65, 71/72, 75/76)

FC Hapoel Nikosia: Meister-Cup (1965/66, 73/74, 80/81), Pokalsieger-Cup (1963/64, 69/70, 76/77, 78/79, 79/80, 84/85), UEFA-Cup (1977/78, 81/82)

FC Apollon Limassol: Meister-Cup (1968/69), Pokalsieger-Cup (1966/67, 67/68, 82/83), UEFA-Cup (1984/85)

Union Paralimni Famagusta: Pokalsieger-Cup (1974/75, 81/82, 83/84), UEFA-Cup (1975/76, 76/77)

FC Epa Larnax: Meister-Cup (1970/71), UEFA-Cup (1972/73)

Olympia Nikosia: Meister-Cup (1967/68, 69/70, 71/72, 82/83), Pokalsieger-Cup (1977/78), UEFA-Cup (1973/74)

FC Omonia Nikosia: Meister-Cup (1966/67, 72/73, 74/75, 75/76, 76/77, 77/78, 78/79, 79/80, 81/82, 83/84, 84/85), Pokalsieger-Cup (1965/66, 80/81)

FC Akritas Morphu Nikosia: UEFA-Cup (1971/72)

FC Pezoporikos Larnax: Meister-Cup (1970/71, 72/73, 73/74), Pokalsieger-Cup (1974/75), UEFA-Cup (1978/79, 80/81, 82/83)

WEITERE LIEFERBARE
FUSSBALLBÜCHER

Der inzwischen zehnte Band berichtet wieder vom Ablauf einer kompletten Fußballsaison mit der ersten und zweiten Bundesliga, dem DFB-Pokal und allen Europapokal-Wettbewerben, dem Geschehen in Brüssel, dem Amateur- und Damen-Fußball und über Fußball-Aktuell. Zu jedem Kapitel gibt es selbstverständlich die gewohnt ausführliche Statistik.

DM 28,–

Der KICKER-ALMANACH 1986 – übrigens schon der 27. Jahrgang – ist die ausgesprochene Pflichtlektüre für alle, die mehr über den Fußball wissen wollen. Nirgendwo sonst findet man alle Daten über den nationalen und internationalen Fußball in dieser Fülle wie im KICKER-ALMANACH mit seinen vielen Tausenden von Daten und ausführlichen Tabellen, die keine Frage offen lassen. 416 Seiten. **DM 9,80**

Wer sich für die Geschichte des internationalen Fußballs interessiert, für den ist dieses einzigartige Standardwerk ein Muß. Es enthält unter anderem: Fußball in drei Jahrtausenden, die großen Fußballnationen, Fußball-WM von 1930 bis 1982, Europameisterschaften von 1968 bis 1984, Porträts und vieles mehr. 456 Seiten, ca. 600 Fotos.

DM 48,–

Dieser Band ist der Rückblick auf 20 Jahre Fußball-Bundesliga in Deutschland, von 1963 bis 1983. Es wird berichtet von Skandalen, Siegern, Verlierern, Trainern, Mannschaften, Managern usw. Im reichhaltigen Statistikteil sind z. B. alle 2000 Spieler, die je in der Bundesliga gespielt haben, mit Spieleinsätzen, der Vereinszugehörigkeit u. v. m. aufgeführt. 160 Seiten. **DM 26,80**

COPRESS-VERLAG · 8000 MÜNCHEN 40